百年大计 · 教育为本

人生大业 · 教育至上

——谨以此书献给所有中国家庭

少年智则国智　　教育强则国强

《童年记》（唐自勇作品，布面油画，60×80cm）

黄军华

知名职业技术教育专家

黄　静

广东博贝教育城董事长

王爱民（Amy）

澳门籍著名律师、法学硕士

罗劲荣

广东省国强公益基金会秘书长

张富建

广州市机电技师学院副教授

李会翔

中国著名童星经纪人

谢天亮

中国传统文化教育推崇者

邓剑英

中国青少年心智发展研究专家

马也骋（左一）

美国哈佛大学“数学才子”

曾凡忠

世界肖像剪纸艺术大师、博士

凌　洋

资深国际亲子导师

王默然

湖北省幼教机构联合会秘书长

陈耀平

湖北省武汉市黄陂区“百优班主任”

张志勇

湖北省武汉市教育云“多面手”

林丽华

湖南健坤潇湘实验学校骨干教师

曾劲词

湖南省株洲市“教学能手”

古汉新

中国陶行知研究会常务理事

杨心龙

“演讲帝”（少年超级演说家）

刘　英

律师（双学士）、企业培训师

魏先和

著名青年诗人、HR专家

唐沸潮

90后新生代偶像明星演员

潘　通

国际物联网智能硬件专家

张维雄

中国体育舞蹈一级教师/裁判

卢驭龙

“闪电侠”（90后科学狂人）

【精彩导读】黄军华，80后，江西赣州人，一位很有成就也很有爱心的董事长，他既是职业教育和创业教育领域的年轻专家，也是非常支持教育公益事业的热心人士，已在江西赣州、湘西等地留下诸多乐善好施的足迹……详情请看本书第039页。

【精彩导读】黄静，80后，广东茂名人，广州博贝教育城董事长，珠海博贝教育城董事长，一位温文儒雅并且热心于教育事业的企业家，他最大的愿望，就是将博大的爱献给所有的宝贝，用渊博的知识去爱每一个孩子……详情请看本书第074页。

【精彩导读】张富建，广东省国强公益基金会仲明助学金受益者，20年前，他因受到碧桂园集团董事局主席杨国强先生的资助才得以读完大学，被央视、中国教育电视台、人民日报、新华网等媒体誉为“道义守望者”……详情请看本书第002页。

【精彩导读】王爱民（Amy），通过自学成为中国政法大学法学硕士、澳门首位内地执业律师、澳门凯旋集团总裁、广东正澳律师事务所负责人，并先后游历了20多个国家，如果你也想周游世界，请像她一样勤奋好学……详情请看本书第023页。

【精彩导读】李会翔，80后，集影视出品人、娱乐策划人、制片人、经纪人、导演、演员、时尚编导、综合素质教育专家等于一身，活跃于艺术教育界、影视传媒、娱乐圈、演艺经纪演出等领域，培养了大批著名童星……详情请看本书第103页。

【精彩导读】曾凡忠，博士，先后获得联合国教科文组织世界杰出手工艺品徽章、国际民间艺术成就奖、国家轻工科技进步奖、中国肖像剪纸艺术大师、世界人像剪纸大王等众多荣誉，被有关媒体誉为“终身学习的榜样”……详情请看本书第161页。

【精彩导读】唐自勇，画家，他来自湖南大山深处，酷爱绘画，喜欢游学，从岭南到北国，从沿海到西藏，从欧洲到澳洲，只为打开视野、放大格局，让自己的每一幅画成为一个情感细腻、灵魂洁净、思想饱满的世界……详情请看本书第240页。

【精彩导读】曾劲词，湖南省炎陵县第一中学高中语文教师，曾获得“教坛新秀”、“教学能手”、“骨干教师”等众多荣誉，为了山区教育，为了那些渴求知识的孩子，他在贫困中苦苦坚守了许多年……详情请看本书第195页。

一部震撼人心直击现实的大型正能量**教育宝典**

My Dream of China

我的中国梦
我的教育梦

My Dream of Education

唐新勇◎著

智慧大革命·跨界大时代

触动灵魂	**精辟深刻**	**戳中痛点**
16个 中国式教育 正反面经典案例	16位 教育专家 特邀嘉宾精彩访谈	32种 不同凡响的 教育视野与思维

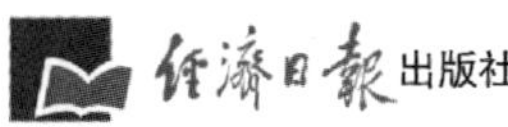

出版社

图书在版编目（CIP）数据

我的中国梦我的教育梦 / 唐新勇著. —北京：经济日报出版社，2017. 4

ISBN 978-7-5196-0122-5

Ⅰ. ①我… Ⅱ. ①唐… Ⅲ. ①教育—文集 Ⅳ. ①G4-53

中国版本图书馆CIP数据核字（2017）第079152号

我的中国梦我的教育梦

作　　者	唐新勇
责任编辑	温　海　王曼珩
责任校对	郝媛媛
出版发行	经济日报出版社
地　　址	北京市西城区白纸坊东街2号（邮政编码：100054）
电　　话	010-63584556（编辑部）63516959（发行部）
网　　址	www.edpbook.com.cn
E-mail	edpbook@126.com
经　　销	全国新华书店
印　　刷	北京天宇万达印刷有限公司
开　　本	1/16
印　　张	16
字　　数	259千字
版　　次	2017年5月第一版
印　　次	2017年5月第一次印刷
书　　号	ISBN 978-7-5196-0122-5
定　　价	50.00元

目录 Contents

第五章　出国留学

第六章　打拼人生

第七章　智慧教育

第八章　科技时代

序 / Introduction

中国教育真的到了“最危险”的时候吗?

◎唐新勇

(一)中国教育的“失败”

无论是世界级富豪，还是中小企业家。

也不管是贵族阶层，还是普通老百姓。

我们每一个人，每一个家庭，每一个国家，都离不开教育。我们很多人，也都有属于自己的教育梦想，比如老师希望桃李满天下，家长总是“望子成龙”。

但是,教育究竟是什么？很多人没搞懂,或者说,搞懂了理论,实践却不一样。

智商高达 194 的美国犹太天才、伟大的先知马斯洛先生，曾根据需求理论，把人类发展分为三大阶段、五个层次的金字塔型结构。三大阶段为：温饱阶段、小康阶段、富裕阶段。五个层次为:生理需要、安全需要、社会需要、尊重需要、自我实现。他认为，一个人只有到了富裕阶段（自我实现），才能形成完美人格，成为社会最顶端的成功人士，但前提是，要按照上述次序，通过不同的教育，由低层次一层一层向高层次递进，方可如愿以偿。

显然，马斯洛先生所指的教育，包含了生存生活、人身安全、健康保障、知识技术、人际关系、道德人格、创造能力等。应该说，这才是人类教育的本质，只有达到了上述各方面的教育效果，我们才能成为真正的成功人士。

我记得曾有一位教授，在网上写了一篇文章，说“中国教育到了最危险的时候”。大概意思是，中国的教育已经偏离人类教育的本质，中国教育“失败”的深层原因，在于它违背了教育的基本规律。他举了个例子，说中国教育规模盛大，但中国大陆至今无人获得诺贝尔自然科学奖和菲尔茨奖，每年世界发布的十大科技新闻也与中国无缘，迄今为止所有获得诺贝尔科学奖、菲尔茨奖的中国人（包括华裔外国人），都没有在中国大陆上过学，等等。

并且，该教授认为，这种教育的“失败”，正是“应试教育”模式导致的：“应试教育”没有把育人放在第一位，违背了教育本质，比如现在的中小学生们处于“时刻准备着”的状态，繁重的课程和作业，各种各样的考试，还有课外补习等，消磨了学生追求知识、探究真理的强烈兴趣，是毁坏科学人才的根本所在；不仅如此，“应试教育”还使很多父母盲目追求孩子的分数，忽视了孩子的品质培养、人格教育，狭隘的“望子成龙”观念愈演愈烈……

对此，还有很多教授、专家、学者等，也都从不同的角度或立场阐述过中国教育的“失败”。比如，说“应试教育”不是为了面向造就全体学生，而是为了一部分升学有望的学生；说中国教育的过程，没有呵护和激发学生的好奇心、求知欲和自信心，没有给学生个体充分的自主选择和自由的时间空间，而是为了中考、高考，一味地加班加点、超时重负、机械训练，以致让处于青春期的中学生们过早地承受超越其年龄阶段之重负……所有这一切，都在无情地“扼杀”无数个体的创造力，“扼杀”中华民族的生机与活力。

总而言之，“中国教育面临的形势是十分严峻的”，迫切需要拯救。

（二）中国教育真的“一无是处”吗?

对于中国教育，无论在网上，还是在现实中，各种各样抨击的声音不绝于耳。但是，长期以来，我们似乎已经习惯了这种抱怨与批评，却很少意识到，支撑中国崛起奇迹的，其实正是中国教育培养起来的一代代人才。

中国教育不应该仅仅是各路精英们一味吐槽和鄙弃的对象，它更需要的是认真研究与面向未来的积极建设。面对世界，即便“他山之石可以攻玉”，我们也不应该拾人牙慧，一味只见他人之长，还必须懂得和珍重自家山上这块“玉”。

我们唯有自己站起来，平心静气地看待自己和别人，才会促成东西方、传统与现代教育的更好融合——那样才有可能建立世界上最好的教育。

每一种教育体系都会有利有弊。我不是教授，也不是专家，很难全方位、更深层次地研究和发现中国教育的优势。但是，我相信中国教育还是有其成功之处的。比如面对分数、升学率、高考制度等争议性问题，它们的积极作用也是很明显的：有利于客观公正选拔人才，可使教育模式正规化、易于操作；防止了不劳而获的人性弱点，培养了学生认真踏实、刻苦钻研的精神品质；能够节约时间，提高了学习的效率；符合我国人口众多等基本国情……

当我们屡屡对自己的教育体系不满时，不少西方国家的教育界人士却睁大了眼睛，甚至对中国教育竖起了大拇指：一个发展中国家，竟然能够打造出如此高水平又高均衡度的基础教育体系，了不起。比如有新闻报道，英国教育和儿童事务部副部长莉兹·特鲁斯曾率领代表团访问中国，专门学习“中国教育的成功之道”，希望能把中国学校、老师的教学方法和中国人的文化理念带回去，改革英国教育。美国教育界也曾组团访问中国，许多我们习以为常的教育模式，成了他们眼中破解中国经济社会瞩目成就的“秘密”。

事实上也如此。中国能够在短短几十年间，发生天翻地覆的变化，成为世界第二大经济体，教育功不可没。因为仅仅二十多年前，中国很多地方的孩子，还经常从小学就开始辍学，许多老师甚至不会说标准的普通话。如今，即便是在偏远的农村，绝大多数孩子都会完成高中学业，上大学已不再是什么稀奇事，教师素质和教育水平也大大提高;而大中城市里的教育，就更不用说了，现代化、国际化、中西融合已成潮流……这些进步都是有目共睹的。

从整个社会层面来看，我觉得中国教育的“成”，也是大于“败”的。尽管有人觉得,当下社会风气越来越差,一切向钱看,诚信与良知日益减少,腐败严重,违法犯罪频繁多发，等等。但是，我依然认为这些都不是主流，在中国，好人依然是占绝大多数的，积极向上依然是主旋律，我们依然生活在和平和谐的环境里。至少，我在现实生活中，依然看到了以下种种正能量：

比如，道德力量和工匠精神。在中国，依然涌现着一大批像前首富杨国强那样热心教育事业坚持扶贫助学的慈善家，依然存在着大量像香港五谷集团董事长黄军华那样以匠心致力于职业教育的企业家，依然有很多很多像澳门凯旋集团总裁王爱民那样通过自学自立自强走向辉煌、走向国际的时代精英。

比如，博爱情怀和青春活力。教育，说到底，就是爱。广东博贝教育城董事长黄静先生说，他所有的努力，都是为了“将博大的爱献给所有的宝贝”。我相信，中国很多教育工作者都有这样的博爱之心。只有在爱的教育下，孩子才会茁壮成长、充满青春活力——被誉为“中国10大最具影响力童星经纪人”之一的李会翔先生，艰辛培养著名童星姚沁宁的感人历程，便是明证。

由上可见，中国教育并非“一无是处”，肯定也有很多成功的地方，只不过我们长期计较其弊端而变得麻木。正如一位美国教育专家所说：“美国人总是从新一代中国隐身战斗机这样的视角，来看待中国带来的战略挑战。然而，真正的挑战来自中国教育体系的崛起，以及推动教育崛起的学习热情。”

（三）中国教育“一直在努力”

不可否认，中国教育有这样那样的缺点。但如同一个人，谁没有缺点呢？一个人的缺点改正起来都那么难，更何况一个庞大复杂的教育体系呢？

其实，四十年来，中国教育一直在不断恢复、发展、探索、改革、反思中前行。如果说，前三十年中国教育从恢复到建设、从改革到发展，走的是规模发展道路，那么近十年来，中国教育发展模式已经开始转型，即由规模发展走向内涵发展。回溯过往，中国教育成功与失败俱存，经验和教训同在。

据媒体最新报道，我国教育总体发展水平已进入世界中上行列，服务经济社会发展能力显著提高，国际影响力也稳步增强。国家也将逐步努力实现更高水平的普及教育，努力形成惠及全民的公平教育，努力提供更加丰富的优质教育，努力完善更加合理的教育结构，努力激发教育发展活力，等等。

所以，我们应该看到中国教育的希望，相信国家所做的努力，而不是牢骚满腹。或许，有人会觉得这是“大话”“空话”，那不妨留意一下我们的身边，很多人依然在为中国教育鞠躬尽瘁，依然乐观面对中国教育——

比如，全国劳动模范、著名特级教师马安健对农村教育的不懈追求，湖南炎陵籍“哈佛才子”马也骋对知识巅峰的刻苦攀登，“山区好老师”曾劲词对西部孩子的无私奉献，“教书育人模范人物”张富建对道义契约的忠诚坚守，被联合国教科文组织表彰的曾凡忠博士对“终身学习”理念的长期实践，80后企业家谢天亮对弟子规传统文化教育的精心推崇，以及中小学基础教育专家古汉新先生的教育情怀、青少年心智发展研究专家邓剑英女士的“母爱长征”等等，他们在教育或受教育的路上都充满了梦想，都十分触动人心。

再比如，在互联网＋的时代大潮中，为了中国教育信息化事业，全国上下掀起了一场“智慧革命”，像湖北高级教师张志勇、优秀教师陈耀平那样的“云端勇士”层出不穷，像智能专家潘通、国际亲子教师凌洋、95后“科学狂人”卢驭龙那样的创新人才辈出……这些都说明，中国教育依然是有希望的，没必要悲观。

当然，加强对当前正在进行的教育改革进行理性的分析和客观的反思，对指导教育改革的思想理论、政策策略、改革路径进行梳理和研究，也是必须的。这样，可以使我们更加准确地把握教育改革的方向，更清醒地认识教育改革的成功经验与失败原因，更有效地探索今后教育改革思路与路径。

但那主要是顶层设计者的任务。教育改革是一项复杂的系统工程，涉及整个社会的政治、经济以及历史文化的大背景等。对于我们普通的教育工作者、老百姓来说，往往无能为力、无可奈何，毕竟建立一种良好、理想的教育体系，需要几十甚至上百年，而我们这个时代的孩子每天都在成长，他们等不起，所以我们更多的应该是在现有的教育体制下，如何凭借已有的经验、方法和能力，尽量积极、完美地去教育孩子，这才是最现实最紧要的。

对于中国教育，我个人的观点依然是：成大于败。我们一定要有这种自信，这和做人是同样的道理，如果连自信都没有，任何教育体系都不会适合你。美国教育、欧洲教育，固然“先进”，但我们能够推翻重来、完全照搬吗？显然不行。既然如此，我们就应该踏踏实实做好自己，再学别人的长处。

从理论上讲，教育的本质就是育人和教书，即把每一个孩子培养成既有品德又有才能的人，而不是教孩子追求分数、追求升学、追求做“人上人”。但站在国家和社会的高度，教育还有一个重要作用，就是为了培养其接班人和建设者，传承文化血脉，推动文明进程。所以，在中国这样的大国度里，恐怕只有高考这样的竞争机制，才是选拔优秀人才最好的方式。反过来，这种机制，也最大限度地激发了学生的竞争意识和拼搏精神。

未来时代，国内国外的社会竞争必将越来越激烈。中国教育本来就底子薄、基础差，如果还一味地效仿自由散漫的西方教育，想必更加难以培养出优秀的人才。打个很浅显的比喻：40 年前，很多人都还没吃没穿，如果国家不设立高考竞争机制，不搞规模化教育，只是像西方那样，孩子想读就读，想学什么就学什么，岂不是一盘散沙？没有高考选拔出来的大批优秀人才，没有规模化教育提升全民文化素质，就没有中国改革开放以来的辉煌成就。

说白了，在整个社会还没有一定物质基础和经济条件的环境下，教育的主要作用就是为了让孩子学文化、长知识、拥有技能，从而改变个人、家庭乃至国家的命运。正如马斯洛先生所说的，只有到了富裕阶段，才能“自我实现”。西方教育之所以能够让孩子们“自由散漫”地学习，是因为西方国家早就积累了厚实的经济基础，有了各种各样的社会福利。当然，我国现在也有很多地方很多人富裕了，觉得可以向西方教育“看齐”了，于是总埋怨中国教育太“low”。但是要知道，与西方发达国家相比，中国教育和中国经济的整体水平都还相差很远。要想实现“中国梦”，必须“教育梦”先行。

从这个意义上讲，我们每一个人，都应该端正对中国教育的态度，就像习近平总书记提倡的那样：实干兴邦，空谈误国，我们要有梦想、勤学习、爱读书、肯奋斗、多实践、重家庭、强体魄……——大家撸起袖子加油干！

《希望在田野上》（唐自勇作品，布面油画，120×130cm）

第一章

感恩的心

《南方的家》（唐自勇作品，布面油画，80×60cm）

经典案例

我与中国慈善家的“道义契约”

每个人的一生，都会遇到不少赐予你“甘泉”的人，都会有一份沉甸甸的感恩清单……

干渴至极时，他遇到了甘泉

小时候，张富建常跟着父亲到深山老林里砍柴，早晨六七点出发，要到晚上六七点才能回到家。那片老林里没有水，不过在林子尽头，住着一位老人，老人家门前有一口井，井水清澈而甘甜。

每次当张富建走得又累又渴，快要撑不住的时候，父亲就说：“坚持一下，前面就能喝到老爷爷家的井水了！”一听到这句话，他就又有劲了！

从此，张富建幼小的心里就装着那位老爷爷。1997 年夏，他考上了广东工业大学，为了给他凑够每年 4000 多元的学费，家里人到林场里没日没夜地干了一个多月。拿到钱后，张富建跑到镇上割了两斤猪肉送到老爷爷家，说：“老爷爷，这是我第一次挣钱，今后去广州读书了，很难有机会再见到您，这么多年来，我没少喝您的山泉水，这是我的一点心意，您一定得收下……”老爷爷乐呵呵地笑着说：“这孩子懂得感恩，今后肯定会有大出息啊！”

其实，那时张富建还不懂得“感恩”两个字的真正含义。刚到广州上大学时，他心里充满了无数的憧憬和希望，但是一个从贫困山区走出来的农家孩子，要面临的困难和挫折实在太多了，别的同学比阔、比牛气，他没法比。

而这还不是最郁闷的。张富建念大学一年级第二学期时，他的父亲突然病逝了！全家一夜之间失去了经济支柱，陷入困境。那是一个漫长的暑假，作为家中长子，面对无助的弟妹，他不得不考虑辍学回家务农。那个夏天，他站在火辣辣的太阳下耕作，满脸泪水。

后来，学校得知情况后，打电话让张富建先回学校再说。不久，学校为他申请了“仲明大学生助学金”。按要求，所有被资助的学生要签订一份《道义契约》，在上面许下自己的承诺：

一、所接受的助学金用于与学业有关的开支以及生活费用，绝不无端浪费，并谨守勤俭求学的原则，努力完成学业；

二、在本人完成学业进入社会后，在经济条件许可的情况下，将向“仲明大学生助学金”管委会回捐当年的助学金及比照学生贷款支付利息，以帮助其他也需要帮助的大学生；

三、在今后的日子里，将根据自己的经济实力，加入到助困的行列，奉行美好的社会道德，以报效社会；

……

签《道义契约》前，工作人员对张富建说：“你一定要想好了，虽然这不是一份具有法律效力的协议，但它是考验你一辈子的良心契约。这也是仲明助学金捐助人的意愿，你想想，他每年捐助 100 万元，为的就是让更多的贫困学生顺利读完大学，而他希望被资助者今后也能将这份爱心传递下去，你能做到吗？”张富建说：“能！请问能告诉我这位捐助人是谁吗？”工作人员说：“这我们也不知道，因为捐助人不肯透露姓名，只知道他是一位民营企业家……”听了工作人员的话，张富建又想起了家乡深山老林里的那位老爷爷，又深深地感受到了自己渴得快要晕倒时能大口大口喝上甘甜井水的那种滋味！他感动不已，神情庄严地说：“这‘道义契约’好，我签！我签！”

每月的第一个星期日，是到羊城晚报社领仲明助学金的日子。钱不多，每月只有 300 元，但对当时的张富建来说，已经足够了。他第一次拿到那 300 元助学金时，握在手里温暖了很久很久。可第二天，他就接到弟弟打来的电话，说妈妈到镇上赶集时，雨天路滑，不小心被摩托车撞倒了！

家里的情况张富建很清楚，他当即将 300 元助学金寄回家。单纯的他也第一次为将助学金用于“与学业无关”的事情而给学校领导写了一份检讨书,称“我错了,我违背了与那位不知名的老人、那位善良民营企业家所签订的‘道义契约’,今后我一定会常怀感恩之心，因为这笔助学金不仅帮助了我，还救过我母亲的命……”学校领导都被这个懂得感恩的贫困生感动了，不久又为他申请了勤工俭学岗位……

道义的力量，使他常怀感恩之心

2001 年夏，靠着助学金的帮助和自己勤工俭学，张富建终于顺利毕业了。虽然他读的不是师范专业，但因为有了一颗感恩的心，因为对教育事业的热爱，他毅然决定去当一名教师!

不久，张富建应聘到广州一所职业学校当一名普通老师。当时，他一个月的收入仅 1300 元，但他依然把工资分成三部分以偿还大学时欠下的债：一笔还给大学老师，因为大四实习期间，他到上海实习花费的 2000 多元全都是向老师借的; 第二笔还国家提供的助学贷款; 第三笔回捐仲明助学金。

这样还下来，他每个月连自己的生活费都不够。于是，有朋友就劝他:“你这是何苦呢? 那仲明助学金又不是贷款，也没有期限，而且不还也没人能拿你怎样……”可他说:“那是‘道义贷款’啊！不还，我良心过不去！”

就这样,张富建节衣缩食过了三年,才终于将大学时期欠下的债务全部还清。他在贫困中依然履行“道义契约”的精神和事迹，受到了仲明助学金管委会的表扬，并被邀请到广州各个高校做宣传。

这时张富建才知道，仲明大学生助学金于 1997 年设立，每年由设立人出资 100 万元对贫困学生进行资助（2006 年起增至 200 万元），到 2002 年时已发放 600 万元，资助 3000 多人，却只有 54 名同学回捐，回捐率还不到 2%。这件事让他很震惊：为什么有那么多人不履行契约呢? 此后，他开始一边义务为仲明助学金奔走、做宣传，一边联系当年的受助人，劝他们“回捐”。

2003 年 11 月，张富建被邀请到中央电视台《实话实说》节目做嘉宾，他对主持人和晶说:“仲明助学金就像一泓清澈而甘甜的山泉，无声无息地沁入每一个贫困学子的胸怀，滋润着每一颗纯洁的心灵；它不同于施舍，也不需要回报，因为它是爱心最真诚的馈赠，是善良最自然的流露……但是，我们每个喝了这泓山泉的人，都应该领取其中道义的力量，都应该常怀感恩之心，如果我们都能尽力再将钱回捐回来，这泓山泉就肯定会更加源远流长！”

2004年年初，张富建自掏腰包建立了“仲明助学网”，目的就是让更多人了解仲明助学金的真正含义，并希望受助者履行“道义契约”。当他在搜集资料时，却发现，别说是助学金获得者，还有相当一部分大学生向国家领取贷学金后也不还贷，甚至人都找不到了！

这种现象让张富建无法理解。因为在他的内心之中，始终记得“山泉的道义”。究竟是因为受助大学生道德素质偏低、缺乏诚信，还是其他原因呢？

于是，张富建先后走访了众多“仲明”受助者一一了解真相，设法解决。他还在助学网上写了一封倡议书，题目叫《回来吧！感恩的心——致接受过“仲明”资助的同学们》：“快10年了，也许你们真的很忙，也许你们不顾一切地追求和奋斗，仅仅是为了更好地生活，可是失去了感恩的生活，那是多么的苍白啊；也许你们会说自己的生活还很艰难，要让日子过得更好一些再说吧，可是，淡忘了道义的路上，将会迷失自己前进的方向啊……”

这封近乎“谴责”的倡议书确实触动了不少人的心，可是如此“倡议”的效果并不明显，大部分人还是无动于衷。

2005年年底，张富建发现自己的一个大学同学也是仲明助学金的受助者，这位同学毕业后在一家外资企业工作，如今已经有房有车了，可是却对回捐的事情只字不提。张富建决定直截了当劝那个同学“回捐”，可同学说：“我最近手头紧得很，房子车子月供六七千，油价也涨了，前不久我老婆又被公司炒鱿鱼了，钱都是她管着呢，再说我哪好意思跟她说我以前是贫困生啊……”同学还反问他：“你当老师业余时间很多啊，那助学金本来就是捐给贫困生用的，再捐回去那就不叫捐了……”

这话深深刺痛了张富建的心，这么多年来，他为仲明助学金四处奔波，不仅没从中获得一分利益，反而经常倒贴钱。他如此执着地去做这件事情，是因为他懂得“滴水之恩，当涌泉相报”，虽然他无法像那位匿名的民营企业家那样，拿出巨额的财富来回报社会，但他希望能尽自己的绵薄之力唤醒更多人的“感恩之心”，为这个社会做些有意义的事情。但他没想到这条路竟是那样崎岖……

从2006年开始，仲明助学网上发布那些已经毕业参加工作的历届“仲明”资助过的贫困大学生的姓氏和就读专业年级，并倡议他们履行“道义契约”。此举可谓“一石激起千层浪”，许多被“曝光”的人很愤怒，纷纷在网站上留言。有的说：“贫困生凭什么非要感恩？人最宝贵的是做人的尊严！每个人都有自尊心，我们不幸生在一个贫困家庭，这本身就是一件悲哀的事情，谁想让全世界都知道自己是个穷孩子？谁不想有尊严地活着？如果你们是真心想帮助我们，就不应有条件地限制我们，就不应想有所回报！”还有的说：“我们虽然是贫困生，但也有宝贵的隐私权！你们这样做，就像往伤口上撒盐，是对我们心灵的一次打击和摧残……”

但张富建坚信，自己的行为对社会，尤其对于那些依然要靠助学金完成学业的贫困生，是有着非常巨大作用的。正像他曾在论坛上说的：“感恩，不仅仅是为了‘回捐’。我是个农民的儿子，以前很穷，现在依然很穷，但我志不穷……这些年，我确实劝过不少人回捐，但我绝不是为了替仲明‘追债’，而是希望有更多的人加入到这种爱心传递中来，让更多贫困大学生能顺利完成学业……”

传递爱心，20年风雨无阻

2007年3月，新华社第一个揭开了仲明助学金的匿名捐助者身份，他就是广东碧桂园集团的老板杨国强先生。张富建当时得知这个消息时非常激动，因为整整10年了，他终于知道了那位“隐居在深山老林中的老爷爷”是谁。

2007年11月，杨国强受邀到中山大学做演讲时说：“我18岁以前没有穿过鞋，读书时每学期的7块钱学费都交不起……但人穷不要怕，只要有远大志向，定能找到通往成功的路。还有，一个人一定要懂得感恩，改革开放给我的企业带来了战略机遇，所以今天当我拥有了财富，我就应该回报社会……仲明是我母亲的名字，10岁时就卖给人家当婢女，直到去世还不会写自己的名字，所以没有文化知识的人生是非常苦的，我希望能资助更多的人学文化，也希望有更多的朋友和我一起来完成这个心愿。”

当杨国强得知仲明助学金的还款情况不尽人意时，他又说：“我关心的不是回捐多少钱，可贵的是同学们恪守当初签订的《道义契约》，言出行随。如果社会上能多些像张富建同学这样的有道之人、有信之人，中华民族就更有希望……”那一刻，坐在台下认真听讲的张富建心潮澎湃、眼含热泪，这是他第一次亲自见到“中国首富”，并得到其表扬。

从此，张富建更加目标明确了，他希望能像杨国强先生那样，心怀大爱，热衷慈善。于是，2008年年初，他成立了一支仲明志愿者队伍，每年组织许多在校仲明学子以各种方式报恩，传递关爱。

2011年，他又牵头成立了“仲明同学会”，希望以仲明助学金为纽带，通过这种特殊的同学情结，让仲明学子们永远紧紧团结在一起，感激人生、互帮互扶，传承“滴水之恩涌泉相报”的精神。

这些年来，张富建虽然一直工作在平凡的教师岗位上，将大部分业余时间，不求回报地奉献在仲明助学金的公益事业中，比如：积极组织每年仲明助学金的颁发仪式，热心自驾到仲明助学金受惠的高校进行交流活动，到全省各地参与“幸福广东·健康同行”扶贫济困活动，参加敬老院、儿童福利院的公益活动，参加“益动广州”为爱徒步的公益活动，还出钱出力自驾车参加广州乐助会山区贫困学生访查活动，参加广州凤凰城社区睦邻文化节的公益演出、广东碧桂园职业技术学院落成典礼，等等。

但是，也正是这种内心的善与感恩，使得张富建的人生越来越充实、幸福。他十几年如一日地辛勤耕耘、积极探索，克服了一个又一个难题，在教学上收获了硕果。同时，他凭着对学生的高度责任感，用爱心和真诚为学生的成长保驾护航，传播正能量，赢得了学生的信任和爱戴。他的努力，得到了领导和学生的好评，工作岗位由普通机械课程教师升任至教务处副主任，并取得高级职称。面对成绩，他谦虚地说：“忠于职守，教书育人，这是我应该做的，还需要继续努力。”他用实际行动，践行了自己“受惠社会，回报社会，努力做事，老实做人”的人生信念。

生活中，张富建性格开朗，兴趣广泛，与人相处融洽。他喜欢开玩笑，善于调动别人以积极和乐观的心态面对困难。教学中，他善于以幽默风趣的话语调动学生积极性，他说：“我不喜欢板起脸上课，受不了太沉闷的课堂。”

在校内，张富建担任任课教师和班主任，先后担任学校研究所副主任、数控系副主任和教务处副主任等行政职务，在教学管理中尽职尽责，在教研中倾尽心血。在校外，他是人力资源和社会保障部职业培训教材工作委员会（国家级）教材宣传工作负责人，又被清华大学出版社和人民邮电出版社聘任教材建设指导委员会专家委员，也是广州电大《机械设计制造及其自动化（本科）》毕业设计答辩工作委员会成员。尽管岗位变多，身居多职，可张富建做事一丝不苟，有条不紊，各项工作都完成得十分细致到位。2008 年，他被评为“广州市优秀班主任”，多次获“学校优秀教育工作者”；2009 年、2014 年获广州市人社局年度考核优秀表彰;2016 年 9 月,又被评为学校“十大教书育人模范人物”……至今已荣获近 20 项市局级以上奖励表彰。

就这样，张富建从一个“农村娃”“贫困学子”，成为有房有车的“广州人”，有贤惠的妻子、可爱的孩子，家庭和谐美满。在公益事业方面，他如今担任着广东仲明志愿者服务总队队长、中山大学仲明助学基金大学生公益研究中心副主任等职务，还曾获得“仲明爱心大使”等荣誉称号，被人民日报、新华社、中央电视台等著名媒体报道。

2017 年，将是仲明助学金的第 20 个年头。这些年来，他一直坚守着内心的那份“道义契约”，并为此一直在公益的道路上执着前行。他说：“我从小接受了各种各样的教育，但是，对我影响最大的教育，就是仲明助学金的那份‘道义契约’，它不仅让我完成了大学学业，而且改变了我的命运，更重要的是升华了我的人生。”

的确，对于绝大多数行善者而言，行善自然是不要求任何回报的，但是，受助者却不能忘记回报社会。我们每个人的一生，都会遇到不少赐予你“甘泉”的人，都会有一份沉甸甸的感恩清单，是选择像杨国强那样“隆重”地感恩，还是像张富建这样“平凡”地感恩，并不重要，重要的是，我们首先要有一颗感恩的心。

精彩访谈

大爱是德，教育强则国强

特邀嘉宾
罗劲荣
广东省国强公益基金会秘书长
碧桂园集团志愿者协会秘书长
碧桂园集团战略发展部总经理

从受助到助人，是一种成功的教育

① 作者：罗总，您好。刚才读完张富建20年来一直与仲明相伴、感恩前行的人生故事，您内心里有怎样的感触？

罗劲荣：我非常感动。因为张富建同学能从一个贫困的农村孩子，成长为有所成就和名气的副教授，并且身体力行地完成从受助到助人的转变，我觉得这本身就是一种非常成功的教育，比任何课堂上的美德教育都更有意义。

“滴水之恩，定当涌泉相报”，是我们中华民族的传统美德。作为一个文明的“礼仪之邦”，我们中国人都知道“有恩报恩、知恩图报”乃做人之本。如果别人帮助了你、资助了你，你连一点基本的感恩之心及表示都没有，甚至无动于衷，这就太让人寒心了。当然，我并不是说，一定要像“借钱还钱”那样感恩，受助后将来一定要把别人“资助”的统统还给对方。我只是觉得，受助者要有一颗“感恩的心”，并且懂得向资助者表示一下“谢谢”，这样资助者一定会感到很高兴，觉得自己的善行有意义。如果受助者不仅能像张富建那样成才，还能乐于助人，资助者就更有成就感了。

感恩是人世间最朴素的感情，也是人与人之间最善良的体现。我觉得，青少年在学文化、学知识、长身体的同时，也一定要早早地学会感恩，比如感父母养育之恩、感社会帮助之恩、感他人救命之恩等。当然，对于学生来说，最好的感恩，就是知道怎么搞好学习、怎么奋进，将来成为社会有用之才。

② 作者：我认为，在张富建的成长过程中，仲明助学金是起了很大作用的。您作为这个慈善项目的管理者，能再具体介绍一下吗？

罗劲荣：仲明助学金是碧桂园集团董事局主席杨国强先生在1997年事业初有所成时为回报社会所设立的大学生助学金项目，由捐助者、羊城晚报、中山大学仲明助学金管理委员会三方共同管理。开始，杨国强先生一直要求隐姓埋名地捐助。直到2007年，经过10年持续捐助，社会影响力越来越大，才被新华社首次揭开谜底。杨国强先生用母亲的名字“仲明”来命名这份独特的助学金，寄托了他对母爱的感恩与怀念。因为童年时的杨国强家境贫寒，全靠政府给予的7元助学金才重拾书包上学堂。感念于此，当他事业初有所成时，便怀着“滴水之恩涌泉相报”的心愿，个人出资设立了仲明助学金。从1997年起每年捐资100万元，到2006年增至每年200万元，截至2016年累计捐资超过3100万元。目前，广东19所高校（其中包括中山大学、华南理工大学、华南农业大学、华南师范大学等），先后共有一万余名家庭经济困难的优秀学子获得了资助。

“受惠社会、回报社会，让爱薪火相传”，是仲明助学金设立的初衷和宗旨，也是它得以不断发展、深入人心的基石。杨国强先生希望以个人的慈善行为带动和影响更多学子加入助困行列，让他们更深刻地体会受惠与施惠的价值和意义，自觉承担个人的社会道义责任，并通过毕业工作后回捐资助款的方式，将慈善助学的义举循环接力下去，帮助更多成绩优秀而经济困难的学子。

③ 作者：那份《道义契约》我觉得非常有意义，也很有特色，杨国强先生当初为什么要制定这样一份协议？如今实行得怎样？

罗劲荣：杨国强先生当初设立仲明助学金的初衷，就是希望不仅能帮助贫困学子，还要“让爱薪火相传”。那么，怎样才能做到这点？

一是要让受助者从思想上懂得感恩，二是要让受助者从行动上学会感恩，所以他就要求受助者签一份《道义契约》。

虽然《道义契约》上明确要求，受捐者有能力有条件后，应当将得到的资助连本带息地捐回给仲明助学基金，或自己设立助学基金。但这并不是一份具有法律效力的协议或合同，也就是说没有强制性的约束，最终还是靠受助者的良心觉悟和自愿行为去遵循。

不过，人心总是向善的，人间总是有爱的。经过 20 年的坚持，在杨国强先生的影响和《道义契约》的感召下，已经有越来越多的学子将爱心薪火相传，比如学子范少钦设立了“合众助学金”，学子张富建 20 年践行契约精神并带领数千“仲明志愿者”服务社群……

当然，对于那些没能履行契约的学子，我们也表示理解，毕竟每个人的能力和人生轨迹不同。但我们依然会坚持实行《道义契约》这种方式，并倡议更多受助者努力做到。因为受助者的每一笔善款的回捐，都会为仲明助学金增加一份慈善的能量，让更多人受助。

我想，也只有真正实现了使仲明学子由“受助”到“助人”的根本性转变，才是对“仲明大爱”的完美注释。从这个意义上说，仲明助学金的作用，就不仅仅是慈善，还是一种伟大的社会教育。

教育扶贫，能够改变很多人的命运

④ 作者：罗总，通过张富建的故事，我感觉像仲明助学金这样的教育扶贫项目，能够实实在在地改变很多人的命运，您认为呢？

罗劲荣：这是肯定的。这也是仲明助学金以及杨国强先生的愿景。

教育扶贫是一项美好而伟大的事业，不仅改变了张富建这样的仲明学子的命运，实际上杨国强先生在事业有成后大力投身教育扶贫，就是因为教育扶贫也改变了他的人生，正所谓“饮水思源”。杨国强先生本是贫苦农民出身，政府助学金让他完成学业并改变了命运，这种经历成为他后来积极投身教育扶贫的动力根源。

1997 年以来，杨国强先生和女儿杨惠妍以及碧桂园集团，先后投入约 10 亿元用于办学、助学、兴教，至今共有四万多名贫困人口直接获益。

而且，杨国强先生的教育扶贫理念和实践充满了创新，在不断地与时俱进。

除了最初的仲明助学金外，2002 年，杨国强先生又出资 2.6 亿元创办了国华纪念中学，在全国范围招收家庭贫困、成绩优秀、心智健康的学生，学校承担学生在校所有费用，并提供助学金直至学生完成大学、硕士、博士所有阶段的学业。招生初期，很多人得知全免费、纯慈善后，都不敢相信。

如今，13 年过去，国华纪念中学共接收了 2356 名处于辍学边缘的学生，学校一直保持着极高的升学率。杨国强先生与学生座谈时总是强调，从国华走出去的学生，都应记得学校礼堂墙上的铭文：国华学子当以奉献社会为终身追求。

继 2007 年创办全免费的国良职业培训学校后，2013 年，杨国强先生又出资 3.5 亿元创办了广东碧桂园职业学院，所有入读学生同样免除一切费用……这些举措，可以说是彻底改变了孩子们的命运。

⑤ 作者：确实令人感动。您刚才说，杨国强先生的教育扶贫理念和实践充满了创新，并在不断地与时俱进，具体是指哪些方面呢？

罗劲荣：比如说，仲明助学金的《道义契约》，就是一大创新，在当时也可以说是一种挑战。因为在那时，从来没有哪位慈善家或慈善机构这样做，人们的常识就是，既然是慈善、捐助，就肯定是无私奉献的，怎么还要求受助者签这个东西呢？这样很多人就会有顾虑，甚至会引来社会舆论。如果没人愿签，这个项目就很难开展。但后来实践证明，杨国强先生的创新是正确的。如果没《道义契约》，仲明助学金就可能不会有现在这么生生不息的社会影响力。再比如杨国强先生创办的国华纪念中学、广东碧桂园职业学院，他通过这种创办全免费高中、大专的方式，成功实现了由“助学扶贫”到“办学扶贫”的跨越，这种更深层次更精准彻底的民间教育扶贫做法，在全国可以说是唯一的，对教育扶贫事业很有借鉴意义。

杨国强先生为什么要创办全免费的职业学院呢？这也是源于他的精准扶贫理念。由于他刚进社会工作时做的是泥瓦匠，所以他觉得贫困孩子要想改变生活，最重要的是掌握脱贫致富的知识和技能。为了扶贫扶到根子上，2012 年 6 月，针对农村人口居住分散，集中组织难度大的特点，杨国强先生还将职业教育的课堂搬到了村子里，在广东省清远市佛冈县水头镇开展“送技术技能下乡培训项目”。工作人员驻扎在水头镇，与村民同吃同住，对全镇 16–60 周岁的适龄劳动力开展免费技能培训，并积极帮助受训农民找工作、联系劳务输出。几年来，该项目免费培训了 1.7 万人，其中 8000 余人取得了叉车、电工、家政育婴师等职业资格证书，4000 人进城就业。

⑥ 作者：的确，“授人以鱼”，不如“授人以渔”。扶贫和教育一样，其最终目的都应该是让孩子们今后的人生更加美好，对吗？

罗劲荣：是的。为此，2013 年 10 月，碧桂园控股有限公司董事局主席杨国强先生及副主席杨惠妍女士，又创立了广东省国强公益基金会。这是一个非公募基金会，宗旨就是“以兴学助教，扶贫济困，授人以渔，奉献爱心，回报和造福社会,希望社会因我们的存在而变得更美好”。除了资助高中教育、职业教育、短期技能培训等教育事业，提高受助群体的人文与科学素质外，基金会还资助贫困地区、贫困村改善民生、发展生产，资助博物馆、展览馆等精神文明传承项目，资助紧急灾害救助以及灾后恢复与重建等领域。

与其他公益基金会不同的是，广东省国强公益基金会是一个“以执行为主”的基金会，即其主要工作是执行捐赠者（碧桂园集团）所要求的慈善项目，基金会工作人员虽然大部分编制都在企业（碧桂园集团），但是都专职从事基金会的慈善项目。所以，有了他们的辛苦付出之后，近年来，涌现出了广东碧桂园职业学院、碧桂园树山村绿色产业扶贫项目、送技术技能下乡培训项目等优秀慈善项目。正是因为以上的种种努力，杨国强先生曾荣获“2015 年中国消除贫困奖创新奖”，成为我国社会扶贫的典型代表。

如今，教育扶贫已在全国各地展开，甚至成为中国“十三五”扶贫攻坚的重要行动，无论从中央到地方，从教育系统内到教育系统外，已形成多重力量相互交织的精准教育扶贫网络。但是，据我所知，像碧桂园集团这样大规模大手笔投身教育扶贫的民间公益机构，目前还很少见。所以，我们希望能将国强公益基金会打造成中国教育扶贫的第一品牌。

教育强则国强，社会需要大爱情怀

⑦ 作者：罗总，对于杨国强先生这样的慈善家，以及仲明学子张富建这样热爱公益、懂得回报的“感恩者”，您是怎样看待的？

罗劲荣：我觉得他们都很了不起，都值得尊敬，也都是社会很需要的。杨国强先生自然不用多说，他的高度和境界常人难以企及。而张富建，虽然他无法像杨国强先生那样用财富来回报社会，但这么多年来，他以“草根”的身份，践行杨国强先生的公益事业和大爱情怀，通过自己的行动唤醒更多人的“感恩之心”，同样难得。生活中，我们常常听到有人说自己要将生命奉献给公益。然而，很多人坚持不了多久就没了下文，能数十年甚至终生奋战在公益事业上的人少之又少。做一件公益事并不难，人人都可以做到，但要像杨国强先生、张富建老师这样将公益行为平常化，甚至忘记自己正在做公益，却是不简单的，必须要有一种大爱情怀、忘我境界。

⑧ 作者：您作为广东省国强公益基金会秘书长、碧桂园集团志愿者协会秘书长、碧桂园集团战略发展部总经理，这些年一定参与过碧桂园集团的很多公益慈善活动，有什么让您难忘的经历吗？

罗劲荣：这就实在太多了。比如仲明助学金，到 2017 年，就已经成立 20 年了。前不久，我们搞了个仲明学子公益会，回忆起 20 年前“结缘仲明”，所有同学无不激动、感慨，他们每个人都有一个属于自己的仲明小故事。更让我感动的是，他们都怀揣公益梦想和大爱情怀，像张富建那样以自己的方式亲身投入到仲明慈善事业中。

记得 2015 年 6 月，我去参加中山大学仲明同学会成立仪式时，同学们高举“仲明大爱，薪火相传”旗帜，历届回捐代表自发上台启动仲明“爱心 100 分”回馈活动，同学们反响十分热烈，不到一小时捐赠金额就达约 2 万元，更鼓舞人心的是，仲明学子刘国兴最后还现场捐赠同样总额的善款……那种情景实在令人动容。正如一位仲明学子说的：“肩扛道义，践诺是金，勿以善小而不为，世界的改变不是少数人做了很多，而是每个人都做了一点点。”

还有参加“梦想碧桂园·百城公益行”圆你大学梦 2015 年启动仪式时，我发表的一段讲话至今记忆犹新：人生因梦想而精彩，梦想却因在座的每个同学的努力而变得不平凡；碧桂园是一家非常有责任感的阳光企业，口号一直是“希望社会因我们的存在而变得更加美好”，所以我们碧桂园志愿者协会从 2011 年成立就联动社会各界一起去关爱留守儿童、寻找国华学子、关爱空巢老人、医药下乡、建立碧桂园悦读馆及开展“善二代”暑期志愿者活动等……

我觉得由碧桂园集团首次提出的“善二代”志愿者活动，就非常让我感动，因为一位慈善家或许能保证自己终生热爱公益，但不一定能左右下一代也如此，所以，做慈善的企业家不容易，能培养“善二代”的企业家更不容易，比如杨国强先生和他的女儿。至今，“梦想碧桂园·百城公益行”总共开展了一百多场全国性的活动，以后还会将这个公益活动做到国际，在澳洲、马来西亚、印尼开展。

⑨ 作者：谢谢罗总的分享。最后，我还有个问题——有一句话说，教育兴则国兴，教育强则国强，您能结合一下杨国强先生及碧桂园集团的教育扶贫事业，再谈一谈这方面的观点吗？

罗劲荣：我觉得这句话是正确的。梁启超说过，少年强则国强。而少年要“强”，首先必须要靠教育。只有发展高质量教育、精准化教育，让每个孩子健康快乐成长成才，这才是国兴、国强的前提。但是，要真正做到“教育兴”“教育强”并不容易，由于我们国家土地广袤、区域发展不均衡，教育事业任重而道远，尤其是广大农村、偏远地区，亟须教育扶贫，需要大量慈善企业和爱心人士。

2016 年 9 月 1 日，《中华人民共和国慈善法》正式实施首日，第九届“中华慈善奖”颁奖典礼暨中华慈善博物馆开馆仪式在江苏隆重举行，碧桂园集团董事局主席杨国强先生凭借在慈善领域的突出贡献，被授予第九届“中华慈善奖·最具爱心捐赠个人”奖项，值得一提的是，这是杨国强先生及碧桂园第 7 次荣获“中华慈善奖”。

“中华慈善奖”是中国公益慈善领域的最高政府奖项，旨在弘扬和表彰社会各界奉献爱心、回报社会的崇高义举，彰显慈心为民、善举济世的慈善精神，激发全民向善、人人为善的昂扬热情。在颁奖典礼上，民政部部长李立国表示：“获奖者的涓涓慈心、孜孜善行，展示了大爱无疆、上善若水的高尚情怀，诠释了勇于担当、积极奉献的高贵品格，是我国慈善领域的标杆和典范。”而我当天有幸作为碧桂园代表上台代理领奖，深深感受到了这种无上荣耀的震撼力。

据我所知，从 1997 年第一笔大额捐助算起，杨国强先生及碧桂园集团累计捐款已超过 26 亿元。我想，这种大爱大德，一定能鼓舞更多的人延续善行，也一定能为中国的教育事业起到巨大的作用。

经典案例

带着“纸板爸爸”环游世界

父亲节那天，她上传了几十张与“纸板爸爸”在世界各地旅游的合影，全球无数网友感动得纷纷点赞……

爸爸前世的“小情人”

杨金娜出生于美国弗吉尼亚州北部首府里士满。这是一个小城市，只有20万人口，坐落在詹姆斯河畔的丘陵地带，经济相对落后。

杨金娜的父亲杨健祖籍中国福建，是早年偷渡到美国的。那时杨健才17岁，他本来和老乡准备去纽约打工，但途中走散，最后他一个人留在了里士满，帮一位华裔餐馆老板洗碗。杨健虽然文化不高，但性格沉稳，脚踏实地苦干，还每天在工余坚持学习。几年后，他拿到了厨师证，英文水平也突飞猛进。后来，他不仅在老板的帮助下拿到了美国绿卡，收入也渐渐增加。再后来，杨健和祖籍广东的餐馆服务员李玲结婚，生下了杨金娜。

杨金娜虽然从小在美国长大，但她父母都是文化不高的传统中国人，所以她在家里接受的都是中国式的父母教育，尤其是父亲对她的影响最大。她小时候胖嘟嘟的，很爱笑，父亲喜欢用他带着胡茬的嘴唇亲她的小手，逗得她笑个没完。父亲还经常把她举过头顶，然后让她骑在他脖子上，去街上四处逛逛。而她也和父亲特别亲近，常常作弄他，把胖脚丫伸进他的嘴巴，让他“吃小馒头”……杨金娜记事以后，父亲总是一遍遍地对她讲起这些温馨的场景。在她淘气犯错的时候，他也总是耐心教育，从不发火。而她的母亲性格和父亲截然不同，母亲性子急、脾气躁，她经常挨母亲的打骂。

每次在母亲那里受委屈后，杨金娜就去找父亲寻求安慰，父亲搂着她说：“其实，你妈和爸爸一样爱你，只是她没有读过什么书，不知道怎样教育孩子，所以你一定要好好学习，将来做一个温和有礼貌的人……”父亲的化解，让她从来没有记恨过母亲。虽然杨金娜出生就拥有美国国籍，但父亲坚持教她中文和闽南语。里士满有很多华裔开办的中文培训学校，每个寒暑假，父亲都会送她去那些学校学习。她 10 岁那年，父亲失业了，他不想再做厨师，因为每天不停地炒菜做饭，让他完全没有了吃饭的胃口。

久而久之，父亲得了胃病。那段时间，父母时不时会为了钱吵架，因为她母亲工资不高，家里每月要还房贷，压力很大。杨金娜记得，每到周末，父亲就会带她去图书馆看书散心，并对她说：“孩子，人这辈子不能只为了钱而活着，要有自己的爱好和理想。”后来，父亲换了很多种工作，做过搬运工、送奶工、快递员等，还做过地摊小生意，十分辛苦，但杨金娜从来没见他抱怨过。她上中学后，父亲开了一家干洗店，他每天独自守在店里，一周工作六天，每天 12 个小时。一天放学后，她去店里看他，竟发现他一边用闽南语哼唱《浪子的心情》，一边阅读泛黄的中文书籍《徐霞客游记》。

杨金娜被父亲那孤独的神情和沧桑的歌声深深地打动了，不禁轻声问他：“爸，你是不是想家了？”父亲眼角潮湿地点了点头。父亲边吃饭，边告诉杨金娜，他当年偷渡来美国，不仅仅是为了赚钱，也想趁年轻到世界各地去看看，但没想到，他在里士满一待就是二三十年，开始因为打黑工，不敢乱跑，后来有了绿卡，却要养家糊口，被生计困扰，别说周游世界，就连纽约也没去过，回国更是不容易。最后，父亲叹息道：“女儿啊，今后你要是有机会，一定要多去看看外面的世界，别像爸爸一样碌碌无为……”

在父亲的不断勉励下，后来杨金娜考上了哥伦比亚大学。去学校报到的时候，她特意邀请父亲与她同行，父亲很开心，说：“好啊，我终于可以去纽约看看了！”那是杨金娜第一次出远门，父亲很不放心，一路上叮嘱了她很多。回家之前，父亲依依不舍，送了她一本美籍华人作家刘墉写的《一生能有多少爱》，让她有空看看。当天晚上，她睡觉前翻开那本书，里面有一段话深深触动了她的心："女儿是父亲前世的情人，父亲就是来还女儿前世的情债，今生，情人做了女儿，男人做了父亲，他要养育她，宠爱她，为她忧心忡忡，最后………注定要送她离开，白发苍苍依然守望着她，用尽一生，无怨无悔……"杨金娜顿时鼻子一酸，眼泪哗地掉了下来——她的心里感叹，父亲，永远是这个世界上最爱她的男人……

世上最爱她的那个男人却走了

从那以后，杨金娜和父亲聚少离多。她在纽约大都市读书、打工，日子过得忙碌而充实；父亲则依然守在小城的那个干洗店里，过着一成不变的平淡生活。有好几次，父亲打电话给她，但她恰好都在忙，便急匆匆地问："爸，有什么事吗？"父亲总是回答，没什么事，一个人待在店里无聊，就想跟她说说话。她便毫不在意地说："那等我有时间再聊呗！"

可杨金娜总是很快就忘记了，从没主动打电话关心、问候过父亲。不久，她交了一个名叫 Steven 的男友，Steven 是纽约人，家境不错，经常带她去酒吧 happy，每逢节假日，他还带她到处旅游，这样一来，她就更加没时间与父亲联系了，更别说回小城去看望父亲。一天，母亲突然打电话给杨金娜，说父亲住院了，她愧疚不已，赶紧回家看望父亲。赶到医院，她才知道，父亲竟然得了胃癌，而且是晚期！看到昔日英俊强壮的父亲变得瘦削不堪，她的心都碎了，有种天要塌下来的感觉！她真恨不能回到从前，可以天天在父亲怀里撒娇，可以牵着他的手，去詹姆斯河畔看夕阳西下……

半个月后，父亲做完手术回家，坚持让她返回学校上课。回校后，她放弃了所有空闲时间，兼职了多份工作：学校图书管理员、宿舍协管，给华裔家庭孩子教中文，周末到麦当劳做送餐员，有时还去饭馆替老板洗碗、打扫卫生……每个月她还要看望父亲一次，周六回去，周日返校。父亲知道她打多份工，一再劝她，身体要紧，不要太拼命，她笑着说："爸，我这是继承你的艰苦奋斗精神啊！"由于杨金娜长期"冷落"男友，Steven 很快提出了分手，她二话没说就同意了——自从父亲患病后，她就无暇与男友恋爱，一心只希望父亲好起来。

她更加努力学习和打工，搞好学习是为了将来找一份好工作孝敬父亲，打工也是为了挣钱替父亲治病。

父亲50岁生日那天，杨金娜赶回里士满给他订了个大蛋糕，晚上吹蜡烛许愿时，她笑着问父亲有什么愿望，父亲说希望她快乐。她撒娇道："爸，这个太老套了，你得说个自己心里最想要的！"父亲迟迟没有回答。她突然想起父亲曾经说过，他最崇拜两个人，一个是中国的徐霞客，一个是意大利的马可·波罗。以前，她并未领会到其中的含义，但那一刻她突然懂了——这两个人都是著名的古代旅行家，原来，一生平凡、默默无闻的父亲，竟胸怀大志，想要游览天下！于是，她对父亲说："爸，等放寒假了，我陪你去马可·波罗的故乡意大利玩玩吧？我毕业以后，还可以陪你回中国……"

父亲抚摸着她的头发，摇头道："爸身体不行了，走不动了。中国也回不去了，子欲养而亲不待啊……"父亲告诉她，年轻的时候，他确实很想环游世界，而随着年岁渐长，他又有了新的遗憾，那就是过去爷爷奶奶健在的时候，他没能多回国去孝敬老人，前几年爷爷奶奶相继去世，他才后悔至极……

杨金娜知道，父亲并不是不愿回国看望爷爷奶奶，而是经济实在不宽裕。父亲常跟她说，回一次国的花费，可以让爷爷奶奶吃两三年。父亲的心思，也让她重新领悟了"子欲养而亲不待"这句古语的含义——父亲已经错过了尽孝的时机，而她难道也要重犯这个错误吗？她暗下决心，一定要好好陪伴父亲、孝敬父亲！因父亲身体不允许，杨金娜迟迟没能带他去旅游。本科毕业那年，她果断放弃了继续深造——她再也等不及了，她想尽早挣钱治好父亲的病，带父亲出国去走一走！这种强烈的愿望给她带来了力量，那些日子她天天去应聘，面试时大胆自信。两个月后，她进入纽约市曼哈顿区一家著名金融公司实习，经过不断的努力，这年年底她被该公司正式聘为注册国际金融理财师，年薪10万美元。父亲得知后高兴不已，眼含热泪地拥抱她，说："你太棒了！爸爸爱你！"

但有得就有失。收入高，也意味着工作强度大、压力大。上班后，杨金娜每天忙得不可开交，经常出差，有时还要去伦敦、苏黎世等国际金融中心待上半个月。如此一来，她和父亲在一起的时间就很少了。愧疚的她只能多打些钱给父亲，反复嘱咐他保重身体，用最好的药治疗……

然而，没多久，父亲的病还是突然恶化了。杨金娜把父亲接到纽约最好的医院治疗，依然没能挽救他的生命。

父亲永远地闭上了眼睛。那一刻，她哭成了泪人，悲痛欲绝！回里士满处理父亲的后事时，杨金娜在父亲的书房里翻出了一箱子遗物，里面有很多她小时候的照片，有一叠厚厚的账本，里面密密麻麻地写着干洗店的收入、家里的开支、她读书的费用等等。箱子里还有不少关于旅游方面的书籍，在一本《美国国家地理》杂志中，有一篇《人生必去的50个地方》，父亲特意在此页折了一个角，还在多个世界景点的介绍下做了下划线记号……

最让杨金娜震撼的是，父亲逝世前曾在日记中写下这样一段话："我这辈子做过很多梦，但几乎一个也没实现：想到美国淘金，却一辈子碌碌无为；想做徐霞客，却在异国小城窝囊数十年，哪儿也去不成……所幸我有一个好女儿，她是我的骄傲，是我活下去的最大动力，我爱她……"她再一次泪流满面——父亲啊，女儿很想帮你圆梦，可你为什么走得如此匆匆！

带着"纸板爸爸"环游世界

父亲的去世对杨金娜打击很大，她好长一段时间陷入萎靡不振的状态，可她必须撑住，因为她和公司签了两年工作合同，她必须完成工作，不能让父亲失望！

很快，杨金娜的年薪涨到了16万美元，她在纽约供了一套公寓，并买了一个大衣柜，没事就去逛街买衣服。这时，公司里一位名叫Leon的男同事向她表白，她接受了。她原以为，通过工作、供房、购物、恋爱，能够让她彻底振作起来。但实际上，她发现自己更加萎靡，情绪总是反复无常。一次，Leon因为她总是心不在焉，朝她发起了脾气，她立即对他怒吼："你一点也不像我父亲！"

Leon大吃一惊，说："我是你男朋友，怎会像你父亲？"那天晚上，她又梦见了父亲。梦里，父亲一会儿将年幼的她扛在肩膀上哈哈大笑，一会儿又躺在病床上痛苦地呻吟……她流着泪醒来，这才终于意识到，她再也找不到一个像父亲那么宠爱她的男人了……

杨金娜无法摆脱父亲去世带来的伤痛和阴影，对父亲的思念和愧疚也一日重似一日。Leon无法忍受她的抑郁，很快离开了她。

2013年年底，公司合同到期后，杨金娜毅然辞去了优越的工作，并萌生了一个大胆的想法：用纸板做一个父亲模型，带“父亲”去他生前想去的地方，替他实现人生愿望！

为了筹足费用，杨金娜卖掉了纽约的公寓。开始，母亲并不同意，但了解了她的痛苦后，母亲还是尊重了她的决定。她选了父亲40岁时的一张照片，然后请人用硬纸板制作了一个与父亲身高、外貌完全相同的模型：父亲穿着笔挺的黑色西装和白衬衣，戴着圆形眼镜和蝴蝶结领带，脸带微笑，神情儒雅——这是她最爱的父亲。

2014年3月20日，杨金娜带着“父亲”出发了。第一站，她打算去冰岛，因为父亲曾在日记里提到：“我的生活太平淡了，整个人就像麻木了，真想去一次冰岛，领略那里的冰川、雪峰、火山、热泉，感受冰火两重天……”

杨金娜抱着“父亲”去机场的路上，引来了众多异样的目光，安检时，她费尽口舌，工作人员才终于允许她将“父亲”带进去。登记时，空姐又要求她将纸板折起来塞进行李箱，她眼泪汪汪地说：“这是我爸！他本来就有腰椎间盘突出，我怎么忍心将他拦腰折断、让他承受痛苦？求求你们了！我不会多占用座位的。”

杨金娜的哭诉和祈求，引来了很多乘客围观，最终空姐也感动了，让她抱着“父亲”坐下。就这样，她和“父亲”来到了冰岛，在一周多的时间里，他们游览了著名的蓝泻湖、古福斯瀑布、瓦特纳冰川、盖歇尔间歇泉以及艾雅法拉火山等景点。就在这时，纽约的同学打电话告诉她，那天她在纽约乘机的情形被人用手机拍下来传到了网上，很多人觉得她不可思议，骂她是“神经病”……

杨金娜懒得解释，继续陪“父亲”旅游。4月初，他们来到了英国，每到一个地方，她都会先选好景，再请路人帮她和“父亲”合影，她有时搂着他的腰，有时搭着他的肩膀，有时挽着他的手臂，还冲他做各种各样撒娇、调皮的姿势和表情。照完后，她就把相机拿给“父亲”看，问他，好看不？“父亲”总是笑而不答。

很多不知情的人把杨金娜当“怪物”看，可她一点都不在乎。在伦敦圣保罗大教堂前，她拜托一位英国老爷爷帮她和“父亲”拍照，对方问她为什么要这么做，她简单说了一下，老爷爷竟感动得拥抱了她。原来，那位英国老爷爷有几个儿女，但都不在身边，老爷爷那些年一直孤苦伶仃地生活……

随后，杨金娜又带着“父亲”去了法国。在塞纳河畔，她“牵”着他悠闲地漫步；在香榭丽舍大街，他们面对面坐着，一人一杯咖啡，边喝边聊天。等他们游览到巴黎卢浮宫博物馆时，她和“父亲”好像已经很“有名”了，很多游客纷纷过来问候他们，一位与她父亲年龄相当的摄影师，在听了她的故事后，主动帮她和“父亲”拍摄了很多照片，还说这比艺术品更有价值！

5 月 1 日，杨金娜陪“父亲”来到了意大利，在马可·波罗故居，她禁不住湿了眼眶，“爸，您终于见到了您的偶像了！女儿帮您跟他合个影吧！”她听父亲的老友说过，父亲生前很想打高尔夫，于是，在罗马埃克森球场，她陪“父亲”整整感受了一天。之后，他们还去了希腊、德国、瑞典和挪威。他们去的地方，都是父亲曾经想去的，有的是她根据记忆选定的，有的是父亲在日记中提及的，还有的是父亲在《美国国家地理》等书籍中标注过的……

游玩了两个多月后，杨金娜带着“父亲”回到了纽约。经过这段特殊的旅程，她的心情好了很多，因为她终于帮父亲完成了他生前的夙愿。父亲节那天，看着网友们纷纷上传和父亲的合影，她也忍不住在博客上发了几十张他们“父女同游”的照片，没想到全球很多国家的网友都深受感动，纷纷为她点赞、祝福……

最近两年，杨金娜一边努力工作攒钱，一边好好地孝敬母亲，她打算明年带着“父亲”和母亲一起去世界各地旅游。她也希望自己的这种“奇葩”之举，能够提醒天下儿女：要学会感恩，父母健在是儿女的福气，爱经不起等待，不要因为青春无知或一味地忙而错过，有空常回家，多陪陪父母，及时行孝！

《晴朗的天》（唐自勇作品，布面油画，140×70cm）

精彩访谈

感恩世界，才会拥有世界

特邀嘉宾
王爱民（Amy）
中国政法大学硕士
澳门凯旋集团总裁
广东正澳律师事务所主任及合伙人

感恩家人

① 作者：Amy，您好。您从一个在内地中途辍学的高中女生，经过自己的努力奋斗，不仅先后拿到了中山大学法学学士学位、澳门大学法学学士学位、中国政法大学法学硕士学位等，而且成为中国第一位澳门籍内地律师，还拥有自己的律师事务所和集团公司，我想，对于“感恩”两字，您一定有不少独特或深刻的感想，对吗？

王爱民：那真是感慨万千啊！我这一路走来，的确是很不容易。要说感恩，我首先得感谢我的父母，尤其是我的母亲。

我老家在山东。父亲是小学校长，从父亲那里我学会了做人；我母亲也是一位小学教师，但是母亲教得好别的孩子，却教不好我——因为小时候的我实在太调皮了。不过，从妈妈那里，我学到了什么叫坚持，她总是告诉我：“没有翻不过的山，没过蹚不过的河；只有享不了的福，没有受不了的罪……”所以，十几岁的时候，我虽然反叛，但是我骨子里是正直、善良的，我那时心里想的就是，我不想再读书，不想母亲再过得那么辛苦。于是，高二未读完，我便离开了学校。此后，17 岁的我，打过工，自己开过商店，由于涉世未深，跌得伤痕累累。

后来，我一个人来到了广东珠海打工。那时，内地女孩子的地位在这边特别低，加上自己没读过大学，没有文凭做敲门砖，一份体面的工作都找不到，要想立足是何其难。我也因为自己性格倔强，而被人打过，然后流落街头，在桥底下过夜，甚至有一次，曾因与工厂保安吵架，被送到派出所然后遣送出珠海……那时，我身心疲惫，最喜欢的歌便是《三百六十五里路》和《我想有个家》……记得有一个夜晚，我独自流浪在拱北的街头，隔海看着澳门那边的千家万户的窗口透出柔和的光，我就想起了远在老家的父母、弟弟，然后失声痛哭地对自己说："爸妈啊，为什么这里没有一盏灯是为我而开的？！"

② 作者：没想到王总还有这么让人落泪的过去。您是山东人，文化也不高，后来怎么就成了澳门籍居民，而且做起了律师呢？

王爱民：说到这，我又得感恩我的丈夫了。

也就是在我最低落的打工时期，我的丈夫出现在了我的面前。那时我是一名文员，他是工厂里的澳门籍高管。他给我呵护，给我疼爱，给了我一个避风港。匆匆地，我们便走入了婚姻。婚后，24 岁的我便因怀孕辞职在家。虽然我成了"澳门媳妇"，那时丈夫的高工资也足以让我过上无忧无虑的舒适生活，但是生性要强的我，没有迷失方向，而是决定参加自学考试，因为来珠海打工的那几年，我深深地感受到了，没有文凭寸步难行。我甚至后悔当初没好好读书，其实我曾经有段时间学习成绩很好，但就是受不了父母的"高压政策"，后来越来越反叛才导致辍学的。

进入社会吃了那么多苦后，才明白父母当年的用心良苦。醒悟后，我自学时也就特别刻苦。或许是以前被人欺负了也不知道如何用法律武器保护自己的缘故吧，我当时选择了学法律。我是 1994 年开始参加自学考试，1996 年年底便拿到了大专毕业证。1997 年，我在珠海参加全国统一律师资格考试，在三百多名考生中，以第九名的成绩考取了律师资格。2000 年年底，我又拿到了法律系本科毕业证，以及中山大学的法学学士学位。

2001 年，我丈夫在珠海失业了，我们一家人便搬到澳门定居。丈夫家在澳门也只是个普通家庭，面对生活的重压，我决定出去找工作。但我没想到，就业之路竟是那样艰难——由于澳门地小人多，就业竞争十分激烈；而且我已经入籍澳门，依据法律，便不能在内地从事律师职业了；可在澳门，又因我学的是内地法律，且不懂葡萄牙语，对澳门的法律知识始终像隔靴搔痒……左冲右突后，我咬了咬牙，决定继续“充电”，从零开始，无论如何也要搞通澳门的法律体系，从中杀出一条血路来。于是，从2002年年初开始，我一边在法律行业“打零工”，一边到澳门大学读法律导论班，去东方葡萄牙学会苦练葡萄牙语。我每天上完课从澳门氹仔坐公交，赶回家已是深夜十二点，坐在女儿们床前看着她们熟睡的面庞，我因为无暇陪伴她们而无比愧疚。可第二天早上七点，我就必须起床赶到公司上班。那些年，我没有周末和节假日，没有好好地休息过一天……

③ 作者：我觉得您真了不起，几年之内就拿到了那么多文凭学历，而且平时还要带孩子，这需要多么大的毅力和耐心啊！

王爱民：呵呵，看来我还得感恩我的两个女儿了。

那几年，我的两个女儿先后呱呱落地。虽然很苦很累，但是我的两个女儿小时候都很乖巧，我看书的时候她们会自个儿玩，加上有老人家协助，所以我自学起来比较顺利。尤其是我上班后，最初几年还要上夜课，每天根本就没时间在家，她们却很懂事。而且，我的两个女儿越长越机智、会体贴人。后来，我在工作、事业上曾多次遇到挫折，她们都像大人似的给我安慰和鼓励。她们都口齿伶俐，继承了我的优点。用朋友的话说，她们大了一定要继承我的衣钵——做律师，不然浪费了她们的机智，呵呵。

记得有一次，我很难得地化了浓妆，大女儿来到我面前，装作非常惊讶地说：“呀，远远一看，这是哪家的美女站在这儿啊？好漂亮哦！近了一看，哦，原来是我的妈咪啊！”还有一次，与同事一起吃饭，小女儿在那儿没大没小地顶嘴，我觉得她在同事面前这样反驳我，让我很没面子，就板起脸来教育她：“你知不知道中国人应该有个美德是‘尊老爱幼’？”她也意识到自己玩得过火了，眼珠一转，马上应对：“你那么年轻，尊老与你无缘啊。”我听了心里甭提多开心了，但还是假装很严肃地说：“我说的尊老，指的是尊敬老一辈。”不料她又机灵地接招说：“哦，那尊老就更与你没关系啦，我与你站在一起，人家都说你是我姐姐！”当时我和同事都笑歪了。所以说，凡事都会苦尽甘来，凡事都要用好的心态去对待。

感恩时代

④ 作者：原本是一个平凡家庭主妇的您，后来是如何逆袭的呢？

王爱民：我能有今天，除了自身的奋斗，还得感恩时代。我觉得，每个时代，都会有不同的机遇，就看你是否能抓得住。在澳门边工作边学习、苦苦撑了两年后，2003 年年底，我总算学完了澳门法律，也略懂葡萄牙文，但我还是不能在澳门当律师。因为我没有澳门律师证，而澳门律师公会也拒绝接受我的报考，理由是我的法学学士是自考学历，对方不承认。我只得又报读了中国政法大学的硕士研究生课程，希望拿到更权威的文凭。同时，我只能在澳门的律师事务所里跳来跳去，做文员、律师助理甚至打杂，地位卑微，收入低得可怜……当时，我真的是欲哭无泪。

但就在我无比迷茫之际，2004 年年初，澳门 CEPA（即《内地与澳门关于建立更紧密经贸关系的安排》）正式实施。其中，有一规定是“取得内地律师资格的澳门居民可以到内地实习并执业”。这对于我来说，无疑是雪中送炭——我自学了那么多年的课程，接受那么多的法律专业教育，总算可以派上用场了！所以，2004 年春节后，我就进入了珠海德赛律师事务所实习。2005 年 12 月，广东省司法厅给我颁发了律师执业证，我成为首位在内地执业的澳门居民，也被誉为中国律师行业里的“CEPA 第一人”。

作为政策的受益者，对于中央政府对澳门的开放政策我还是心存感激的，毫不夸张地说，没有 CEPA 就没有我今天的成绩。

⑤ 作者：看来读书还是有用的，只不过以前没有这样的机遇。

王爱民：这是自然的。我从不相信“读书无用论”，不然我以前也不会那么刻苦自学。当然，人在低谷时，难免会这样感叹几句。但现在回过头来看，只要学到了真知识，总会有用的时候。过去，我在澳门和珠海两头碰壁，CEPA 实施后，由于我通晓内地与澳门截然不同的两种社会环境和法律体系，顿时变成了稀缺人才。我最开始的业务主要集中于两地法律业务的协调方面，比如澳门企业在内地产生的纠纷、内地人到澳门旅游娱乐遇到的难处等。后来，有很多内地公司和企业家通过我到澳门寻找商机。

所以，我在珠海的工作很快就变成了事业。2006年，我不仅在律师事务所当律师，还自己成立了澳门凯旋投资策划有限公司、澳门凯旋知识产权代理有限公司及香港凯旋知识产权代理有限公司。因为随着我接触的圈子越来越高端，很多企业有这方面的需求。虽然短短两三年时间，我就从一名律师变成了老板。但我从没骄傲自满，那时我依然坚持虚心学习。我考上了澳门大学法学院，用四年时间系统学习了澳门法律，拿到了澳门大学法学学士学位；并在期间修读了中国政法大学的硕士课程，获得了中国政法大学法学硕士学位，还曾被澳门科技大学录取，攻读法学博士学位，但后来我决定去新加坡读博士，所以放弃了澳门科技大学的offer。

⑥ 作者：厉害！后来您又是怎么成立集团、走向国际化的呢？

王爱民：我喜欢挑战。以前在澳门律师行业里，我是第一个到内地去“吃螃蟹的”。后来在澳门开知识产权和投资策划公司，却大量接内地业务，在该行当里我也是领先的。正因此，很多内地知识产权代理公司有澳门知识产权业务时，由于不通晓当地制度，都纷纷与我合作。

那时，我还是内地许多知名律师事务所的澳门合作伙伴，比如大成律师事务所、中咨律师事务所、金杜律师事务所等，只要他们遇到了涉及澳门法律服务方面的业务，就可以都通过我来处理。而这时我又发现，随着CEPA的实施，很多内地有钱人都想通过澳门走向海外，因为澳门一直都是中国内地对外贸易的重要纽带，是内地联系欧洲和海外市场（尤其是葡语系国家）的桥头堡，可他们对澳门及海外各国市场的投资环境、相关制度等，都一无所知。所以，我很快成立了集团，组建了一支来自海内外的中、葡精英团队，不仅为想“走出去”的内地企业及个人，提供涉澳门及葡语系国家法律、知识产权、投资移民等方面的服务，也为“走进来”的境外企业提供内地投资、置业、商贸活动等策划顾问服务。

⑦ 我看您后来又成立了自己的律师事务所，而且重点业务是澳门及葡语系国家法律服务？这是出于什么样的考虑呢？

王爱民：一直以来我都很想拥有自己的律师所。因此，2013年，我又在珠海创建了广东正澳律师事务所。2016年11月，正澳律所正式聘请了澳门律师。这是CEPA实施12年来全国第一家聘请澳门律师的内地律师事务所。现在我们可以直接提供澳门及巴西、葡萄牙、安哥拉、莫桑比克等葡语系国家的法律服务。这也是我律师事务所的独特定位——专业提供葡语系国家的法律服务。

做出这个定位是基于以下考虑：传统律师业务竞争大，收费低，我们少做甚至不做，而是集中精力开拓我们最具特色的葡语系国家法律服务。我们推介的对象，首先是中国内地的执业律师——因为内地执业律师的客户在葡语系国家有法律需求时，他们自己一般很难有资源去介绍葡语系国家的律师提供相关的服务，这时候他们可以来找我，我与他们共同组成律师团，为客户在葡语系国家的投资或纠纷提供服务。

同样，很多境外及澳门企业或个人到内地投资、置业时，我也可以提供全方位的中国法律支持，而那些内地企业或个人到澳门及境外投资、置业时，我又可以提供最专业的法律咨询。更重要的是，现在我终于可以以内地律师事务所负责人的名义，与内地的客户签署委托代理合同，为其代理澳门及海外的法律事务，而不用像以前那样还需借助别的律师事务所。

感恩世界

⑧ *作者：我看您从2014年到2016年，先后几次出国游学了欧美20多个国家，为什么会想着花这么多的时间和精力去国外游学？*

王爱民：因为公司在不断扩大，而且我希望开拓国际市场，我必须不断学习。所以从2014年开始，我一个人先后游历了英国、马耳他、爱尔兰、瑞典、意大利、冰岛、葡萄牙等20多个国家，后来又去美国待了近半年，还在纽约的律师事务所做过“实习生”。我出国游学主要是为了学习英语、葡萄牙语及各国的法律制度，同时了解当地的投资环境，并建立一批海外合作伙伴关系。我每到一个国家，就先报名参加一个游学式的语言培训班，然后跟着他们到处边学习边旅游，这样还能认识很多外国朋友。

前两年，我公司里接到了很多内地人想移民葡萄牙的咨询，但是很多内地人不知道，“葡萄牙黄金移民计划”不但常有中介欺骗客户的事件，而且有个非常难以克服的障碍——入籍拿护照要考葡文，而移民爱尔兰、马耳他只考英文就可以了。所以我就想尽快把自己的公司和律师事务所开到葡萄牙、巴西等葡语系国家去。

⑨ 作者：2016年6月，您一手操办的“一带一路”及葡语系国家涉外法律服务论坛和澳门国际知识产权研讨会，在海内外引起了巨大反响。这两场盛大的高规格国际会议活动，总共邀请了200多名来自中国内地、澳门和全球葡语系国家的重量级专家、学者及政商界权威人士进行深入研讨，您是怎样邀请到那么多专家学者的？

王爱民：有些内地的专家、学者等，是我在自学中山大学、中国政法大学、澳门大学等高校课程时结识的，他们都很欣赏我的那股学习劲，也给了我不少帮助，当我怀着感恩之情邀请时，他们都十分支持。而国外那些专家、学者等，则是我到处游学时结识的。

从这个意义上说，我也要感恩世界，以及世界各地的朋友。我现在的凯旋集团和正澳律师事务所，主要是专业提供澳门及葡语系国家法律服务以及知识产权、投资移民等方面的服务。所以，我必须以国际化的眼光，以世界性的视角，去不断接受教育、面对未来。

⑩ 作者：我很欣赏您雷厉风行的性格和英姿飒爽的气质，以及在国际场合用流利的英语、葡语与外宾交流的能力。我觉得，您能达到今天的高度，尤其是成为澳门及葡语系国家法律服务领域的专家，与您一直以来不断学习有很大关系。那么，作为一位自学成才的母亲，您又是如何教育两个女儿的呢？有什么独特的经验吗？

王爱民：有人说我是个女强人，其实我也有女人的一面啊。比如婚后的最初几年，我一直相夫教女。我认为，家庭教育最重要的应该是身传言教吧。或许是我的两个女儿从小就看着我一直在刻苦自学，所以她们也自幼就很爱学习，长大后更是自觉读书。

虽然我平时都挺忙，但对两个女儿的教育，我还是一直挺用心的，她们现在一个在英国留学，一个在国内读重点大学，都很有才华，也非常懂事，这才是我最大的成就，也是我最值得骄傲的。再就是教孩子要善良、有爱、懂得感恩，只有这样，人的心胸才会更宽广，成长、发展之路也就更宽广，然后拥有更宽广的世界。还有，要把孩子当朋友，经常跟孩子交心，甚至“打成一片”。前两年，我去国外游学期间，两个女儿都说：“妈，您真潇洒，以后我们也要像您这样！”

我就笑着鼓励她们说："妈这是因为以前吃过太多苦，现在才有资格多享受一下，如果你们也想周游世界，过自己想要的生活，就要像我一样勤奋好学、活到老学到老……"

最后，我分享几件与两个机灵女儿的轶事。我觉得，如果父母与孩子都能达到这样的相处氛围，那么亲子关系就十分融洽了——

某日，我一本正经地教育女儿们："要向妈妈学习，对什么事都充满热情……"我话未完，两张小嘴巴齐声回复："尤其是对吃！"

有天晚上，我在卸妆，女儿在外等用洗手间。估计是等久了，她不耐烦地说："化什么化，化不化都这样啦！"我不爱听，责备了她一句。她马上笑嘻嘻地说："我是想说，您化不化妆都那么漂亮！"

周末没有节目，突发奇想约了两个女儿去某楼盘看别墅。有套1900万元的，我越看越喜欢，但发现身边的大女儿越来越不开心。但见她哭丧着脸问售楼员："叔叔，贷款期限是多长啊？"售楼员不得要领，机械地答："最长三十年。"大女儿的眼泪就快掉下来了："贷款时间能不能短一点啊？要不我长大了还要帮她还贷款！"

大女儿放学回来满脸不高兴，我问她为什么，其曰："我们班有同学说我的脸长得像张饼！"小女儿听了一脸的诧异，愤愤地说："你们班同学肯定有病！"我以为妹妹要替姐姐解气了，怎知小女儿接下来的话让我晕倒："饼若长成这样人怎么吃得下啊？看见就饱啦！"

小女儿的皮肤不够细腻，有次我逗她玩，故作忧愁状地说："皮肤这么粗糙，以后嫁不出去可怎么办呢？"她转了转小眼睛，狡猾地说："待冬天穿厚衣服时嫁，等到了夏天，后悔死他！"

……

第二章 工匠精神

《工匠家》（唐自勇作品，布面油画，100×80cm）

经典案例

手工锻造的父爱传奇

一位平凡的工匠父亲，竟用双手一点一点锻造的木制钢琴，将三个女儿都培养成了音乐家……

疯狂的梦想：手工锻造钢琴

家住江苏徐州的王开罗，出生于一个世代木匠家庭。他从小就崇拜鲁班，18 岁就成为一名手艺超好的木匠。后来，虽然因为工作需要，他又进了当地一家机械厂当工人，但他始终保留着那种精雕细琢、精益求精的工匠精神，很快又成了一名出色的机械修理师。

结婚成家后，王开罗的三个女儿王晓蕾、王晓婷、王晓芳先后呱呱落地。他是一个内敛的父亲，又或许是职业习惯的缘故，他对孩子的教育总是润物细无声，而且也追求“精雕细琢、精益求精”。大女儿王晓蕾自幼聪明可爱，音乐天赋极高，她对各种声音都很敏感，只要听到收音机里唱歌，她就能随之哼出调调来。她上小学一年级的时候，老师不止一次对王开罗说：“你女儿很有音乐天赋，要多培养……”王开罗不敢接腔。他也想自己的孩子有出息，但学音乐要花大价钱，拿啥培养呢？那时他们刚迁到城里住，经济拮据。

可王晓蕾对音乐十分热爱，到了欲罢不能的地步。看到街上有孩子吹口琴，就老远跟着人家。为了安慰女儿，王开罗只好找到当地有名的拉二胡的老艺人刘庆海——大家都称呼他为“刘伯”，跟他学一些简谱、曲调和声乐等基本知识。

然后做一些简单的“有声音”的玩具：竹笛子、木口琴、复杂的二胡……一个傍晚，9岁的王晓蕾跟爸爸穿过一条深巷回家时，突然听到一阵清脆悦耳的音乐声，她立即喊道：“爸，这是什么声音？”

父女俩都是第一次听到那种声音，混合时雄壮，单音时悠扬……在那里足足听了半个多小时，他们才依依不舍地离开。

王开罗当时也不知道那是什么声音，第二天，到巷子里打听后，他才知道那是钢琴弹出的声音。事后他听说钢琴是“乐器之王”，音域宽广，音色丰富，对发展儿童的音乐才能最有帮助……听人家这么说，王开罗立刻联想到大女儿，她对音乐那么敏感，如果学了钢琴该多好……他立刻又摇摇头，那是不可能的——在20世纪80年代，一架钢琴需要2000多元，这对月收入只有五六十元的家庭，不亚于一个天文数字。王晓蕾却从此爱上了钢琴。她认为那是世界上最动听的声音，每天放学后她都会拐到小巷深处听半小时钢琴后再回家。一次，她“偷听”时，被弹钢琴的小女孩发现了，那小女孩趴在窗户上嘲笑她，她气愤地用小石子砸了人家的玻璃，然后转身跑了。

王开罗听说后，将大女儿狠狠地打了一顿，并责备她以后再不许去“丢人现眼”。她却哭得特伤心，说：“爸爸，我要学钢琴，你要是给我买了，我就不会被别人欺负……”王开罗心如刀绞……更让王开罗更难过的是，不久后，王晓蕾的老师将一篇题为《我的父亲》的作文拿给王开罗看。王晓蕾竟然这样写：“我的爸爸是一个不称职的父亲，他买不起钢琴，还不许我去听别人弹钢琴……”孩子如此执着，这是王开罗没有想到的。

一个晚上，外面十分寒冷，王晓蕾还没有回来。王开罗四处寻找，当找到她时，她正蹲在有钢琴的人家的窗户下瑟瑟发抖。原来，那家人那天晚上可能有事外出，王晓蕾放学的时候没有听到钢琴声，就一直蹲在人家窗户下苦等着不走！王开罗心痛极了，一个父亲，面对孩子的渴望束手无策，他还是个父亲吗？他将王晓蕾搂在怀里，眼含泪水说：“爸爸买不起钢琴，但是爸爸答应你，一定给你做一台世上最好的钢琴！”

听说父亲要做钢琴，不但王晓蕾开心，王晓婷、王晓芳也开心极了，异口同声地要爸爸尽快动手。妻子听了却直骂他：“你疯了！家里穷成这个样子，你不想想怎么挣钱，尽想些没用的！”可王开罗却坚定地说：“我这个当爹的，干了一辈子工匠，除了能做点东西，还能给孩子什么呢？如果钢琴能改变女儿的命运，也不是坏事啊！”话虽这么说，可王开罗心里根本没底。他只是在一些书上看到过钢琴，心里就想，所谓钢琴，不也就是由一些钢板、铁皮、木材之类的东西“组成”的吗？口琴咱都做出来了，凭啥做不出来钢琴？

那时候，王开罗绝对没想到，这台钢琴竟然花费了他 8 年时间！

无所不能：用鞋带创造奇迹

王开罗琢磨着，要做钢琴，自己至少得摸摸真正的钢琴，看看钢琴的构造。经过打听，他得知，钢琴只有在市文化宫、歌舞团、市一中和极少数的富贵家庭中才有。可这些地方他都没办法进去。

后来，他又听刘伯说以前他工作过的徐州市黄梅戏剧团有一架坏了的老式钢琴,便央求他带自己去看了看。剧团的工作人员说,那架老式钢琴只有 60 个键，与现在那种 88 个键的上海聂耳标准钢琴比，落后许多。

不过，王开罗已经很开心了：好歹知道钢琴是啥样的了！经过多次接触，他认真测量了钢琴里面各种部件的大小，画出了钢琴的基本结构草图。接下来是原料。没钱买，他只好托朋友弄来了几块废弃的钢板，然后在垃圾堆里捡了些铁皮，每天晚上在家细细打磨。三个月过去了，他只打磨了 100 多个小部件，刘伯一看，劝他说：“你没听剧团的人说，一架 60 个键的钢琴，都足足有 8000 多个零件，你一个月最多做 50 个零件，照你这样的速度做下去，等你做好，别说女儿，外孙都长大了！”果然，没多久，3 个女儿就开始催他：“爸爸，你是在绣花还是做钢琴呀？”王开罗无奈之下，想到了一条“捷径”：把一些“装饰”性的零件全省掉，而一些高质量原料也用类似的东西代替。比如，钢琴的专业琴弦，他用自行车轮胎里的钢丝；低音丝弦，则是他从变压器上拆下来的铜丝；钢架，是用废旧水管改造而成……

一年多后，王开罗终于做出了一架 60 键的简化版“钢琴”。但这架千辛万苦造出来的“钢琴”，发出来的声音却像蜜蜂一样嗡嗡地叫！邻居们赶来听王晓蕾弹了几下后，都笑得前俯后仰：“老王，你做的啥破玩意儿，我看还不如牛叫！”10 岁的王晓蕾也很失望地哭了：“爸爸，这跟敲锣差不多！”王开罗安慰王晓蕾："你先就用它练习指法不行吗？爸爸马上再给你重新做一架……"渐渐懂事的王晓蕾听进了父亲的话，从此每天放学后在家弹"钢琴"，还对王开罗说："等爸爸弄一个真正的钢琴后，我肯定拿来就会弹！"孩子的信任，让王开罗无比汗颜，他决定穷一生之力，也要给女儿们打造一架真正的标准钢琴。为了彻底了解钢琴，王开罗跑遍了整个徐州市的书店，最后，才在徐州一家新开的书屋里买到了一本关于钢琴制造的书。然后，他结合前一次的"制造经验"，开始重新摸索。

钢琴共由外壳、弦列、音板、支架、击弦机和踏板机械 6 个部分组成。其中击弦机最为复杂，包括键盘、联动杠杆和制音杠杆等装置，是钢琴的"心脏"，制造起来，难度最大，这其中，击弦机的键盘上又有 88 组键……只击弦机，所需要的零件大约 9000 个。加上其他部位的零件，一架标准钢琴总共需要 1 万多个零件！为了接触到标准钢琴，王开罗找到徐州市歌舞团舞美中心主任朱成昆，说自己爱好歌舞，为了学点经验，可以利用业余时间帮团里免费干一年维修道具的事情……这样好的事情对方怎么会放弃？

就这样，王开罗如愿接触到了钢琴。他一边看钢琴一边将图纸细化。歌舞团的人后来还告诉他一些钢琴的发音原理、构造等专业知识。光是绘制图纸，王开罗就花了整整一年的时间！接下来，王开罗开始做最难做的击弦机。为了获得上等材料，他宁肯自己吃苦。比如击弦机的黑键要用红木、击弦杠杆要用红枫木、音板要用鱼鳞松木等，他都严格按照"要求"去做。

一次，他到市区的木材公司去选红枫木，先是问价格，后来磨蹭了一个多小时，老板才把价格降了一半；没想到结账时，他又反悔了，说："老板，能否先付一半，其余的半年内还清？"老板听了气愤不已："你这人真是有病，有本事自己到大山里去背！"王开罗心想，是啊，我怎么没想到呢？不久，他竟然真的一个人进了 30 多公里外的大山里，来回走了三天两夜，才从一个山民家里低价买了一根红枫木背回来！回到家里时，王开罗的双脚发肿，脚板全是血泡，晚上妻子用针给他一个一个地挑破时，痛得他嗷嗷地叫……

转眼又过去了一年，王开罗仅打磨出 1000 多个零件。可这时，14 岁的王晓蕾考上了徐州市一中初中部，学费增加，王开罗竟然连女儿的学费都凑不起了！妻子四处筹钱未果后，对王开罗大发雷霆："你这个窝囊废！孩子连书都读不起，还做什么钢琴！这钢琴能当饭吃、当书读吗……”越说越伤心，最后，妻子竟拿起锤子把他正在做的一个击弦杠杆砸得稀烂！

王开罗心痛极了，却一句反驳的话说不出……最后，还是厚着脸皮去向刘伯借了点“养老金”才替女儿交了学费。可不久后，他的老母亲又生病了，作为儿子，他本该为母亲治病“挑大头”，但他哪还有钱啊！结果，他的妹妹只好先把自己家的耕牛、种猪等都卖了给母亲治病……这件事，使心力交瘁的王开罗一夜之间白了头发！

但也有让王开罗感到欣慰的事情：由于王晓蕾在“简易”钢琴上的练习，她对钢琴的键盘相当熟悉；读初二时，有一次上钢琴课，老师走后，她竟然能单独将老师演奏的乐曲在钢琴上演奏出来！上高一时，她又参加了钢琴课外小组，并在徐州市钢琴比赛中获得少年组特别奖……大女儿的出色表现，让王开罗无比欣慰。他对王晓蕾说：“你考上大学前，咱这钢琴能做好！”

终于，该做一些“装饰”部件了，由于经济实在太困难，钢琴的攀带王开罗只能用解放鞋鞋带代替，呢圈用的是旧呢子大衣的零碎布料，榔头枕、制音毡本来应该是纯毛的尼毡做成的，他却把妹妹家的毛毯拆来顶上……

父爱如钢，琴动人心

经过8年奋战、锻造1万多个零件之后，王开罗自造的88键标准钢琴后来终于“竣工”了。由于他是“严格”按照上海聂耳钢琴克隆出来的，所以外观上跟聂耳钢琴很像，只是琴盖上刻的“商标”是独一无二的——LOVE MUSIC（爱乐），这是他给女儿自取的“商标名”。

钢琴全部完工后，王开罗把刘伯、徐州市歌舞团团长张浩然和市一中的几位音乐老师请到家里“验证”他的杰作，大家在听完王晓蕾弹奏的钢琴曲后，惊讶地称赞：“它跟琴行里卖的标准钢琴，从外形到音色几乎没有两样！”

王开罗开心地笑了：“我这总共才花费600多元材料费呀！”

钢琴做好了，最高兴的莫过于三个女儿。她们被父亲的执着和爱深深地感动了，自发地排了时间表，按顺序刻苦练习。由于王晓蕾临近高考，得在学校上晚自习；晓婷、晓芳每天放学后就轮流练两个小时，等晓蕾回家后姐妹俩就把钢琴让给大姐……王家简陋的房屋，从下午 5 点开始就能传出钢琴声，直到深夜还袅袅不绝……

苦心人，天不负。在“爱乐”牌钢琴的训练下，在父亲锲而不舍、精益求精的教育下，后来王晓蕾考上了南京艺术学院音乐系。

“贫民窟”里飞出了一只金凤凰，左邻右舍都交口称赞……

喜讯接连而来。三年后，王晓婷也考上了日本京都大学教育学院音乐系，由于成绩突出，学校减免了她大部分学费！

不久，王晓芳又考上了上海艺术学院！“只要弹过王开罗做的钢琴，就能成才！”——那段时间，徐州机械厂的人都这么说。所以虽然三个女儿都上大学去了，但王开罗的手工钢琴并没有因此“闲”下来，越来越多的邻居涌到他家里来学“手工钢琴”……

王晓蕾大学毕业后，到深圳市东方乐团工作了数年，并将父母接到深圳，在福田区为父母买了一套房子。后来，她又应聘进澳门音乐学院担任钢琴教授。王晓婷从日本留学回国后成立了自己的公司，从事音乐创作。王晓芳研究生毕业后，则进入了深圳电视台工作，后来也在音乐领域取得了显著的成就……成家立业后，三个女儿都用上了顶级钢琴——两个小女儿家里买的都是价值 4 万元的珠江钢琴；大女儿远在澳门，用的是价值 6 万元的公爵钢琴……

但是，舒适的生活并没有抹去王开罗一家人对那台手工钢琴的深沉之爱，他们将它从江苏托运到了深圳，每天都要在家里把它擦拭得一尘不染……

2008 年，为了纪念中国改革开放 30 周年，深圳市博物馆想搜罗一批见证改革开放的收藏品，王开罗决定将自己手工打造的“爱乐”牌钢琴捐赠给深圳市博物馆改革开放“历史文物”展览室。博物馆工作人员认为，这架浓缩着深沉父爱的钢琴也代表着新深圳人的精神，同意将其收藏展览。

当王开罗把这消息告诉女儿们时，她们都十分惊讶。王开罗说：“我觉得把它放在博物馆更有意义……”

王晓蕾见父亲主意已定，第二天就从澳门赶回深圳。那晚，三个女儿站在钢琴前一一抚摸着它，沉默不语。良久，王晓蕾才眼含泪花地说：“爸，我们每人为您弹一首钢琴曲吧！”

说完，王晓蕾、王晓婷、王晓芳分别弹了三首钢琴曲。当深沉优美的钢琴声在客厅里响起时，王开罗幸福地笑了，往事历历在目，他用一架自制的手工钢琴，用一名工匠的拼搏精神，改变了一家人的命运，这中间，有多少酸甜苦辣？一家人禁不住热泪盈眶……

如今，那架手工钢琴已在深圳市博物馆放了快十年，很多孩子来此参观看到它时，都感觉十分稀奇——殊不知，那架重达400斤的手工钢琴，不仅代表着锲而不舍、敢想敢干、精雕细琢、精益求精、不断创新的工匠精神，更是一部沉甸甸的父爱传奇啊！

《父亲》（唐自勇作品，布面油画，60×80cm）

精彩访谈

中国教育应注重培养工匠精神

特邀嘉宾
黄军华
知名职业技术教育专家
香港五谷餐饮集团董事长
人民日包、老祖宗石磨坊品牌创始人

“工匠精神”需要教育和培养

① 作者：黄总，你好。“工匠精神”这一理念，先是流行于企业领域，而后才渗透到各行各业的，你作为企业家，是如何理解工匠精神的？

黄军华：工匠精神，是指工匠对自己的产品精雕细琢、精益求精、追求更完美的精神理念。所以，工匠精神的目标就是打造本行业最优质，最完美，让其他同行无法匹敌的卓越产品或服务。工匠精神的核心不是“制作”什么，而是一种追求完美的态度，一种对生命热情的执着，其价值在于精益求精，其内涵包括严谨、细致、专业、专注、敬业、创新、坚持、坚韧等。

工匠精神在如今的时代是非常可贵的。因为当下的社会心浮气躁，追求“短、平、快”（投资少、周期短、见效快）带来的即时利益，从而忽略了产品的品质灵魂。这种情况下，企业就更需要工匠精神，只有依靠信念、信仰，让产品不断改进、不断完善，最终通过高标准要求历练之后，成为众多用户的骄傲，企业才能在长期的竞争中获得成功。这也是李克强总理提倡“工匠精神”的原因。

我觉得，中国的教育，同样需要“工匠精神”，而且更应该在教学中注重培养“工匠精神”。比如学校和老师，只有做个好“匠人”，才能培养出好的学生，只有“匠心独运”，才能培养出更优质的人才。而对于学生，只要懂得自己喜欢什么，并为之投入全部的热情，年复一年地去练习、揣摩，具备了“工匠精神”，终会取得成就。教育中的“工匠精神”，应该是“授人以渔”，而不仅仅是“授人以鱼”，也就是说，在传授知识的同时，还要教给学生必要的生产和劳动的技能，让他们能够在社会中用上学到的本领，从而活得更好。

② 作者：你说的这个教育中的“工匠精神”，应该在职业教育中更能体现出来。据我了解，你对职业教育研究颇深，对此有何看法？

黄军华：的确，中国的职业教育更需注重培养“工匠精神”，因为学生的主要就业目标就是企业，只有为学生注入了“工匠精神”，培养出符合现代工业需要的智慧型“匠人”，才会大大提高就业率。

据教育部数据显示，2016 年高校毕业生人数达 756 万，再创历史新高，高校毕业生就业一年比一年难。而 2016 年全国中等职业学校毕业生人数为 500 余万，就业率高达 96%，已连续 9 年超过 95%。

为什么职校生的就业率，一直比高校生更高？就是因为职校生相对高校生更有“工匠”的技能，在实际工作中也更有“工匠精神”。就拿我们企业来讲，从我们这里培训出去的创业者，尽管他们文凭低、学识少，但经过我们“工匠式”的职业化的教育后，他们往往会比许多高校毕业生更容易找到工作，而且随随便便都会比许多高校毕业生赚钱得多，甚至是翻几倍。

③ 作者：有的专家说，教育的目的是为了孩子“快乐”。但我觉得，就目前的中国来说，教育的目的主要还是为了孩子今后能更好地就业、生活、积累财富。所以，如果在教育时期，就能培养出孩子的“工匠精神”，那么对他们将来的就业、创业、创新等是否大有帮助？

黄军华：我也赞同这个观点，当然，幼儿园除外。因为当今社会竞争越来越激烈，无论是就业生存，还是创业致富，若有“工匠精神”，肯定会更胜一筹。前面我讲到，连大学生的就业压力都一年比一年更大，那些已经进入社会的初高中毕业生就更不用说了——论学历，他们不如大学生；论技能，他们不如职校生。那如此庞大的就业群体该怎么办？

两年前，李克强总理就开始号召“大众创业、万众创新”，提出要在960万平方公里土地上掀起“大众创业”“草根创业”的新浪潮，形成“万众创新”“人人创新”的新势态。因为这样既可以扩大就业、增加居民收入，又有利于促进社会纵向流动和公平正义。但是，“大众创业、万众创新”不是随随便便就能成功的。尤其是几乎没有任何资本的“草根创业”，要想实现创富愿望，只能靠技术和智慧。可那些处于社会底层的“大众”“草根”们，如何才能掌握到可实实在在地用于创业的技术和智慧呢？我觉得，最好的办法就是借助具有职业教育功能又能快速实现就业创业的培训平台。

也正是基于这个原因，6年前我创办了老祖宗石磨坊全国连锁加盟机构，希望通过搭建这样一个培训平台，来帮助部分草根人群改变命运。没想到经过几年时间的发展，越来越多的草根创业者们在这个平台上收获了事业，收获了成功。因此这个平台越来越受到小本创业者们的欢迎，到2016年，我们成立了香港五谷餐饮集团，并且在深圳前海股权交易中心成功挂牌，成为中国石磨早餐界首家挂牌上市的企业。

用“工匠精神”实现创新升级

④ 作者：全国人大代表孙宝树先生曾大力倡议说，全社会都应注重职业教育发展，培养出更多具有工匠精神的专业技能人才，是推进“大众创业，万众创新”的一剂良方。你作为香港五谷餐饮集团董事长，也是基于这样的战略规划而创建集团化经营模式的吗？

黄军华：是的。从2016年下半年以来，我们集团在原有的“老祖宗石磨坊”品牌基础上，又陆续推出了“冰状元”“人民日包”“石磨世家”“窝窝哒”“优饼一号”等多个广受欢迎的加盟品牌。之所以创建“集团化发展，多品牌战略”的经营模式，用李克强总理的话来说，这是一种新浪潮、新势态。近两年，随着“大众创业、万众创新”的进一步推进，餐饮技术培训、职业教育方面的需求非常大，但是竞争也越来越激烈，走抱团发展、集团化经营的发展之路，我觉得是明智可行之举，能够重拳出击、迅速占领市场。

我们集团的总部位于香港，下设东莞市石来运转餐饮管理有限公司、东莞市粮鑫餐饮管理有限公司、东莞市石来运转不锈钢加工厂、东莞市品轩食品贸易商行，以及东莞、广州两家大型品牌加盟运营中心，还有一家包点配送中心、多家“老祖宗石磨坊”早餐旗舰店和“石磨世家”休闲餐饮体验店、全国近3000家加盟店等等。在“大众创业、万众创新”的背景下，我们集团不仅具有别具一格的创意思维，善于抓住市场的新需求，而且有精益求精的工匠精神，我们一直追求细节和质量，用实干与可靠的技术、发明，来扎扎实实地解决人们的健康早餐问题。

比如说，石磨豆浆机，当我们研发出第一代产品后，那时不用人推磨了，但还要人工放豆，那时我就在想，能否改进一下？改成不用人工放豆，让它自动下豆？经过3个月的设计、改进与测试，终于，当第二代石磨豆浆机出厂的时候，就可以自动下豆了。后来，我们觉得是否还可以再先进一点？把人工加水也改成自动补水？接下来我们就夜以继日地不断试验 ，功夫不负有心人，2个月的时间，我们又改成自动补水的石磨豆浆机了。

因此，就是这种近乎完美的“工匠精神”，使得我们集团产生了创新创业的强大驱动力——至今，我们集团总共荣获了12项国家专利技术和20多个国家注册商标，成为集机器研发、生产制造、早点培训、餐饮加盟、直营连锁为一体的现代化企业。

⑤ 作者：我看贵公司有句口号是“以匠人之心打造每一份营养早餐”，按常人思维，做早餐是件很简单的事情，这也用得着“工匠精神”？

黄军华：我不觉得做早餐很简单。或者说，正因为过去很多人认为做早餐很简单，所以随随便便地做，从而造成早餐市场的“脏乱差”。自创业那天起，我就发誓要认认真真实实在在地做良心早餐，做营养健康早餐。

更何况，在如今这个互联网时代，每个餐饮品牌都在主动求新求变。早餐也一样，不可能简简单单、随随便便就能做出受市场欢迎的早餐。

早餐是人们生活中的第一餐，俗话说得好，“早餐要吃得像皇帝”，这就要求我们早餐创业者要对产品本质心存敬畏之心，要像对待“皇帝”一样对待我们的顾客，因此，就必须把“工匠精神”融入早餐中去。

所以，我几乎每天都在公司里强调——无论哪个品牌，最关键的是注重产品品质的把控和创新，要向市场和消费者表明我们的决心和用心。“产品为王”

是我们五谷餐饮集团的核心理念，也是我们加盟店取胜的根本原因。因此，我一直认为，“工匠精神”才是拓展市场，打败对手，成功制胜的王道。

正是这种“工匠精神”,才使得我们集团从纵向和横向都得到了快速的发展：一是每个品牌和产品本身在不断革新升级，比如“老祖宗石磨坊”，作为我们集团元老级别的品牌，之前一直都是在经营早餐，但最近，我们在经营早餐的基础上，又增加了美味可口的中餐与晚餐，而且这种中餐与晚餐，跟同行必须自己亲自下厨操作不同，我们是中央厨房进行统一生产、统一配送的。统一生产统一配送不仅可以统一口感，还可以让创业者在不增加人手的情况下，由原来的经营早餐就能赚钱的情况下，再通过经营中晚餐增加收入。

因此，此消息一出，前来要加盟我们的“草根”创业者就更多了。目前，我们在全国已有近3000家加盟店，为社会解决了几万人的就业问题，而且在业界享有“中国早餐连锁加盟的领导者”“中国石磨营养早餐的领导品牌”等荣誉称号，这些也都是先后被广东广播电视台、南方卫视、《香港商报》《东莞时报》等知名媒体报道过的，其影响力非常广。

二是多个品牌的共同发展，这种多品牌化的经营模式，能够使我们获得更多的行业机会，也能让更多认可我们品牌的人实现“创业、创新”梦想。

比如，几个月前，在广州的某个成熟社区，有人开了一家“老祖宗石磨坊”生意很好，附近有人看到后也很想加盟我们，特意跑到我们品牌运营中心，跟我们老师说他很想在那个社区附近的学校旁边开一家，因为他非常喜欢我们的经营理念和营养早餐。但为了不引起同质化的竞争，也为了保证原来加盟者的利益，我们是有区域保护的，我们是绝对不同意在附近开第二家店的。可对于这么忠诚的潜在客户，我们其实也是不忍心拒绝的。于是，我们就介绍他加盟了我们另一品牌“冰状元”。

因为，不同的品牌之间，市场定位是不同的，产品组合也不同，顾客群体也不太一样，因此，即使是开在原来“老祖宗石磨坊”店的附近，也不会造成激烈的竞争。因为“冰状元”是以经营水果冰棒、冰淇淋、蛋挞、葡挞、红豆饼、绿豆饼、华夫饼、香港蛋仔饼、果汁饮料为主打产品的。因此，为创业者提供“冰状元”“人民日包”“窝窝哒”“优饼一号”“石磨世家”等多个其他的品牌供客户选择，可让不同的创业者选择不同的品牌进行创业。

⑥ 作者：你们这种严谨、细致、专业、专注、敬业、创新，确实不愧为餐饮界的“工匠精神”，应该说这也是你们的“制胜法宝”。

黄军华：可以这样说吧。现在的餐饮业越来越细化，没有“工匠精神”是很难做成功的。我们在品牌设计上也下过功夫。

比如，我们的“老祖宗石磨坊”，产品主要是石磨豆花、豆浆、肠粉以及无矾香酥油条等早点；“人民日包”主要是特色高端包点系列，而且会配合营养炖汤、营养蒸饭等之类的，不仅早餐能吃，中餐、晚餐都可以享用；“石磨世家”是石磨肠粉为主打产品的休闲餐饮体验类门店，主要以世代石磨为特点，可参观各种各样的石磨，可提供全天候的休闲餐饮；“窝窝哒”主要是手工窝窝头、粗粮早餐、粗粮糕点之类的；“优饼一号”主要是北方风味的各种馅饼、各种面食、各种北方特色小吃；“冰状元”则是针对学生族，以特色冷饮与美味小吃为主打，同时具有水果冰棒、冰淇淋、果汁、奶茶、甜品等。

这些品牌我们都是走差异化、个性化、专业化的经营路线，每个品牌我们都有专业的产品研发团队、技术培训团队、管理运营团队等。另外，每个品牌的开店位置、消费群体、营销方式等也是各有侧重，比如“老祖宗石磨坊”比较适合菜市场门口，“人民日包”比较适合开在社区旁边，“石磨世家”比较适合开在早餐集中，同行比较多的地方；“窝窝哒”“优饼一号”则比较适合开在步行街、小吃街、上班族和打工族较多的地段，而“冰状元”比较适合学校周围、城市流行前线、大型商场小微店……

我们这种多品牌战略，由于各品牌具有不同的个性和特点，能够吸引不同的消费者，所以很多加盟者可以同时加盟多个品牌，或者邀请亲朋好友联手加盟多个品牌，然后抢占某个地段的市场。比如：广东惠州就有加盟商，他一个人经营成功后，就把整个家族共三十多人全部带出来加盟我们了，一共开了三十多家不同品牌的店。

⑦ 作者：真是挺佩服你的。据说你以前只是一名普通打工者，你是如何培养自己的这种“工匠精神”，并实现个人创新升级的呢？

黄军华：我 1980 年出生于江西上犹县。祖上十几代都是靠生产石磨或磨豆腐为生，听长辈说，我家的老祖宗曾是当地有名的石磨工匠。我小时也经常帮父母推磨，所以天生就有“工匠精神”的基因。

后来，我考上职业学院学了一技之长，毕业后到广东的一些五金机械设备厂里打工，渐渐练就了这种“工匠精神”。2005年，我在东莞开了一家企业管理培训公司，两年后又转战经营拓展培训。2010年，我开始涉足石磨营养早餐技术培训行业，并做到了行业领先。石磨营养早餐当时还是一块空白市场，没有任何参照物，我就像一个孤独的工匠一样，专注于自己的想法和追求。那时很多人嘲笑我做这个项目“太土”，可我的脑海里就一个念头：如今的时代，人们对自身的健康越来越重视，天然绿色的健康食品肯定深受大家喜爱，尤其对传统的五谷杂粮等原生态食品会推崇备至，我一定要用老祖宗遗传下来的石磨，帮城里人做最健康最原生态的早餐！

不久，我凭借这种“工匠精神”，自己研发出了多功能“老祖宗石磨豆浆机”，并申请了商标和专利。这种新型石磨豆浆机，不仅采用自动化生产设备现场磨制，渣浆自动分离，改进了传统工艺费时费力的弊端，而且保留了豆浆的原汁原味，口感细腻、色鲜味美、豆香浓郁。然后，我就在东莞市塘厦镇投资了一家不锈钢加工厂。接着，我开了一家“老祖宗石磨坊”早餐店。没想到生意出奇的火爆，于是我就做起了招商加盟，初步统一了门头，统一了装修，统一了培训，统一了产品外包装等。后来，我又不断优化，先后成立了专业的技术研发室、产品操作室、课程培训室，还成立了营销团队、讲师团队、技术团队、督导团队、客服团队、后勤支持团队、设备生产团队、物料供应团队、包点配送团队等各种服务加盟商的专业团队。

最近几年，尽管有不少人都在模仿我们，但是我们从未被超越。为什么这样说呢？一是我们资格老，无论是研发机械石磨，还是做技术培训，都是行业元老；二是我们规模大，加盟店已经达到近3000家，这在石磨早餐领域非常罕见；三是我们很专业，无论产品、技术，还是服务，都要比同行领先N个级别，我2015年出过一本专著《天下没有难做的早餐》，是我结合前几年指导上千家早餐加盟店成功创业致富的实战经验，被誉为“全国早餐业的教科书”，这在同行中也是绝无仅有的；四是我们一直在创新、升级，包括成立餐饮集团、前海股权交易中心成功挂牌等。

“工匠精神”能促进就业创业

⑧ 作者：我觉得你们能够赢得市场，除了“工匠精神”这一优势外，还有个重要原因，就是就业创业的成本相对较低，符合“大众创业、万众创新”潮流，为社会提供了不少创业就业的机会。

黄军华：这个确实如此。比如我们老祖宗石磨坊，一直走的是“亲民价格”路线，开店费用只需 2–3 万元，还有冰状元、人民日包、石磨世家、窝窝哒、优饼一号等品牌，都只需几万元即可起步。而且，学员均可免费先试学 1–2 项技术，让学员亲手操作石磨机器，制作石磨豆浆、香酥油条、酱香饼等各种早餐小吃，待学过几天后感觉项目确实好、产品有竞争力时，再自主决定是否加盟。加盟时，我们也很人性化，比如有多种加盟套餐可供选择，免收加盟费、管理费等，免费赠送商标授权书、门面设计、装修方案、开业光碟、质检报告、工衣、围裙、产品宣传单、指导书籍等有助于加盟商打开市场的有力武器。加盟后，我们还会根据不同加盟套餐的需求，派出公司最具实力的技术老师与营销老师各一名，上门帮助加盟商开业，确保顺利打开市场，协助客户步入正轨。这些举措，对于很多就业难或渴望创业的大学生、打工族、家庭主妇、下岗工人等社会群体，确实具有较大帮助。

⑨ 作者：那现在，你们集团至少可以为社会创造 10 万 + 的就业机会了。这么庞大的数量，应该不亚于一所职业技术培训学校。

黄军华：这是肯定的。我们成立集团，实行多品牌战略，也确实有这个因素。过去，我们的老祖宗石磨坊，针对的客户群体主要是打工族、家庭主妇、下岗工人等，加盟店选址也主要定位在一线城市的社区、菜市场、郊区以及二三线城市。但现在，我们打造的几个新品牌，无论是店铺选址、客户定位，还是装修风格、产品风格等，都希望能够做到高档时尚些，尤其是要适合大学生、中专职校毕业生等年轻人，在城市繁华地段、流行前线、大型商场等地方开店创业，并且鼓励加盟者创新。

为什么要这样呢？因为李克强总理强调过：大学生是推进“大众创业、万众创新”的生力军。我希望能够吸引一大批敢想敢拼的大学生，到我们集团来共同创造美好未来。这个平台，既可以让他们学习掌握更多连锁加盟、经商营销方面的技术和知识，也能让他们低门槛地投身创新创业的实战之中，提高综合能力。可以说，我们集团，既有职业技术培训学校的职责，又有企业招人用人的功能，而且培训时间短、就业速度快，刚好解决了当下社会“就业难”“创业门槛高”的痛点。比如，一个家庭条件稍好的大学生，花几万元加盟我们的“冰状元”，他至少可以安排两个毕业生同学与自己一起创业，如果他做得好，可以接连开几家，甚至成立自己的创业团队，哪怕他今后自创品牌开启新事业，我也会非常高兴，因为从这个角度说，我为社会培养了有用之才，做了一件很有意义的事情。

⑩ 作者：你有这份仁义之心，对职业技术教育又颇有研究，我相信你的加盟培训事业会越做越辉煌，你个人也一定更加出类拔萃。

黄军华：谢谢夸奖。其实我选择做培训这行，也源于我小时候有个“教师梦”。读职业学院时，我就很喜欢钻研技术培训方面的东西，甚至想过做一名职业技术教师。但是没如愿以偿，后来进入社会后，我接触到了企业管理培训、拓展培训、餐饮培训等，就又开始钻研这些方面的技术教育问题，这也是我作为一名商人也能够“著书立说”的原因。我想，这种兴趣爱好，多少也帮助了我的事业吧。从我内心来讲，到现在，我依然对教师、教育充满了感情。另一方面，我一直坚信“小富凭智、大富靠德”。所以，最近几年，我在获得一些财富的同时，也在坚持回馈社会，比如在公司成立了志愿者团队，并带领他们进行各种捐赠、助学、义卖等公益活动。

未来，我们会继续坚持“绿色健康”“良心餐饮”“技术育人”等理念，把五谷餐饮集团打造成国内一流的知名餐饮教育企业。著名经济学家郎咸平先生说过，中国正处于工业经济时代向知识经济时代转化的过渡期，目前最稀缺的是技能型人才和能将知识发生转化率的人才。而我最大的希望就是，通过我们这样的平台，以“弘扬工匠精神”为理念，将部分文化不高的社会群体培养成技能型人才，同时也帮助一些有知识的大学生转化为实用性强的创新人才，为“大众创业、万众创新”的国家战略尽一点绵薄之力。

经典案例

钢琴王子蜕变成小偷

他与郎朗同龄，而且曾有着几乎相同的人生轨迹。然而，郎朗最终成为了著名国际钢琴家，他却……

望子成龙，京城陪读风云

“儿子，你在妈妈身边，永远都是个孩子，因为你是妈妈的唯一。可妈妈如今躺在病床上，仍然为你牵挂不已，你一次次地惹是生非，保证书、检讨书，不知何年何月能写完……”

那年，15岁的李灏在手术室门口捧读母亲写给他的这封信时，流下了懊悔的泪水。当时，他的母亲严虹正在沈阳中国医科大学第一附属医院做射频心脏导管手术，由于担心一去不复返，事先她特意写了一封题为《远行》的家书，嘱咐让她操心的儿子好好成才。

李灏出生于辽宁沈阳。父亲李旭曾是工厂宣传干事，母亲严虹是幼儿园老师，因他们都爱好文艺，又错失了上大学的机会，便将所有的希望寄托在了儿子身上，从小严加管教。

但李灏天性好动、贪玩，不愿受父母约束，3岁时，他被送到幼儿园，可不到一个月，他就不肯去学校，要自己在外面玩。

李旭夫妇怕孩子玩物丧志，便不断挖掘儿子的“才华潜力”，开始他们发现李灏有美术细胞，让孩子学了一段时间，后来又感觉李灏更具音乐天赋，就为儿子选择了音乐之路。不久，在亲友的帮助下，李旭夫妇凑足 2000 余元买了一架钢琴。可李灏练了几天就不想学了，严虹便威胁他："你不练，就送你去幼儿园！"那时，4 岁的李灏最讨厌的就是上学，为此他宁愿练琴。在父母的监督下，他越练越好，并开始跟沈阳音乐学院郝慧芳教授学琴。7 岁时他获得了沈阳市儿童钢琴大赛金奖，让全家人对他充满了期望。

但内心里他还是不喜欢弹钢琴，最大的爱好就是和小伙伴到外面去疯玩，比如踢足球、堆雪人、捉迷藏等。无论数九寒天，还是酷暑盛夏，他每天都被要求练琴几个小时。冬日里，他经常练得手指冻僵，哭着闹着不肯练，可母亲只是把他的小手放在嘴前哈暖，依然连哄带劝地逼他练琴。有一次，他实在不想练了，便对父母吼起来，没想父亲一个耳光甩下来，他被打得鼻子流血。长此以往，他竟养成了睡觉时手指还在动的习惯……

后来，李灏以全国第三名的成绩考入了中央音乐学院附小钢琴系。李旭夫妇高兴不已，抱着儿子连连夸奖："儿子，你太棒了，是爸妈的骄傲啊！不过，今后要更加努力地学，将来才会有出息，懂吗？"10 岁的他似懂非懂地点了点头。不久，在母亲的陪伴下，他来到了北京读书。可到中央音乐学院附小上学第一天，淘气的他就跟同学打架，被学校撵了回来。严虹气得哭求老师原谅，此时已辞去工作的她，在学院东门外附近租了一间 15 平方米的平房，月租 500 元，靠烧蜂窝煤煮饭。

像严虹这样在京城陪读的父母很多，从全国各地考来的佼佼者们面临着激烈的竞争，所以李灏的学琴压力进一步增大，而他因为淘气，比别的孩子更多地受到老师和母亲的管教，不仅每天在学校要保证 4 个小时的练琴时间，回家后还得在母亲的监督下继续练，即便是假日里也要每天坚持七八个小时。在第五届星海杯全国少年儿童钢琴比赛中，李灏获得了第二名，第一名是郎朗。或许是"荣耀"的影响，此时他已自觉地喜欢上了钢琴。不久，他被保送进入中央音乐学院附中公费读书，第二年又成为香港回归国际钢琴大赛中国少年组代表赴港演出……

严虹和在沈阳上班的丈夫，似乎看到了儿子美好的未来。李灏上初二后，母亲让他读寄宿。然而，不到一星期，李灏竟然又惹事了——老师投诉说，李灏晚上不好好睡觉，把上铺的同学拖下来下棋，硬不让别人休息！严虹只好把儿子带回家自己管。但那年年底，李灏再次闯祸：一天，他和同学踢完足球，路过学校一个很旧的澡堂，他听同学说可以看到女生洗澡，就好奇地爬到房顶上去，结果把砖踩掉下来砸中了一个同学的脑袋……

事后，李灏不仅赔偿了伤者巨额的医疗费，而且和其他违反校规的同学一起受到了学校处分，由公费生转为自费生！为这事，从沈阳赶到北京的李旭很快折腾出了急性阑尾炎，而严虹也被气得心脏病复发。李灏变成自费生后，每年光学费就要 3 万元，这使得原本就拮据的家庭更加艰难。

让孩子辍学已不可能，李旭夫妇只能咬牙撑住。严虹不得不和儿子搬到北京古城一所小学的库房里租了间 6 平方米的房子，月租 150 元，连电视都卖了，只留下一台钢琴。严虹睡上铺，李灏睡下铺，母子俩过着极其简陋、清贫的生活。而李旭为了给儿子挣学费，已从宣传干事转到厂里的销售科工作，每天早出晚归跑业务，经常四处出差劳累奔波。

受到处分的李灏，内心里有了很大的波动。从公费生到自费生，意味着由令人羡慕到不被关注；从 500 元的平房到 150 元的库房，越租越便宜，越住越远，又怎能让一个曾经风光无限的少年在同学面前抬得起头来？面对许多家境富裕、学习优异的同学，他竞争的信心日益减弱。但他无路可逃，还得背负着父母的期望练下去，他所有的情绪只能发泄在琴键中。

一个 36 度高温的夏日，严虹在陪儿子去学校的路上，再次心脏病发作昏倒在路旁。被送到北京的医院，严虹得知要 1.8 万元手术费，而沈阳只需 1.5 万元，为了省下这 3000 元，她毅然回到沈阳住院。严虹以为这次就要离开人世，没想到她挺过来了。术后，她躺在病床上，笑着问儿子："我写给你的信，看了吗？有什么话要跟妈妈说吗？" 李灏似乎很懂事地回答道："妈妈，我以后要好好练琴，不再玩球、打架了，不让妈妈伤心……"

惹是生非，倾心培养的儿子不安定

只是，李灏依然像个淘气的孩子。一次，由于专业课和春游冲突，他逃课去参加了春游。老师觉得这孩子没把心思放在钢琴上，一气之下停了李灏的课。严虹悲伤地频繁奔波在学院里为儿子求情，李旭也赶至北京和妻子一起到老师家里道歉。"这孩子从小贪玩，做事不顾后果，总是绞尽脑汁、不择手段地想玩，怎么打骂、管教也没用，我这辈子就是欠他的啊……”严虹哭泣不止，老师理解这位母亲的苦衷，同意继续给李灏上课。

但李灏一次又一次地惹事，使得李旭夫妇对儿子的前途十分担忧。他们觉得让儿子在北京再待下去，意义不大，而且学费那么贵，还不如让孩子出国深造。李灏 16 岁时，经人推荐，本来有机会到西班牙留学，但由于种种原因，一直等了几个月，也没成行。而这时，郎朗已从美国科蒂斯音乐学院毕业，并与国际著名的 IMG 演出经纪公司签约，渐渐走向职业演奏家的道路，甚至被《芝加哥论坛报》誉为“世界上最伟大、最令人激动的钢琴天才”。相比之下，李灏的钢琴之路显得格外艰辛曲折，同样付出了一切的李旭夫妇，又怎甘心让自己的儿子半途而废呢?

为了让李灏有个好的前途，也为了让孩子能够独立地闯一闯，李旭夫妇继续帮儿子寻找着出国机会。后来，经中央音乐学院一位校友的推荐，李灏又有了赴德国留学的机会，17 岁的他离开北京独自去了德国留学。

在出国前，李旭夫妇曾反复叮嘱儿子：“你现在长大了，该懂事了，在国外要学会做人……”李灏口头上顺着父母的意思说得很好，但李旭夫妇还是特别担心，知道儿子总是“脑子缺根弦”。这次出国，严虹本来还想陪同儿子前往的，但她身体不好，出国要办医疗担保手续，需要时间，另外家里的经济也窘迫，儿子的学费都是他们用沈阳的房子做抵押贷款筹来的。因此，李灏只能一个人前往德国。送走儿子，严虹也回到沈阳找了一份普通工作，和丈夫一起慢慢偿还银行贷款以及支付儿子在国外的生活费。

李灏到达德国魏玛李斯特音乐学院后，师从于德国钢琴家 Peter·Waas 教授。由于他从小到大没有住过校，一直由母亲专门守在身边陪读，他既没有生活自理能力，也不善于与人相处，所以到了德国后，他就像断线的风筝，开始脱离轨迹。第一个月，他就嫌住校不自由，固执地在外面租了房。严虹打电话责备儿子，他却跟父母诉苦：“爸妈，学校太郁闷了，全校只有我一个中国留学生！我没有朋友，和外国人合不来，只好搬出来了。”

魏玛是个小城市，人口不到 10 万，平时大街上都十分清静，这对于举目无亲的李灏来说，是一种煎熬。他自己在外面租房，也没有人去管他。很多问题便出现了：他的生活毫无规律，在学校时，一心想着下课；晚上回到家，自控能力差，熬夜看足球；早上定了闹钟也起不来，上课经常迟到；他不会做饭洗衣，一天想自己做，却把手切伤了；他只好每天出去餐馆吃饭，但他贪玩，有时错过了饭点，德国的饭店很早就打烊了，他只好去酒吧，一混又到半夜……很快，他开始讲究穿戴，喜欢交外国朋友，却都是为了经常去迪厅玩，深夜不归。

严虹见儿子花钱如流水，每月都要近万元，她又气又急，不断写信打电话要他学会理财，但他不听，仍然乱花钱。

鞭长莫及。李旭夫妇只好求助于那位定居魏玛的华裔朋友，但对方后来说：“我也管不了他了，真的尽力了，我建议你们还是让他回国吧！”

学校也反映，李灏把生活费用完后就四处借钱，而且脾气暴躁，经常和别人争吵，思维时常会出现混乱，做事易冲动，不计后果，但事后又很沮丧、后悔，严重影响了学业……

到德国才一年，李灏就花了整整16万元。得知儿子的留学生活一塌糊涂，李旭夫妇痛心疾首，只好让儿子退学。

李灏从德国回来后，李旭夫妇发现他确实性情大变，总想放弃弹琴，还闹着要做生意。

由于李旭的三个亲戚都患有精神性疾病，李旭自己有时也酗酒，所以家人担心这孩子有家族遗传，便将他送到沈阳医科大学心理卫生医院就医。经诊断其确实患有“躁狂症”，治疗半个多月后有所缓解。

但这时李灏坚持要出院，说医院是骗钱的，一出院他就离家去了上海，固执己见地说要做酒吧生意、不再弹琴了。

一天，严虹揣着3万多元钱来到上海，交给他去看病，他说：“我没病，看什么玩意！”然后他一出去就花了5000多块钱买衣服，严虹抱住儿子痛哭：“儿子，你什么时候才能懂事啊，爸妈为了你花费了多少心血呀！”

不久，李灏在家人的劝说下，又继续学琴。他来到了广州星海音乐学院读书，在校期间学业出色，先后获得第四届中国音乐金钟奖钢琴比赛铜奖、香港亚洲钢琴公开赛第三名、第三届乌克兰吉列尔斯国际钢琴比赛第四名等，还被保送攻读研究生，曾在全国各地开过多场音乐会，受到业内人士和国内外钢琴专家的好评。

但有一次，李灏因擅闯学院领导办公室闹事，他的母亲再次将其送到广州市脑科医院，医院诊断为“无精神病性症状的躁狂症”。毕业后，他去上海音乐厅找了一份工作，经常登台演出，收入还不错，虽然没有郎朗那么成功，但也算得上是一位青年才俊。

两度犯错，迷途的“钢琴王子”

可李灏没有珍惜，也不懂得父母的一番苦心。一次，他从上海来到广州参加音乐会。晚上，他和朋友从酒吧回去途中，因身上没带打火机，就到处找打火机。他看见路边停着一辆车，车窗是打开的，车主在睡觉，便走过去对车主说：“师傅，借个火。”但车主不搭理他，连瞧都不瞧一眼，他觉得对方太傲慢无礼，顿时一怒，便顺手将车主放在副驾驶位上的包拿走了（内有人民币 1700 元）！逃离现场时，他被民警人赃并获。

李灏被抓后，公安机关问他为什么要盗窃，他回答道：“我当时喝了酒，有点兴奋，头脑发热，没有想那么多。我真的不是故意的，其实我不缺钱用，也可能是前几天被抢了，一刹那间有种报复、发泄的心理，就把包拿走了……”得知自己很可能被判刑，他又十分痛苦：“我很后悔，对不起老师，见不到父母。”严虹闻讯后，又像昔日一样赶到广州为儿子四处奔波。广州市越秀区人民检察院鉴于李灏系初犯、偶犯，犯罪情节轻微，案发后认罪态度好，未对被害人造成经济损失，且患有复发性躁狂症，需进一步治疗，最终决定对他不起诉。

发生这样的事情后，李灏丢掉了上海的工作，和女朋友的关系也出现矛盾。他觉得没脸再在国内待下去了，又想出国。“你这个样子，还想出去？要爸妈的命啊！”家人不允许。他就吵闹，不肯弹琴了，坚持跟父亲要钱开酒吧，说要“东山再起”。于是，不忍儿子“沉沦”的李旭夫妇，不惜卖掉家里唯一的房产，给他筹集了 100 万在上海开了一家酒吧。可是，李灏性情暴躁、心理幼稚，又怎能经营好酒吧这样复杂的生意呢？由于效益不好，他越来越没有信心打理酒吧了，整天喝酒。后来有朋友提醒他，不要在自己的酒吧这样，会影响员工的积极性，他竟然就每晚从自己的酒吧里拿钱去别的酒吧喝！“我从未见过这样的老板！”酒吧收银员如是说。

李旭夫妇听说后气得吐血，强行要求儿子把酒吧尽快卖掉。

就这样，不到 10 个月，李灏的酒吧就倒闭了。

雪上加霜的是，这时，年仅53岁的李旭因患肺癌去世——这位可怜又可敬的父亲，原本在单位有份清闲舒适的工作，但为了儿子学钢琴、到北京读书、出国留学，他放弃了自己的爱好，成了一个专跑销售的“挣钱机器”，并且一干就是20年；长期的过度劳累，使得这位曾当过兵的东北壮汉，早早地透支了自己的健康，实际上几年前他就已知道自己身体不行了，但为了儿子，他舍不得花钱治病，并与妻子一起隐瞒了病情；他宁愿倾家荡产让儿子开酒吧，也没有去住院，就是想在自己离世前再为儿子的前程“赌一把”；可他至死，也没有看到儿子成功，反而是一败涂地啊！

李旭的去世，给严虹打击很大。儿子二十几岁了仍未成才，且让她操碎了心，丈夫在的时候，她好歹有个依靠，可如今丈夫走了，她的精神也几近崩溃。

而李灏依然没有醒悟，他对自己的人生也彻底失去了信心——事业找不到落脚点，感情一次次受伤，他先后谈过三次恋爱，两个是研究生，一个是公务员，都很优秀，但最后都认为他没有安全感而坚决分手。

父亲去世，母亲退休在家，没有经济来源，又看着很多同学都成家了，李灏情绪失控，整天在家里哭闹：“为什么我这么失败啊？为什么我总是被女朋友甩啊？……”那段时间，李灏疯了似的将家里的贵重物品一件件地进行变卖，甚至卖掉了家里的钢琴。一天，他找到了父亲留给母亲的最后一条白金手链，也要拿去卖掉，严虹见了泣不成声地哀求：“儿子，这不能卖啊，这是你爸给我买的，你爸不在了，当我想他的时候我就会看看这条手链，你怎么就不能替爸妈想一想啊！”但是，李灏依然不为所动。严虹无比痛心，和亲人再次将李灏送到沈阳市精神卫生中心医院医治。

经过两个月的医治，李灏情绪有所稳定，并苦苦哀求回家休息。但是没过多久，他又不配合吃药了，开始黑白颠倒的生活。

2011年10月初，李灏的老师打电话邀请他参加在广州举办的师生音乐会。不久，他离开沈阳到广州，音乐会很成功，在师生庆功宴上，老师表扬了他，说：“你这么长时间没练琴，还能弹出这样的水平，这就是能耐！你没去英国留学有点可惜，不过还有机会……”

当时，李灏正处于迷茫期，做生意已是不可能了，唯有继续以钢琴为生，虽然两三年没练琴了，却得到了老师的肯定，他便留在了广州，希望能在音乐事业上寻找突破。

但事与愿违，李灏在广州没有起色，只能做家教。越混越差，这让他浮躁不已。一天凌晨4点，他与朋友在沿江中路一家酒吧喝酒，期间朋友有事先行离开，不一会儿他看见邻座有一个LV手袋掉在地上，便悄悄将手袋捡起迅速离开酒店。他打开一看，里面有10500元、iPhone4手机1部。随后，他打车到广州东站附近的“9号行馆”水疗城按摩，并用手袋中的5000元办了一张会员卡。几小时后，他在水疗城被公安人赃并获。严虹闻讯悲痛至极。经广州市精神病医院司法鉴定所鉴定，李灏虽患有复发性躁狂症，但案发时处于疾病的缓解期，具有完全刑事责任能力。

2012年5月，李灏因犯盗窃罪被广州市越秀区人民检察院提起公诉。不久，越秀区人民法院第一次公开开庭审理此案。

严虹对儿子很失望，这次庭审她没有来广州参加。但主审法官黄莹为挽救李灏，一方面积极与严虹进行沟通，另一方面请心理评估师对李灏进行测试，发现已29岁的他，心理竟然还像一个10岁的小孩子，贪玩、敏感而又脆弱！

越秀区人民法院第二次对李灏案进行公开开庭审理时，经过法官感化，严虹来到广州，并积极向法官保证：愿意监管儿子，让他不再做犯法之事，请求法官从轻处理。法庭上，李灏低头认罪，还递交了一份悔过书，希望给他一次改过自新的机会。

法官语重心长地对李灏说：“在钢琴的领域里，你无疑是优秀的，但你已经触犯了刑法，精神状况有问题并不能作为借口。步入社会，就要懂得尊重他人，这样才能获得他人的尊重……”

法院经过审理认为，考虑到被盗的款项已经全部缴回，没有造成被害人损失，并根据李灏具有复发性躁狂症病史、主观控制能力较弱等各种因素，最后以盗窃罪判处其管制2年，并处罚金3000元。

听到法官判决后，李灏与母亲相拥痛哭，表示不上诉。而法官黄莹还额外给了李灏一张工作邀请函，这是她与社会热心人士一道，积极帮助李灏联系了一家培训学校的教师工作，月薪5000元以上。

此后两年，李灏一边工作一边接受监管。如今，李灏已恢复了正常人的生活，但因为不堪回首的过去，他选择了默默无闻。他的母亲严虹则常常感叹：“如果人生可以重来一次，我只想还给儿子一个快乐的童年，不会再逼他学琴……”这位把大半辈子奉献给了儿子的母亲，怎么也没想到，曾让她无比骄傲的儿子，竟会因为钢琴梦想而一次又一次地陷入人生泥潭。

在这个竞争日益激烈的时代，类似逼孩子成才的父母越来越多，并认为这是天经地义的。但是，梦想固然美丽，生活更加重要，如果梦想照不进现实，就可能会变成梦魇……相比之下，一个人美好的人格、人性，才是任何其他成功标准都无法替代的人生财富。

《那年那月》（唐自勇作品，布面油画，110×130cm）

精彩访谈

中国大学生最需要具备“匠心”

特邀嘉宾
刘英
双学士（法学、经济学）
律师、注册税务师、企业培训师
广东谨行律师事务所主任及合伙人

要当匠人，先做小工

① 作者：刘律师您好，我听说您一直在您的律师事务所内极力推崇“工匠精神”，并要求大家在工作中都必须拥有一份“匠心”，是这样吗？是什么原因，促使您努力营造这种企业文化的呢？

刘英：是的。我一向喜欢“慎言谨行，匠心做事”。但是，我发现，在我们身边，拥有“匠心”的人很难找，尤其是年轻的“匠人”。2010年年初，我的广东谨行律师事务所在珠海刚成立时，先后招了不少来实习的大学生，我发现他们大都缺乏“匠心”。可是，法律是技艺之术，律师是“法律的匠人”，必须要有“匠心”，才能将知识渗透于行动之中，并在实践的缝隙中汇聚点点滴滴的经验知识。为了尽快打造一支专业、有实力的律师团队，于是我开始极力推崇“工匠精神”，要求大家都阅读相关的书籍，并给他们讲课、培训。几年下来，效果非常明显，我们成了名副其实的“匠心团队”。

② 作者：依您的经验，您觉得现在的年轻人，尤其是刚毕业的大学生，要

怎样做，才能拥有一份“匠心”、成为一名“匠人”？

刘英：首先要有这个意识，要心甘情愿地做“匠人”。我觉得，职场人生可以分为四种象限——雇员、自我雇佣者、企业家、投资人。可以说，绝大多数“匠人”，都是从雇员（即工薪族）做起的，刚毕业的大学生，如果连雇员都做不好，就不可能成为“匠人”。我在江西财经大学读本科时，主修房地产经营管理专业，同时选修经济法专业，那时我既想当一名记者，又想做律师。但1995年毕业进入社会后，我觉得人不能三心二意，必须专心地做某一个行业的“匠人”。于是，在珠海某报社干了不到一年的记者后，我下定决心走律师之路，因为我感觉自己还是更适合做这行，母校法学院导师也曾说我“具有表达能力强、思维敏捷、富洞察力的律师特质”。1996年，我顺利取得律师资格，并于1997年拿到律师执业证，然后进入了律师事务所工作。这样的抉择与努力，使得我比很多大学同学更幸运——当他们大都还在“第一象限”挣扎时，我开始迈入“第二象限”。原因就在于，我是一名法律专业人士，成为一个行业“匠人”，我可以凭借自己的特殊技能自由地生活。

其次，要有自知之明。做“匠人”需要专心、耐心、平静心。比如我，从小就知道自己不是一个有野心的领导者，而是一个习惯于安静地通过自己闷头做事来实现理想的人。因此，我当不了政治家。那么，我能当一名企业家吗？扪心自问，答案是能力不够。即便是现在，我有自己的律师事务所，好歹也算是个“老板”。但我仍然感觉，自己并没有跨入了“第三象限”，依然是一名“手停就口停”的匠人，而且这一辈子我可能都会习惯于这样一种状态。我从小家庭贫寒，父母为钱焦头烂额、争吵不断，导致我非常惧怕贫穷，特别害怕失去，是一个典型的风险厌恶者。而企业家、投资人需要冒险精神，所以我只有当一名匠人，靠自己的本事吃饭。

当然，我并不是提倡所有人都当匠人，如果你有野心、敢于冒险，去做企业家和投资人或许更合适。但必须承认，无论是哪个象限的人士，都需要有“匠心”才会更成功，尤其是刚毕业的大学生。因此，在职场初期，好好地做一名“匠人”，培养自己的“匠心”，对今后的发展是非常有价值的。将来，如果你对做一名匠人心有不甘，又有机会挑战自己，大可去跨越下一个象限。但现在，应该专注当下，不要想天边的事，多想想手头的事。最愚蠢的人，就是一边干着匠人的活，一边做着暴富的梦，最终什么也没有得到。

③ 作者：您这一番话，可谓“语重心长”。不过，现在的年轻人，很多一听到“工匠精神”之类的，就觉得“过时”“老土”，甚至反感做一名“匠人”。这样的状况，又如何能培养他们的“匠心”呢？

刘英：这也是我在培养“匠心团队”时最头痛的事情。现在一些法学院的大学生，刚刚到我的律师事务所，就想挣钱，就惦记着酬劳提成高不高、各种待遇好不好、工作环境是否“高大上”，却不肯好好学手艺。我有时候觉得他们既可笑又可怜，但我知道不能全怪他们，社会环境也有影响，同时也暴露出我国教育改革的失败。

但正因为这样，更加让我感到必须努力地、长期地推崇工匠精神的重要性。我一定要在我的律师事务所里，培养一批既年轻又具有“匠心”的律师团队，否则我们就无法领先于这个行业。而且必须知道，匠人也并不是那么容易当的。我一直强调，要当匠人，必须先做小工，要想当师傅，更加要先做小工。这点常识，对于00后、90后，甚至80后，都可能不是很懂，但对于70后的我来说，还是印象深刻的。我相信比我年龄大的，更加会明白这个道理。

在我决定终身做一名匠人之后，我就开始回忆：匠人是啥样的？我清晰地记得，小时候家里请泥水匠来修灶台，先来的是一个小工，我妈虽然也礼貌热情，但还是嘀咕说：“小工哪里行？还得来个师傅吧！”师傅来了后，我家开始倒茶递烟，热情相待，不一会儿，泥水匠就干完了活儿。师傅走时，我家炉灶里火光熊熊，师傅还把工作过的场地打扫得干干净净，把随身带的工具收拾得整整齐齐……那一刻，我们一家人都用佩服的眼光，聚焦在这个面貌普通、穿着质朴的矮个子男人身上，而且我顿时觉得这位师傅很“高大”很了不起，用现在的话来讲，就是才华胜过颜值。我特别记得他专心工作的时候，脸上似乎焕发出光彩，有一种难以形容的魅力。我爸妈给了他不错的工钱，还对他连声称谢，他也满足而去。我觉得，这就是匠人，他们虽然平凡，却也有自己的风采。从那时起，我就想做一名有本事的匠人，靠自己的努力得到社会尊敬和金钱回报。

先学做人，后学技术

④ 作者：您刚才提到，在成为匠人之前必须学会做小工，也就是我们常说的“打杂”，这可是很多大学毕业生最不屑和最不愿干的。他们觉得，拜师学艺是“老一套”，自己好歹读了大学。你怎么看？

刘英：合抱之木，生于毫末。不愿当小工，又怎么成得了匠人呢？大学只是积累知识的一段过程，真正的技艺是要在实践中磨炼才能学到的，毕业生刚工作时更应该有“拜师学艺”的谦卑之心。

我刚入行时，律师事务所里没有一个固定的师傅带我，我就只好把所有的前辈一厢情愿地都当作自己的师傅。任何人交代我做任何事情，无论是帮打盒饭、倒垃圾篓，还是跑腿复印，我都满心欢喜地去做，认认真真，恭恭敬敬。每天下班“交工”前还要反复修改反复检查，生怕师傅觉得我不珍惜机会，对我有了不好的观感。我为什么要这样做呢？因为我想起了小时候，我家乡的很多匠人都是这样从小工做起的。在小镇上长大的我，见过的小工主要是理发小工和裁缝小工。那时他们不但没有酬劳，反而要给师傅交学费，每次周末从家里回来还要给师傅带一点土特产。总之，要对师傅毕恭毕敬。否则，师傅怎会轻易将非凡技艺和丰富经验传授予你？

所以，大学毕业生一定要放下自尊心，“低姿态”进入工作角色，多听从师傅教诲。著名编剧六六，在40岁拜师学中医时，她说：“我从过去坐主宾的地位，一下子掉到了团队最底层徒弟的位置上，出门帮师傅端茶拎包，一开车主动钻到车最后排的加座上，但凡人满了，我就要蹲在行李箱里……”可见，无论你是名校生、阔太太，还是另一个领域的已成功者，只要当了学徒，就应该保有谦卑之心。

⑤ 作者：在古代，学徒头三年都是学做杂事，师傅是不教手艺的，其中最关键的，就是要学徒先学会做人。但这个优良的传统，被后代人忽略了、遗忘了，如今很多年轻人还认为，这是耽误了学徒的青春。所以，现代的学徒一来就学技艺，出师后却不懂得做人。

刘英：的确如此。快节奏的时代步伐和现代生活，造成了这样的现象，这也就是匠人越来越少、需要重拾工匠精神的深层次原因。

但我认为，即便是“去掉”那三年时光，学徒先要学做人的思想不能丢，还有那种不怕吃苦、积极学习的精神一定要传承下来。在古代，小工的日子是非常不好过的，但尽快出师、和师傅一样挣大钱的理想，一直在支撑他们熬下去。他们不怕累不怕苦，最怕挨师傅的骂，挨骂的时候还不能有情绪。师傅有的时候骂得对，有的时候骂得不对，但是如果你在师傅骂得不对时顶嘴或反叛，师傅就不会再给你骂得对的机会，你自己也就落得个赢了意气、失去机会。我最初在律师事务所做“小工”时，师傅说我的不是，我首先会接受下来，再慢慢反省自己的不是。因为我觉得师傅比我入行早，比我成功，比我有经验，自然比我看问题更深更远，即使师傅说得不对，只要不是明显荒谬，我也会听从，这是对师傅的一种尊重。

由于我服从性非常好，大家都特别喜欢我，尤其是律所事务所的主任。所以，我当助理不到一年，就享受到了很多执业律师都没有的待遇：优先用公车，有一定的报销额度，带我出席记者会，等等。在我看来，小工当不好的人，一般也很难出师，即使勉强出了师，将来也不会是一个出色的匠人，或者说算不上一个真正的匠人。在我的谨行律师事务所，我给所有初来的员工，规划了“四步曲”：改习气、学技能、试独立、求发展。我说你们要按照这个一步一步来，或许会很枯燥，但是你们要把一步当作乐曲一样来学，只要先把坏习气改正了，学艺的历程就会顺利，进步的速度才会快。有的大学毕业生，一来就觉得自己要发展了，要发达了，对于这样的“小工”，我只想说：你越存在这种念头，越很难得到好的发展。

⑥ 作者：俗话说，士有百行，以德为首。那现代职场中的“小工”们，究竟要学会怎样做人，才能炼成“匠人”的风格呢？

刘英：日本著名木匠秋山利辉说过：“有一流的心性，必有一流的技术。”他用数十年工作经历，归纳了“匠人须知 30 条”，诸如：进入作业场所前，必须学会打招呼，学会联络、报告、协商，做一个开朗的人，能够正确听懂别人说的话，和蔼可亲、好相处，有责任心，能够好好回报，执着，“爱管闲事”，乐于助人，等等。

这些看起来都是简单的做人小提示，但秋山利辉让学生用八年的时间来践行这些法则。在他的木工学校，学员一年上预科，四年学做徒，三年学带徒，八年后自立，便被赶出学校。在八年中，学员们每天都要背诵三四遍“匠人须知30条”，八年下来就要背诵一万遍。对此，秋山利辉说:“我要培养的不是‘能干的工匠’，而是‘有修为、素养高的工匠’，我希望他们成为木工界的超级明星。”我非常赞同这样的做法，严师出高徒。比如我们谨行律师事务所，在日常工作中，年轻律师观点错误，想法幼稚，我不会骂，会耐心指正，会不厌其烦地修改他们的文书，还反馈回去，希望他们有机会比较和我的差距，尽快提高。但是，如果年轻律师懒惰骄傲、急功近利、粗心大意，我则会严厉批评、口不留情。因为我也深深地知道：心术不正，技术不好。我希望我的员工能真正领会这点。

匠人是一生的修行

⑦ 作者：刘律师，恕我直言，您这么努力地培养员工的“匠心”，作为“师傅”，您又是如何做的呢？您觉得自己达到匠人境界了吗？

刘英：我觉得自己是一名老匠人了，呵呵。因为我已经是一名执业20年的老律师了，也当了老板，有几个徒弟兼员工。但是，我肯定没有那些工匠大师的境界高，我还有不少可以改善的地方。比如我的心性并不强大，也不稳定，导致有的案子处理得不完美，留有遗憾。尽管我经手的案件大部分都让客户很满意，有过一般律师达不到的突破，但这是一个合格或优秀的律师应该做的，并不值得骄傲。如果经我手的每一个案子，我都能做得精妙无比，让客户口碑相传，而且能引起业界赞美，我才能算得上一个“大工匠”。

同时，我也很清楚，我已经四十不惑，精力体力都在下降，所以自己一定要谨慎接案子，必须对经手的每一个案子负责，让客户打心底认可我办案子有“匠人水平”。我和我的谨行律师事务所的价值观就是——“如果不能帮到客户，就不应该接他（她）的案子。”

⑧ 作者：能具体谈谈您从“小工”到“匠人”的心路历程吗？您是如何培养教育徒弟，使他们一步步成为律师行业“新匠人”的？

刘英：我曾是一个好强的学霸，被人嫉妒也爱嫉妒别人。创业前，我保守、孤僻，不愿意与同事交流，也矜持自傲，怕自己好为人师。但是创业后我变了，心量变大了，甚至转身变成了“刘老师”。

为师从教并不容易。创业初期，我曾辛辛苦苦组建了一支律师团队，却遭遇了一夜之间整个团队几乎全部散架的打击。但我安慰自己——你是一个匠人，绝不能被任何困难击垮！在我最失落的时候，一个我曾帮过的打工妹，无比温暖地对我说："我虽然在工厂做事，不懂法律，但是我可以尝试帮您做些事情。"还有个"外行"的男员工，也鼓励我："不要怕，我是绝对不会走的那一个……"是他们,给了我东山再起的决心,同时我也发誓要把他们培养成"新匠人"。因为，"有一流的心性，必有一流的技术"。

后来，他们也确实成为我的得力助手。再后来，我又培养了婉君、聪聪、文仪等徒弟，她们都是勤奋好学的年轻人，渴望和当初的我一样通过努力改变自己的命运。我不会因为一次心血白费，就停止付出的。那次团队垮掉，也让我深刻感受到：时代发展到今天，员工欠缺职场精神、不能接受批评、易于跳槽的现象，已经不足为奇。但正如秋山利辉所说的："现在的社会，不训斥的主管也增多了，也许训斥了以后部属会马上辞职，也许一出手就会遭到抗议，但如果因为部属辞职会给公司带来损失，不想承担训斥所带来的责任，结果便什么都不做，前辈如果不教育下一代，年轻人就无法成长。后辈在工作上出现失误，却不告诉他，失败了也不批评，这并不是亲切，而是缺乏爱心……"我觉得，这样的主管绝不是好匠人。

没有哪个年轻人，不想成长、成才、成功。我也坚信，这个世上，一定还有很多像当初的我一样渴望当一名出色匠人的年轻人。

⑨ 作者：您作为一个"资深匠人"，如何看待自己的现在和未来？

刘英：匠人的最大特点，就是专业、敬业，一丝不苟地专注于自己的领域，对自己的产品精益求精。所以，我崇尚小而美，没有想过要把事务所做得有多大，最重要的是把每一笔业务做得漂亮。当然，我也会坚持创新与进步。虽然我已小有成就，但我会死死记住："人的精神是不断地松懈的，每个人都希望过得轻松、愉快，所以每天的修业是必须的。"过去成功的经验，往往成为现在失败的原因。市场、竞争对手、客户需求等等因素，都在变化，企业如果企图以不变应万变，结果就是一家家非常成功的企业，在非连续性和认知局限以及思维遮蔽面前，直接出现断崖式的业绩下滑。

对于真正的匠人而言，人生就是一场持续的精进修行。

我一直在路上，我会争取达到自己希望的那种匠人境界。10年前，我就出过一本书《律师十年——刘英律师执业手记》，我的师傅张国轩先生（现为江西省人民检察院副检察长，兼任江西财经大学教授、硕士生导师），在书中为我作序时写了一段这样的话，让我终生难忘——

一个律师如果能像她那样尽职尽责地为客户服务，能像她那样熟练掌握法律概念和技巧，能像她那样透彻地理解人性和社会，能像她那样具备专业人士应有的风度和礼貌，能像她那样懂得平衡家庭和事业，并为法律和社会作出自己的贡献，就是一个合格的律师。

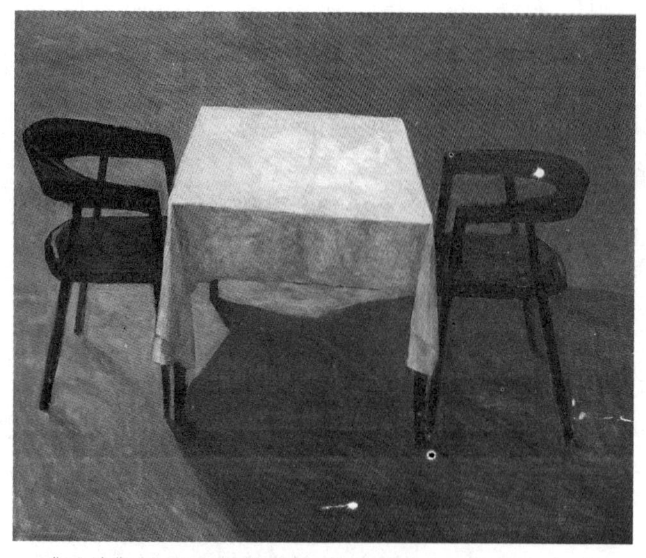

《对椅》（唐自勇作品，布面油画，100×120cm）

第三章

博爱宝贝

《踏上远方》（唐自勇作品，布面油画，60×80cm）

经典案例

少年“演讲帝”另类成长记

他9岁就因为口才出众迅速走红网络，并被戏称为“演讲帝”。他究竟是怎么成才的呢？

小小年纪被誉为“演讲帝”

2000年，杨心龙出生于辽宁省抚顺市。他的父亲杨锁昌原来从事五金小买卖，后来店铺生意不好，他就决定多花些时间教育孩子。

杨锁昌曾在一本书上看到，多跟孩子说话，会让孩子更聪明。于是，他每天就对着儿子说个不停。从儿子2岁起，他又开始教儿子认字、读书。在父亲的影响下，杨心龙特别爱说话，语言比同龄孩子丰富得多。

杨心龙4岁时，就已认识2000多个汉字，说话有条有理，逻辑性远远超过了同龄的孩子。邻居有时打趣说：“这孩子小小年纪话就这么多，真是个小啰唆！”杨锁昌却认为儿子有语言天赋，经常鼓励儿子多说话、大胆讲。一天，他看易中天的《品三国》，觉得很过瘾，心想，儿子要是有易中天那么好的口才该多好！就这样，杨锁昌产生了一个念头：把儿子培养成演讲家！

那个时候，中国的父母已普遍开始重视早教，各种琴棋书画、英语奥数培训班随处可见。但是，像演讲这种“偏门”特长，却不受家长们待见——在人们看来，演讲既不能用于谋生，也不是高考的加分项，因此毫无意义。

可杨锁昌认为，孩子既然有语言天赋，就应该因势利导。2004年，他到处为儿子找演讲口才培训机构，却怎么也找不到。无奈，他只好自己摸索着教儿子。他经常带儿子到书店看书，为了让儿子的演讲有“深度”，一些儿子根本看不懂的书，比如《逻辑学》《鲁迅文集》等，他也买回家，让儿子反复看。一次，妻子责备他乱花钱，他却说：“我就算不吃饭，也要给孩子买书！”几年下来，他给儿子买了近 2 万元的书。

杨心龙很快养成了爱读书的习惯，遇到不懂的地方，他会主动问父亲，并与父亲就书中的问题展开讨论。杨锁昌鼓励孩子看完书后，把感想大胆地表达出来，而无论儿子的想法多么幼稚，他都会认真倾听。渐渐地，杨心龙习惯了和父亲分享、讨论，常常说着说着就会手舞足蹈起来。从儿子出生那天起，杨锁昌就坚持每天写日记，将儿子的成长变化和自己的教育心得记下来。为儿子制定了“演讲家”的发展目标后，他则更注意记下儿子每天的“经典语句”。比如杨心龙 5 岁时，一天去上幼儿园，走到校门口，他突然像大人一样严肃地对父亲说：“老爸，你过来，我有重要的话要跟你说！”他一本正经的样子逗乐了来往路人，杨锁昌却没有笑，认真听儿子说话……

2006 年，杨锁昌开始对 6 岁的儿子进行系统的训练：他每天出一个话题，先让儿子天马行空地大说一通，他则一边听一边记录；然后，他和儿子一起一字一句地推敲，纠正错误，形成“演讲稿”；最后，他再让儿子反复说练。经过一段时间的锻炼，杨心龙熟能生巧，对任何话题张口就能来一段。每晚写完作业后，他总喜欢演讲一番。而这时，恰恰是杨锁昌夫妻俩忙碌了一天后最疲惫的时候，可为了不打击孩子的积极性，他们再累，也要听孩子把话说完，而不像很多家长那样不耐烦地命令孩子：“少废话，快睡觉去！”

令杨锁昌遗憾的是，儿子的灵感总是说来就来，很多精彩的句子都来不及记录。不久，杨锁昌为此特意向几个亲友借凑了近万元，买了一台专业摄像机，这样，他就能随时录下儿子的精彩讲演了。而且，录像还有个好处，就是可以反复播放，让杨心龙找出不足之处，然后和父亲一起讨论改进。

当时，抚顺市几乎没有公开的演讲活动，杨锁昌觉得儿子的演讲水平无法得到进一步提高。为了锻炼儿子，也展现一下儿子的才华，2008 年奥运会期间，杨锁昌自己掏钱在小区搭了个舞台，请了乐队，并召集了杨心龙的一些同学前来观看。杨心龙在台上做了奥运、梦想、父母等不同主题的演讲，其中一段是这样说的："我的爸爸很伟大，他从我这么大开始就有很多远大的抱负，但是至今没有一个实现过，这主要是因为他没有将理想付诸行动，不像我，想到什么就做什么！我妈妈最大的缺点就是怕钱少，一旦钱少了，她的生命也就倒塌了！所以，我经常劝妈妈，不要把钱看得太重……"

台下观众听了都捧腹大笑。当时杨锁昌正在为儿子录像，他也没想到儿子会即兴说出这番话，害得他被邻居们揶揄了一番。若是别的父母如此被孩子揭丑，肯定很生气，杨锁昌却笑着为儿子的精彩演讲鼓掌，大声叫好——在他看来，年仅8岁的儿子能把父母平日的"唠叨"整理成一个话题，绘声绘色地讲出来，很不容易！从那以后，杨锁昌开始鼓励儿子到学校、文化广场、图书馆等公共场合去即兴演讲，而他每次都会帮儿子录下来。无论观众的反应如何，他始终对儿子抱以赞赏的态度。

2009年5月，在一位大学生邻居的建议和帮助下，杨锁昌将杨心龙的多段演讲视频陆续上传至网络。当时，他们父子俩刚接触网络不久，都感觉很新鲜，杨锁昌的想法也很简单："晒一晒"儿子的才华，让儿子更加自信。

杨锁昌没想到，那些视频很快便被网管组合在一起，命名为"天才儿童演讲合辑"。很快，这份总长超过1个小时的合辑，在网上广为传播，杨心龙因此迅速走红。年仅9岁的他，演讲内容却涉及教育、政治、爱国等多个方面，而且演讲时表情丰富、手势不断、思维逻辑性很强，颇具大腕风范，很多网友认为他是"天才儿童"，甚至称他为"演讲帝"！

顶着"炮火"朝梦想前进

杨心龙在网上出名后，特别自豪，而杨锁昌也颇有成就感。然而，一天，当杨心龙在学校课间休息时间即兴演讲时，好几个同学竟嘲笑他说："你这是鹦鹉学舌！"原来，这些同学的家长在网上看到了杨心龙演讲的视频，觉得他小小年纪说话如此成熟老练，肯定是大人教他死记硬背的。他们对杨心龙的演讲方式十分反感，并嘱咐自己的孩子千万不要学他讲话。

深受打击的杨心龙回家哭着告诉了父亲，杨锁昌十分震惊——那段时间，他白天忙于帮妻子打理生意，晚上陪孩子，没有上网，因此对外界的评价并不知情。听儿子一说，他赶紧打开电脑，浏览了很多有关儿子的评论，这才发现最近突然有好多针对他们父子俩的争议和质疑，有人说杨心龙“废话连篇咬文嚼字，啰啰唆唆像个小老头”，还有人说杨锁昌这样培养儿子是“脑子有问题”。

杨心龙有一段关于奥巴马访华的演讲受到广泛质疑，许多网友表示，这段类似外交辞令般的演讲，完全是成人口气，肯定是大人授意的。网友“青藤”更是评论道：“我不得不说，杨心龙就是一个‘悲剧’，他说的基本上都是车轱辘话、大话空谈，看似很有逻辑性，但实质没有中心思想，措辞不紧凑，而且成人化语言很多，显然是家长事先设计好的演讲稿，然后让孩子死记硬背……”

看了这些评论，杨锁昌郁闷不已，自己辛辛苦苦培养多年的儿子，竟然被人说成是“悲剧”！更让他气愤的是，很多专家学者也批评他们父子俩，说杨心龙就像是个播放器，其演讲内容并非发自内心感受，表情和行为也都是一个模板；还说杨锁昌把孩子培养成“学舌的鹦鹉”，完全是教育失败……

除了外界的非议，杨心龙还承受了来自学校的压力——老师明确反对他到处演讲，多次批评他，说他不务正业，“丢下西瓜捡芝麻”。在重重打击下，杨心龙只好退缩了。他放弃了演讲的爱好，把所有精力投入到学习中。原本就很聪明的他，埋头苦读几个月后，学习突飞猛进，终于获得了老师的青睐。

可是，看着昔日自信大方、神采飞扬的儿子变成了整天埋头苦读、两耳不闻窗外事的乖学生，杨锁昌心里却很不是滋味。他找儿子谈心：“爸爸培养你不单单是为了给学校输送一个好学生，我是想要你成为一个勇敢表达思想的孩子。学习不是生活的全部，你不能用学习来逃避生活。”

杨心龙含泪道：“我喜欢演讲，可是，别人都不相信我，老师也反对……”杨锁昌抱住儿子，鼓励道：“我们不能因为这点挫折就退缩。如果你讲得更好，登上更大的舞台，就会让别人心服口服！”可是，杨心龙依旧情绪低落。杨锁昌痛心疾首，终于忍不住在网上放言：“我儿子有真才实学，不信就来我家现场测试！”他的挑战吸引了很多媒体，2010 年 1 月初，央视《人与社会》栏目组来到杨心龙家录制节目，现场出题让杨心龙即兴演讲。

面对摄像机，杨锁昌夫妇紧张不已，而原本萎靡不振的杨心龙却一下子精神焕发，迅速进入了状态。栏目组出题“如果我是市长”，杨心龙略加思索便滔滔不绝：“假如我是市长，我要做的第一件事情，就是我要把我所有的权利分给孩子们，我要把我所有的快乐，以及我所有的烦恼，跟所有的市民们分享，让他们知道当市长多么不容易。我要知道市民们最需要的是什么、最渴望的是什么，接着我就为他们做一些我力所能及的事情，帮助他们……”最后，他总结道：“假如我当市长，我就这么做，我要做一个了解市民心理的市长，但是这一切都取决于假如！”

在毫无准备的情况下，杨心龙的演讲竟然持续了四分钟，中间没有任何“卡壳”。站在一旁观看的杨锁昌终于松了口气，央视栏目组的工作人员也都纷纷鼓掌，说：“这孩子真是个天才，了不起！”

杨心龙的心结解开了，他开心地对父亲说：“我还是喜欢演讲，我不想放弃！”而央视的节目播放后，他的名气更大了。很快，全国各地的电视台、报纸等媒体都前来“验证”。尽管杨心龙每次表现都不错，但网络舆论却更凶猛了，有网友说：“即便是能够张口就来，这孩子也是‘畸形’成长的，你看他小小年纪，一口官腔，长着一张00后的脸蛋，却有颗60后的心，这样培养孩子，对孩子的将来、对这个社会又有什么益处呢？”

不仅如此，很多网友开始指责杨锁昌，说他“虐待”孩子，“童年应该是天真快乐的，杨心龙早晚会被你逼疯！”一些教育专家也批评杨锁昌：“望子成龙的心情可以理解，但是应该知道孩子真正需要什么，不要让孩子失去应有的天性。”杨锁昌被这些舆论折腾得心烦意乱、筋疲力尽，他不敢再上网，也敢再接受采访了，气得几天吃不下饭。没想到，这次轮到儿子来劝他了。那天晚饭时，杨心龙端着一碗饭走到父亲面前说：“爸爸，你曾经告诉过我，真正的勇士，要敢于直面惨淡的人生，敢于正视淋漓的鲜血，你连饭都不吃，怎么面对这一切呢？”他还说：“我不怕别人议论，因为我喜欢演讲，不说出来，我会很难受！”儿子的坚定让杨锁昌深感欣慰。他决定振作起来，和儿子一起努力，“把别人的议论当作‘炮火’吧，我们是顶着炮火前进的英雄！”

那天晚上，父子俩一起上网，把以前发在网上的演讲视频找出来看。杨心龙越看越自信，对父亲说：“爸，你说得对，我就是为演讲而生的！”说着，他匿名第一次在自己的演讲视频下留言评论：“这个孩子说得多好啊！”父子俩笑成一团……

父子都成名成才

为了让儿子得到更多的锻炼，2010 年暑假，杨锁昌带着杨心龙先后去了南京、郑州、上海等地方，参加了许多电视节目的录制，路费、食宿费都是自己掏腰包。很多亲友不理解：“你家经济状况本来就不好，这又是何苦呢？”杨锁昌却说：“我儿子有天赋、有才华，我就要给他锻炼和展现的机会！”

杨心龙没有辜负父亲的期望。2010 年 11 月，他在央视《我们有一套》的节目现场做了一番精彩的即兴演讲，让现场观众惊叹不已，纷纷站起来鼓掌。在回答主持人提问时，杨锁昌说：“荀子、孟子、庄子这些大思想家，都是靠演讲来传达中国古老的文化，演讲是中国文化中最应该提倡的一项技能。我非常不理解为什么那么多人会对心龙演讲持反对意见，这本该是中华民族最应该继承的，不管怎样，我为儿子有这样的才能而荣耀！”

杨锁昌这番话打动了许多观众的心，不久他收到了很多短信，一位新疆观众说：“你的儿子很棒！不要在乎别人怎么说，你如此用心地培养孩子，就已经是一个合格的父亲！”还有一位河北女士更是掩饰不住心中的激动：“我真羡慕你培养出如此优秀的儿子……”

在经历了一番狂轰滥炸式的指责和攻击后，终于获得了人们的理解，杨锁昌感到很欣慰。一次，有朋友看了他 10 年来为儿子写下的 300 万字培养日记，建议他出书。他本能地拒绝道：“我这水平，出书还不让人笑掉大牙？”但朋友告诉他，真实的东西、质朴的语言最能打动人，何况，这也能给一些望子成龙的父母以启示。杨锁昌被说服了，很快，他的书籍《当好爸爸有一套——我这样培养杨心龙》出版了，反响很不错，许多读者接受了他的教育理念。

尽管如此，对杨锁昌父子的质疑和批评并没有完全消失，而杨锁昌也不得不承认，网友的一些批评是有道理的：比如杨心龙讲话成人化，那是因为他小时候不可能自己写演讲稿，而杨锁昌水平也有限，只好找一些名人演讲书籍和光碟参考，这样就导致年幼的杨心龙的演讲有些“不伦不类”。随着杨心龙年龄的增长，他越来越有自己的个性和想法，虽然能够摆脱底稿即兴演讲，却由于过去模仿习惯了，依然难改演讲成人化，甚至“官腔”。

不过，杨锁昌始终觉得，儿子的能力是很强的，自己的教育也没有错。为了让儿子的演讲更完美，他开始让儿子更多地接触大自然，每到周末，他就带着儿子去山林里玩；冬天，家长们把孩子关在空调房里写作业，他则带着儿子在雪地里踢足球……他想让儿子在游戏玩耍中释放童真，并将这份童真渗入演讲中。杨心龙越来越出色了。2011 年 2 月初，他被邀请参加首届中央电视台网络春晚，很多草根网络达人在舞台上秀出绝技绝活，他则与虹云、韩乔生、曹灿等老一辈名人坐在嘉宾席上，专门给节目做点评，他的妙语连珠获得了无数好评。

而杨锁昌也因为儿子出名了。2011 年 6 月，北京通州一家幼儿园高薪聘请他担任暑期演讲培训班指导，他带着儿子一起来到了北京。通过他的悉心讲解，以及杨心龙的示范演讲，培训效果非常好，很多家长给予了肯定。

两个月后，回到抚顺的杨锁昌得到“灵感”：既然有人愿意请自己讲课，为什么不试着自己招生开培训班呢？这个念头越来越强烈，因为十余年来，杨锁昌为了培养儿子一直没有去工作，全靠妻子经营五金店维持生活，加上杨心龙经常参加电视节目，花费不小，家里已经捉襟见肘。于是，他决定在抚顺办培训班。不久，杨锁昌的演讲特长培训班终于办起来了，虽然每期只有十几个学员，但他很满足，工作也很尽心。周末上课时，他总会带着儿子，有时让儿子做示范，有时让儿子当“老师”，这种方法效果挺好，因为杨心龙也是孩子，能与学员打成一片。

而杨心龙也在这个过程中得到了锻炼，演讲水平越来越高。2012 年 4 月，年仅 12 岁的他作为最年轻的嘉宾被邀请到央视 3《文化视点》节目接受访谈。同年 11 月，他又被中国下一代教育基金会邀请到北京大学百年讲堂做演讲，赢得了满堂喝彩。2013 年 8 月，杨心龙应邀参加安徽卫视《超级演说家》节目，做了名为《为了心中的号召》的演讲。舞台上，他侃侃而谈，讲述了自己从经不住外界打击放弃演讲，到在父亲的鼓励下“重出江湖”的心路历程。他严密的逻辑、充沛的激情和完美的台风受到了四位导师的一致称赞，并遭到导师们的“哄抢”，成为乐嘉的爱徒。9 月 12 日，《超级演说家》十六强晋级赛，杨心龙在一度失利后，凭借超高的人气最终晋级，竟引得一向冷静的乐嘉情绪失控，当场落泪……

节目播出后，杨心龙和他的父亲更“火”了。从 2014 年起，父子俩经常被邀请到全国各地的电视台、学校、培训机构等场所演讲，每次杨心龙都是“主打明星”，展示其演讲才华，然后杨锁昌以“家庭教育专家”的身份，为广大家长、老师、学生讲述其教育经验。

作为乐嘉最得意的弟子，2015年杨心龙正式以“讲师”的身份加入“乐嘉性格色彩超级演讲会”，屡次跟随乐嘉到全国不同的城市进行演讲，他的《孩子想说却不敢说的心里话》《我们喜欢怎样的父母》等主题演讲，一语道破亲子关系本质，受到了广大听众的赞赏。

2016年，身为高中生的杨心龙，依然一边用心学习，一边利用节假日到全国各地演讲，他以孩子的视角，道出家庭教育的核心以及孩子内心丰满的世界，将演说的优势发挥到了极致，被乐嘉老师誉为“演讲的天才”。

不得不说，杨心龙能成为“演讲帝”，天赋肯定是有，但其父亲的培养才是关键。杨锁昌十几年如一日的辛勤付出和另类教育，不是一般家长能够做到并坚持的，从这点来说，他被许多人称为“草根教育家”毫不夸张。当然，《伤仲永》的前车之鉴也不能不防。

《滚铁环》（唐自勇作品，布面油画，100×80cm）

精彩访谈

博贝，树立中国教育综合体行业标杆

特邀嘉宾
黄静
广州博贝教育城董事长
珠海博贝教育城董事长

“教育综合体”是现代教育培训新趋势

① 作者：黄总，你好，博贝教育城作为广东首家一站式教育综合体，一开张即不同凡响，现在更是蒸蒸日上，你觉得原因是什么？

黄静：因为我们先人一步，且做到了创新创效，顺应了市场需求。博贝教育城自 2016 年 6 月开张以来，不到一年时间，就硕果累累，不仅招收了上千名 3–18 岁的青少儿会员参加各类学习培训，而且获得了“全球左右脑开发第一品牌”“广州美术学院战略合作伙伴”“华南师范大学学科辅导战略合作伙伴”“广东电视台小记者小主持人训练选拔基地”等荣誉，成为一家从事高效学习方法研究及学习动机培养的专业教育机构。

教育培训贵在创新，而创新要“基于学生，顺应市场”。博贝教育城正是出于学生的学习需求和市场规律而进行的创新。我认为，在新形势下，教育培训的转变和革新是必须的，而“教育综合体”是未来中国教育培训“新常态”上的必须产物，会成为传统门店培训和托管培训外的又一新兴力量，更有可能成为该行业的终极模式。

② 作者：能解释下什么是“教育综合体”吗？它的优势在哪？

黄静：从广义上讲，教育综合体是指构建以教育为核心服务内容，以学生、家长为主要服务对象，结合校内教育与校外教育、教育服务与体验消费等业态的城市复合体，涵括教育学习和吃喝玩乐。

但目前我国的“教育综合体”运营模式还处于初步阶段，所以现在主要是指将各类教育培训机构聚集在一起，为学生和家长提供一站式的综合服务。比如博贝教育城，开设有全脑启智、金话筒、小初高学科辅导、绘画、木工、黏土、服装设计、绘本作文、外教英语、奥数、钢琴、电子琴、古筝、声乐、武术、书法、舞蹈、跆拳道、瑜伽等20余项艺术类、益智类、学科辅导类专业培训课程。这种一站式高品质全优“教育综合体”，主要有以下几大优势：一是教育机构之间能够资源共享、强强联合、抱团成长；二是能让孩子和家长再也不用东奔西走，为家长节省时间和成本；三是为家长筛选优质的教育培训机构；四是为孩子提供多类型学科的专业学习，只要来到我们这里，就能接受到所有你想学到的优质精品课程，这些优势都能让小孩和家长从中得益，体现出了极致的人文关怀。

③ 作者：你是怎样想到这种模式的？对培训机构有何吸引力？

黄静：前几年，我自己经常送孩子去参加各种兴趣班，亲身体会到了东奔西跑之苦，我就一直在反复思考，怎样才能规划出一种更合理更有效的培训模式。而且，我做实业生意已很多年，经常会留意各种商业模式，后来渐渐就想到了做“教育综合体”。

我觉得，教育是民生之基，每个家庭都会和教育相关。教育产业是一个非常有综合潜力的产业，每个学生背后都关联着一个家庭，并且由于教育行业特殊的情感元素，通过一个孩子，则可深度关联一个家庭的消费服务，由此相关联产业的组合想象空间无限巨大。

我还注意到，近几年来，房租、人力成本高企已成为制约教育培训业发展的“两座大山”，不少教育机构盈利艰难。而另一方面，一直迅猛发展的中国房地产，现在也充满危机，无论是商业住宅，还是大型商场之类的城市综合体，都会面临一个问题：消费者越来越少。前者为场地所困，后者为人流劳神。所以我就想，何不让两者结合在一起，做成教育综合体？因为教育对于学生和家长来说，是“刚需”，尤其是线下体验式的教育培训，是孩子成长的“必需品”。

但是，“教育综合体”绝不是简单的青少年活动中心＋商业综合体这么简单。要想成功运营一个“教育综合体”，不仅需要懂教育、懂经营，还要具备设计、规划等一系列知识。为此，我两三年之前，就开始做准备，不仅自己刻苦学习，而且到处考察，并汇聚了众多教育、艺术、文化等各界师资精英，囊括了从婴幼儿早期教育到小学、中学教育等各层次的培训机构，联手打造顶尖水准的教育总部。

将博大的爱献给所有的宝贝

④ 作者：博贝教育城的定位是什么？你们具体是如何运营的？

黄静：我们的定位是，只做平台。就像万达广场一样，只做高品质的商场平台，或者说，像阿里巴巴一样，做成一个教育培训行业的巨无霸平台，最终将博贝打造成“教育综合体”的第一品牌。

如今，这个平台已经越来越丰富了，就像一个摆满了琳琅满目的教育产品的超市。但这不是一个普通的“超市”，里面的产品绝对都是高质量的，既能满足每个孩子全面综合学习的需求，又能满足其个性需求，而且能让学生拥有高度自主选择的自由，很多孩子在博贝不仅仅选择一门课程，可能会凭兴趣选择多种教育培训，也可能选择多样的课程，以及需要一位甚至多位教师不同程度授课……

目前，我们已经吸纳了脑力小超人、最强大脑潜能开发、尚学教育、金话筒小主持、飞天艺术、红点乐器、多象美术、灏思英语等十几家知名培训机构进驻。我们虽然只是一个平台，但建立了一套能保证教学质量、专心做教育的运营系统，我们会和每一家进驻的培训机构都密切合作、和谐相处，为营造浓厚的学习氛围和温馨愉快的教育环境而竭尽全力。

⑤ 作者：“博贝”有什么特殊含义？总部为什么定在广州？现在博贝教育城这个品牌日益响亮，在机构和人才引进方面有何要求？

黄静：博贝的含义，就是将博大的爱献给所有的宝贝，用渊博的知识去爱每一个孩子。广州是国家中心城市，具有丰富的优质教育资源，我在这里生活了很多年，所以想让“博贝”从这里起飞。

博贝教育城的成功源于多方面因素，是大家的功劳。比如先是借助各培训机构的品牌价值创造了博贝品牌价值，然后我们的运营团队通过各种推广建立了博贝的良好形象，再就是我们一直沉下心来做教育，把每件事情都做精做踏实做到位，赢得了家长们的口碑。

我们拥有一支专业、激情、分工明确的运营团队。在人才引进方面，我们注重优秀而又年轻，每年都会与国内的一些知名院校合作，聘请专业老师。虽然做教育培训要有足够多的市场经验和足够敏锐的眼光，年龄大有优势，但是越年轻的人才优势越大，因为他们充满活力、容易和孩子亲近，而且他们有提高业绩的冲劲。

在机构引进方面，我们的要求也会越来越高，比如品牌知名度、品牌价值等，都要最好的，只有最好的培训机构，才能真正提升教学质量，让博贝的含金量越来越高。今后，我们还会与国内外著名的教育品牌和名校名师等进行合作，并运用“互联网 +”进行嫁接，提供在线教育、在线课程等更具未来的教育方式，增强市场竞争力。

⑥ 作者：我也是锦绣生态园的业主，女儿又正在读幼儿园，你把博贝教育城开在我们小区门口，而且搞得那么高端豪华，每到节假日各种好玩有趣益智的活动层出不穷，比青少宫和儿童游乐园还更有吸引力，这让我很“头痛”——因为我女儿每天一放学就嚷着要去博贝玩，而且这也要学那也要学，这对家长来说压力不小呀。

黄静：呵呵，这说明我们博贝教育城魅力大嘛！其实，小孩子好奇心强、兴趣广泛是好事，多学习、多培养，以后一定会很聪明的。至于学费，我们这里不算贵，如果办了会员卡，还有很多优惠。

博贝教育城的硬件设施、装饰环境都是一流的，比如多功能大厅、1 对 N 培训室、1 对 1 个性辅导室、音乐舞蹈室、阅览室、多媒体教学仪器等。除了提供各种优质课程外，我们平时还会举办丰富多彩的活动，比如少儿书法美术摄影精品展、时装秀、跆拳道、电子琴演奏、街舞、亲子讲座、才艺大赛等，寓教于乐，寓学于乐。

我们的理念是，一切都要从学生的个人成长利益出发，对每一个学员都做个性化课程体系规划，绝不只是做教育机构、教学产品的物理堆集。为此，我们不仅提供一站式的素质教育服务，还配合有作业辅导、托管、亲子活动、夏冬令营等多方位的成长培养服务。

我们的愿景是，让所有心怀梦想的孩子都能绽放理想的花朵，让每一个学习欠佳的学生都成为一支潜力股。对学生负责任的态度，是博贝最闪亮的名牌，这也是回馈给信任我们的家长唯一的方式。

把博贝打造成“教育综合体”典范

⑦ 作者：博贝教育城作为一个平台，对外的影响力已经毋庸置疑，但对内的教学质量关键在于各培训机构，它们各自有什么特色？

黄静：这个是肯定的。凡是进驻博贝的培训机构，都是我们精挑细选的，其品牌价值、培训特色、教学质量等，绝对都是上乘的。

比如尚学教育，是一家由知名机构主任教师承办的辅导机构，老师均来自龙文、学而思和名校，有丰富的教学经验，一直致力于小学、初中和高中的辅导班和一对一学科辅导，主要特色课程有英语自然拼读班、英语朗文班、英语语法班、语文阅读作文班、奥数思维拓展班、数学课内培优班等。

比如飞天艺术舞蹈培训中心，在广州是非常有名的，其运用中国舞蹈家协会考级、北京舞蹈学院基础练习等教材结合舞蹈解剖学、运动力学的原理并渗透幼儿心理学来编排教材，根据孩子们不同年龄阶段因材施教，是广东省舞蹈家协会舞蹈考级指定培训中心。

再比如多象美术教育机构，和其他少儿美术教育的短期行为有着明显的区别，它将现代教育新的观念成果贯彻在教育行为之中，其目的更不只是为了把孩子培养成为画家，最主要的是培养儿童观察、想象、审美、创造等各方面的能力。

还有金话筒口才培训，不仅拥有广东电视台的优势资源和最强最专业的师资阵容，课程也都出自一线专业研发团队。通过与电视台合作，孩子们拥有更多实地采访、上镜、发表作品的机会，更有机会成为电视台特聘小主播，一个寒假就能蜕变成超级主持人。比如我们的学员曹嘉轩同学，已被选拔为《少年中国说》的小主播……

其他还有龙俊杰国际跆拳道、红点音乐教育等很多优秀机构，就不一一介绍了，可随时关注我们。

⑧ 作者：我看你们还有一个被誉为“全球左右脑开发第一品牌”的全脑启智培训机构，能详细解释下吗？对孩子到底有什么作用？

黄静：全脑启智是由我们原来的“脑力小超人”品牌演变而来，通过整合国际专家团队，独创了全球最领先的动画多媒体教学体系，以左右脑开发心算学习为特色，配合大量现场小游戏，把学习变成了游戏，把考试变成了通关，让孩子从“要我学”跨至“我要学”。

另外，我们还引进了“最强大脑”机构——广州市赞博全脑潜能开发有限公司，是一家专注于青少年脑力开发的创新型教育机构，采用国际先进的脑力开发理念，挖掘学员大脑潜能，遵循学员的发展特点，让学员轻松高效地学习。该机构课程专注超级记忆法，有思维导图、快速阅读、高分突破和多元潜能素质课程等五大板块体系，全面开发学员的专注力、记忆力、思维力、阅读力、演讲力、领袖力、交际力、运动力等多元潜能，培养未来国际化高端人才。

为什么要对孩子进行全脑启智培训呢？神经语言学家认为，人类大脑的左半球主管分析和逻辑，右半球主管情感和社交能力。不过这只是程度不同的问题，不是完全地左右分割，尤其是儿童的大脑正处于生长中，左右半球都可以动用，可塑性很强，所以家长应该趁这个时期让孩子进行左右全脑开发训练。生物物理学家艾普斯坦也曾发现，未成年孩子的脑部成长有几个突进期，这些突进与人的学习能力成正比关系，突进期每两年出现一次，人类脑部发展的第一个高峰期是在二至四岁期间出现，所以这时如果能为儿童提供适当的机会及刺激，他们会学懂很多东西。

我们的实践同样证明，全脑启智培训能大大提升宝贝的 IQ（智商）、EQ（情商）、MQ（道德智商）和八大智能，塑造孩子的完整性，促进孩子在认识、情感、社会性、身体、道德等各方面的和谐发展。

⑨ 作者：再次祝贺博贝教育城在广州、珠海两地已成为“综合教育体”的典范。下一步，会有怎样的规划？对于未来的教育，你又怎么看？

黄静：今后，我们会继续将广州博贝教育城做强做精，然后以此为样板，向其他区域和城市复制。比如位于珠海新世界海滨花园的珠海博贝教育城，就是在广州博贝成功运作后复制而来。从规模上讲，珠海博贝更是“教育综合体”

的典范，因为这里总面积达 4400 多平方米的整条商业街，都是我们买下来的，更适合综合运营教育培训产业。

我们将秉承“用心才能做精品”的企业理念，以“倡导科学教育理念、传播先进学习方法”为宗旨，永远专心致力于打造国际级的青少儿教育，为树立行业标杆形象而努力奋斗。未来的博贝，将有效解决五大需求：一是学生私人定制，全面成长规划的需求；二是家长轻松便利，黏性消费体验的需求；三是机构互信共赢，资金融通和人才可持续发展的需求；四是商业地产增值增效、品牌提升的需求；五是监管规范、集中、安全、数据化管理的需求。我们坚持以教育为本，精心设计和打造整体制度流程，始终以大胸怀、大格局、大气魄要求自己，做到互信、协作、共赢。

未来我国的教育培训市场空间还很巨大，但目前仍普遍存在粗放发展、培训机构和学员群体分散、学科设置不齐、师资质量、管理水平和后勤服务水平有待提高等一系列问题，像博贝这样功能覆盖齐全的优质教育培训综合体还不多，所以我们走在了时代的潮头，前景广阔！

（主人公近照）

经典案例

狼爸驯女：中国式“拼孩子”

广东“狼爸”萧百佑“三天一顿打，孩子进北大”的教育方式余波未平，新疆又出现了更“标新立异”的“狼爸”……

落难英雄发誓：打造励志女儿

朱永胜是甘肃人，曾在新疆塔城农九师163团五连当兵，退伍后他成立了一家汽车贸易公司，曾辉煌一时。但后来，因故倒闭。不久，他又萌发驯军犬创业的念头。他买了8条小犬，在乌鲁木齐市郊租了个院子开始进行封闭式训练。一年后，他开始到大街上表演驯犬，精彩刺激的场景在当地引起了不小的反响。这也让他逐渐有了一些生意，比如为公安、部队等有关部门训练防暴犬。2002年，他的女儿朱琳出生了。有了幸福的家庭做后盾，他铆足了劲要大干一场，很快扩展基地，养了七八十只不同品种的犬。

朱琳自幼在驯犬基地长大。父母每天忙着驯犬，她经常只能独自一个人躺在家中听犬吠声。渐渐地，她习以为常了，对这种恐怖的叫声和凶巴巴的军犬也从不畏惧。2003年夏的一天，1岁3个月的小朱琳一个人在家待不住了，就循着父亲驯犬的声音找了出来。路不平，她摔倒了，干脆往前爬，爬过碎石路，穿过杂草丛，迈过树枝堆，一路爬到了驯犬场。

当朱永胜看到满身伤痕的女儿，心疼之余，很是震撼。他突然冒出一个念头：

我要把女儿也培养成驯犬师！朱永胜认为，驯犬师是一种非常具有挑战性的职业，可以锻炼人们无限的勇气、胆量和搏斗能力。女儿今后如果能从事这种职业，就必然能成为生活的强者！从那以后，朱永胜经常带着朱琳去驯犬，先是让她在旁边看，一个月后，朱琳竟缠着他说："爸爸，我要跟你一样，和狗到笼子里玩！"朱永胜对女儿的勇气十分赞赏，便带着女儿进入训练场，通过保护措施，让女儿抚摸军犬，跟犬"说话"。

慢慢地，小朱琳便和军犬成了朋友。训练场有一条碎石路，奇形怪状、十分硌脚，是用来专门提高驯犬难度的，成年人在上面走几圈后，都往往会受伤，朱永胜却有意让女儿光着脚去那里走路。第一天，小朱琳没走几步，就喊痛，并摔倒在地，他却命令道："不许哭，坚强点，哪里摔倒就从哪里站起来！站不起来，就是爬，也要爬完这条路！"没几天，小朱琳就被折腾得伤痕累累。看着女儿手上被石子划出了血，脚底还磨出了许多血泡，母亲李凤英心疼极了，找丈夫"扯皮"："你要逞英雄，我不管你，可女儿才两岁，你怎么能狠得下这个心啊！"朱永胜却振振有词："不让她吃苦，今后怎么能成为一名优秀的驯犬师？怎么能在这个社会上立足？现在的孩子，个个都像温室里的弱苗，这样下去有什么出息！这是一个弱肉强食的世界，如果朱琳将来连一份工作都找不到，是多么可怕的事情！我必须未雨绸缪！"

李凤英十分了解朱永胜，知道他经历了太多人生坎坷，尤其从风光的百万富翁落难之后，他更加体味了"弱肉强食"的滋味。可是，他要将自己的人生经验强加在女儿身上，用如此极端的方法培养还不到两岁的女儿，让李凤英实在无法理解。

忧伤"狠"父：我只能"拼孩子"

2004年，由于无法忍受丈夫另类"驯女"，李凤英提出离婚。朱永胜虽然伤感，却仍坚持己见，说："你要离婚，我也没办法，道不同，不相为谋！"李凤英极力想带走女儿，但是朱永胜死活不答应。

李凤英临走时，只一个要求：让丈夫早日送朱琳上学。然后，她含泪嘱咐女儿："孩子，你今后一定要好好读书。"朱永胜也同意了，很快将朱琳送进了附近的一家幼儿园，但他始终没有停止培养朱琳驯犬，还要求女儿以此为梦想。2005 年暑假，朱琳才 3 岁，站直了还没有犬高，说起话来也不是很清楚，但她却能熟练地呼唤军犬的名字，并利索地做出各种驯犬的动作。一天，当地一家电视台来采访，朱永胜特意让小朱琳穿着迷彩服，戴上“工作证”进入场地驯犬。小小年纪的她，俨然一个熟练的驯导员，举手投足、吆喝命令，像模像样，让电视台的工作人员都很震惊。电视播出后，小朱琳可能是感觉自己“出名”了，在幼儿园能让很多小朋友羡慕，所以她更加感兴趣了，每天放学后就去驯犬。亲友们纷纷提醒朱永胜：“孩子这么小，可别让她上太多的镜头啊，这样很容易过早滋生名利思想的！”朱永胜却说：“这有什么不好？我女儿就是有这本事，她是名副其实的中国最小驯犬师！哪个 3 岁小孩能有这样的胆量和气魄！”他感到十分自豪，认为女儿能够驯犬，绝对是“独一无二”的孩子，比起那些弹钢琴、背唐诗的“神童”强多了。

2006 年 10 月，朱琳在幼儿园被调皮的男同学打得鼻青脸肿，哭着回来。朱永胜心疼不已，跟那个男孩的父母理论，没想到对方就是不肯道歉，还丢下一沓钱说：“你不就是想要钱吗？”然后傲气地开着豪车走了。朱永胜感到自尊心被践踏，气愤不已，回家后忍不住朝朱琳大发雷霆：“你怎么就这么软弱？你还是我的女儿吗？”为了让女儿更加坚强勇敢，朱永胜加大了朱琳的训练难度——不仅让她驯犬，还时常要求女儿配合他带领犬进行解救人质和反恐的演习。一次，他要求朱琳扮演人质，嘴里塞上毛巾，被反绑在树上，训练有素的救人犬“大卫”则随着朱永胜的一声令下，飞快地奔向朱琳，到她跟前一跃而起，拽掉了她嘴里的毛巾，又扭身从侧面咬断了绳索。接着，“大卫”咬住躺倒在地上的朱琳的衣角，拖着她离开“危险地带”。地上有许多小石子，还有坚韧的草根，很容易受伤，朱琳感到疼痛，叫道：“不要拖我！”可朱永胜却要求“大卫”继续下去。朱琳知道父亲不会“放过”自己，只有忍痛发出了短暂的哭声以示抗议……“演习”结束后，朱永胜见女儿的后背被划出不少血口子，便问：“疼不疼？”“不疼！”年仅 4 岁的朱琳知道父亲是在试探自己，她也生怕父亲骂自己“没用”，所以只好如此回答。

那次惊险的“演习”，朱永胜还让大女儿朱虹拍成了 DV。事后，他每看一次 DV 都忍不住流泪——女儿惊恐、痛苦的表情和哭声、惨叫声，深深地刺激着他。

而亲友邻居们看了，个个都指责他“太残忍”。而且，朱琳的同学们因此从不敢来她家玩，她没有朋友，也没有其他的爱好，做完作业就只能往驯犬场上跑……朱琳升小学时，为了到乌鲁木齐市区找一所好的公立小学，朱永胜跑了很多地方，却处处碰壁。他发现，像自己这样的平民，要想给孩子享用优质的教育资源太难了，而那些家里有钱有权的孩子却轻而易举就拥有了。最后，他不得不让女儿上了一所市郊的普通小学。他意识到，女儿要在这方面跟别的孩子比拼，可能一辈子都拼不过；要想女儿出人头地，不被人欺负，自己必须严格训练她，把她培养成“中国最出色的女驯犬师”！

朱琳上小学后，各科作业明显多了，学习任务重，可朱永胜给女儿安排的“驯犬计划”不减反增，他还给女儿写了一首歌督促她：“小小姑娘，清早起床，带着爱犬去训练，坐卧靠立匍匐前进，每天训练再训练……”朱琳经常累得趴在床上半夜睡觉都喊痛。亲友都看不下去了，劝朱永胜“人性化”一点，他却说：“我不这样做，朱琳就没有好的未来。别人拼钱拼权拼爹，我只能拼孩子。虽然她现在吃苦，但至少培养出了一身真本领！”2009年，7岁的朱琳已成为一名非常出色的小驯犬师，家里两只名叫“大卫”和“杰克”的“明星犬”和她感情很深，默契十足。朱永胜常常带着朱琳和两只“明星犬”到市中心广场表演。朱琳带着“大卫”做算术，又指挥“杰克”跳舞、爬树，观众看了无不惊呼赞叹：“实在太神奇了！”“这个小女孩太厉害了！”

中国式“拼孩子”孰是孰非

2010年6月，朱永胜的一个朋友将两只幼狼带到了他的基地——朋友驯养的灰狼产崽了，但母狼奶水不足，便转卖给他。当时，两只幼狼生下来还不足一个月，体质很弱，整天吐血、拉肚子，差一点就死掉了。幸好朱永胜养的一只拉不拉多犬和一只金毛犬刚产了仔，奶水比较多，剩下的就喂了那对“狼兄狼弟”。两只灰狼活下来后，朱永胜竟萌发出驯狼的念头，并决定让朱琳也跟着他一起驯狼，让女儿迎接更大的挑战！当时，那两只狼还很小，朱琳一点也不害怕，经常跟它们一起玩。小狼两个月大时，朱永胜就有意引导女儿训练它们。这事传开后，人们议论纷纷，说恶虎尚且不食子，朱永胜却把自己的亲生女儿往狼嘴里塞！

远在外地的李凤英闻讯后，也急得赶回来把朱永胜大骂一通："你这样做还是人吗？快把女儿还给我！"朱永胜争辩道："难道我就不爱女儿吗？危不危险我心里有数！"他当然知道，狼比犬凶残多了。但他认为，狼智商比犬高，也通人性，它们从小和朱琳在一起，驯养并非不可行。他坚持要试一试，而朱琳正是贪玩的年龄，她觉得两只小狼"好玩"，坚持要驯养它们，李凤英无可奈何。两只灰狼小的时候，还很挺听话，朱琳可以拉着它们去外面散步，并亲切地称呼它们为"哥哥"和"弟弟"。但是，随着它们长大长壮，朱琳很难再控制它们了。一天，两只狼想挣脱朱琳手中的绳子撒野，朱琳拉不住它们，反而被它们拽着摔倒在地。她倔强地不愿松手，竟被两只狼在草地上拖了近百米，幸好她及时松手，否则就被"两狼分尸"了！

朱琳吓得大哭，对父亲"投诉"："爸，它们太厉害了，根本就不听命令！"朱永胜也感觉到了危险性，但他还是不愿放弃，鼓励朱琳说："别怕，我们一定可以驯服它们！"为了改变狼的野性，朱永胜用一只德国牧羊犬和一只金毛犬"看管"两只灰狼，一起到野外放生。同时，他给朱琳准备了一个小挎包，把煮熟的鸡肉切成小块装在里面，用以驯化灰狼。朱琳喊"坐"的口令，他便在一旁用手和脚按住灰狼坐下，刚开始灰狼并不明白主人的意图，但一个动作重复几十遍、上百遍后，它们逐渐就明白，继而形成了习惯……

在驯狼的过程中，朱永胜和朱琳被咬是经常的事，毕竟狼比犬更"顽固不化"。父女俩坚持训练了近一年时间，每次训练，朱永胜都用 DV 录下来。后来一统计，发现仅朱琳就总共被咬了一百多次！由于戴着护具，朱琳并没有受太严重的伤，大多是擦破皮肤、被撞痛、跌倒扭伤等，但无数次朱琳在训练场上和两只灰狼搏斗的情形以及她歇斯底里的喊叫声，让人看了都心酸掉泪。2011 年夏，两只灰狼终于被驯养得十分听话了。朱琳用稚嫩的童声喊一声"坐下"，两只面目狰狞、身高半米、身长一米的灰狼便会乖乖地坐在地上。在她的口令下，"狼兄狼弟"还能完成随行、坐、卧、靠、走等多种科目动作，时而快速奔跑，时而上梯越障碍……每完成一个动作，朱琳就从随身小挎包里掏出一小块鸡肉奖励它们。但是，狼的性情很不稳定，谁也不能保证百分之百安全。2011 年年底，朱永胜的基地已养了 10 只狼。一次，他的工人被狼咬到了脚，缝了 13 针，住了 14 天院，花了 8000 多元……如果被咬的是朱琳，其后果可想而知。因此，小孩驯狼无异于在刀尖上行走。

然而，朱琳自幼就无法摆脱这样的“命运”。她只能像狼一样被父亲“驯化”，按着父亲的指令去驯犬、驯狼。2012 年春，第二届新疆精品藏獒展暨名犬宠物博览会在乌鲁木齐国际会展中心举办，10 岁的朱琳与几只狼被朱永胜带到了表演现场。在舞台上，放着两个大铁笼，长约 1.6 米，宽约 1.2 米，一个铁笼内关着两只狼，另一个关着三只狼。

朱琳身着一套迷彩服，头戴贝雷帽，没有任何防护措施，狼也只是用铁链拴住脖子。她先钻进第一个笼子，那两只狼是和她从小长大的，所以相当亲昵，她俯下身子，拍了拍狼的头，把脸贴到狼背上，摸摸狼的头和身体。几分钟后，她又进入另一个笼子，可她一进去，有只狼就往她胳膊咬了一口。当时台下的观众都尖叫起来，人人恐惧不已，可小朱琳却仿佛已经习惯了，笑着说：“没事，不太疼。”说罢，她给狼吃了几块鸡肉，继续与狼亲密接触……

尽管有惊无险，但所有的观众都为朱琳捏了一把汗。此事很快在全国引起了强烈的反响，人们纷纷表示，朱永胜将女儿和凶残的狼锁在同一个铁笼里表演，惨无人道！有人称朱永胜为名副其实的“狼爸”，说他“虐童”，说他不配当父亲！面对潮水般的指责，朱永胜却坚称自己没有错。他说，他的教育方式虽然残酷，但效果很好——朱琳独立生活的能力很强，4 岁时就学会了做饭、干家务，有时他忙起来顾不上吃饭，懂事的朱琳就做好饭，给他送到训练场；朱琳比同龄的孩子更懂得自律，该学习的时候学习、该训练的时候训练，从不因为贪玩误事；小小年纪，她就有超强的毅力，不管是训练、学习，还是做家务，她从不叫苦叫累，每次都默默地把事情做完；她胆子大，性格像个男孩子，班上有的同学怕老鼠、虫子之类的，她总是乐于“保护”别人……最重要的是，朱永胜认为，女儿从小就有驯犬、驯狼的经验，这是别的孩子无法掌握的“绝活”，必然有利于她的未来。

2015 年，朱琳开始上初中。13 岁的她，由于从小经受魔鬼般的训练，已长得身材高挑、容貌精致、体质极佳。如今，每次提起女儿，朱永胜总是会骄傲起来。现在的他，在教育方式上也理性了许多，为了让女儿搞好学习，他不再高频率高强度地安排朱琳驯狼，只在周末和节假日训练，就当是“体育运动”。而朱琳说：

“我喜欢狼，也喜欢驯狼。以前会因为爸爸的命令而对此反感，但我现在长大了，能更好地理解爸爸了。”听了女儿的这一番话，朱永胜内心深感欣慰。他说：“我们父女俩会坚持下去，坚定信念，永不放弃。”他打算将来让女儿继承他的事业，也有可能进入影视圈，因为她已参演过一些电影和电视剧。

朱永胜的另类教育，在社会上引起了极大的争议，生活中像这样的“狼爸”“虎妈”还有很多，他们的教育理念大体相同，就是想借助类似的教育方式，将孩子培养成“人上人”。对此，中国青少年心理成长中心首席专家应力认为：这种“泯灭童趣”的极端教育方式不可取，父母对孩子进行教育引导的同时，要考虑是否有益孩子的身心健康，符合孩子的成长需要。

不过也有人觉得，朱永胜及其女儿敢于挑战困难的精神，也有一定积极意义。毕竟，相对于娇生惯养的孩子，有胆识、有毅力、敢于迎接挑战的孩子将来更能适应社会。而且，在这个竞争激烈的年代，越来越多的父母深感人生不容易，尤其对于那些普通父母来说，他们没钱没权没资源，唯一可“拼”的只有孩子。“拼孩子”的父母越多，将来不学无术、只会“拼爹”的年轻人自然就少了。

《家园》（唐自勇作品，布面油画，130×100cm）

精彩访谈

我为何要推崇弟子规传统文化教育

特邀嘉宾
谢天亮
中国传统文化传播者
《弟子规》教育推崇者
东莞市佰鸿净化设备有限公司总经理

《弟子规》进企业背后的秘密

① 作者：谢总你好，我在网上看到贵公司的企业宣传片，以及你们办公室的墙上，都有一幅大大的《弟子规》全文图，这让我十分震撼和惊讶，因为贵公司既不是教育机构又不是文化公司，为什么要弘扬《弟子规》呢？

谢天亮：谢谢关注。很多人都这样问。其实，这也正是我和佰鸿公司与众不同的地方。我虽然是一名商人，每天跟生意人打交道，而且做的是环境净化行业，与文化、教育沾不上边，但是我内心里非常热爱中华传统文化，并希望秉承和推崇那些文化精髓。教育家、国学大师南怀瑾说过，不管是做教育、做文化还是做生意，做人才是根本。《弟子规》是我们身边的学问，是学习古圣先贤文化教育为人处世的根基，其影响之大、读诵之广，仅次于《三字经》。很多人觉得，《弟子规》只是用来让小孩子背诵的，因为里面有许多孩子日常行为规范，可指导、引导孩子学习做人的道理。

但是，我不这样认为，我们成年人、生意人，同样应该读一读《弟子规》。因为在这个物欲横流、浮躁喧嚣的时代，一些传统的道德被抛弃，学习《弟子规》有助于我们发掘传统道德观念、弘扬正气、修身养性。再说，我们做生意的，也都有亲人、家庭和孩子，如果我们自己都没做到《弟子规》中的做人准则，怎么教导孩子呢?

② 作者：这也应该是贵公司企业文化的一大特色，至少我还从没有看到过哪家制造业的公司如此推崇《弟子规》。你能具体说说,《弟子规》所弘扬的精神，对于你经营企业有何实质性的帮助吗?

谢天亮：《弟子规》光会念、会背不管用，要能做到，每一句都要落实，并坚持一生一世。学《弟子规》，就像我们盖一栋大楼，这是楼的架构、钢架，也像我们开公司做企业的，要有信仰和灵魂。而且一旦学了《弟子规》，就要真正相信它的魅力和重要性，深入理解、实实在在地去做，不光做表面，这样的大楼构架才能坚固。

《弟子规》的核心思想是“首孝弟，次谨信，泛爱众，而亲仁，有余力，则学文”。先说孝，这是最基本的做人准则，自然不用多说，我公司里有很多员工是85后90后，以前刚来时，有的工作起来三心二意，不学无术，我就常常跟他们说，你们要多背一背墙上的《弟子规》，要明白你们工作不是为了老板，而是为了自己过得更好、为了报答父母，如果你们一年到头在外面打工，连过年过节孝敬一下父母的能力都没有，还怎么做人?现在我的很多员工都会主动自觉地认真学习《弟子规》，有的甚至很感激我，因为他们也渐渐成家了，也会有孩子，也会体会到做父母的艰辛，能够真正懂得其中的含义。

其次是信。我们做生意，从根本上说就是做人，只有把客户当朋友，守信用，讲道义，生意才会长久。我们佰鸿公司之所以能稳健发展十余年，靠的就是这种“凡出言，信为先”的做人做事风格。

再说说“余力学文”。《弟子规》告诉我们，一个人要想不断地得到进步，就要提升自己的内涵，就要好好地用功读书。其实一个企业又何尝不是如此呢?所以这些年，每当我有空暇的时候，就用来“学文”，既充实了自己，也学到了很多企业文化和管理知识。

③ 作者：你这么喜欢传统文化，与你的家庭和成长有关系吧?

谢天亮：我文化虽然不高，但我一直在不断学习。1980年，我出生于江西省万安县弹前乡。我父亲曾是一名知识青年，他后来下乡与我母亲在农村组建了家庭。我爷爷是一名老红军，而且参加过抗美援朝，他从小就教导我，要吃得苦、勤俭节约，不能攀比，不要好高骛远，对我管教很严。虽然我那时候不懂，但爷爷的教育还是无形中起了作用的，比如我十几岁时，很多玩伴都喜欢奇妆异扮，但我规规矩矩，从未留过长发，也没有染过头发。

20世纪80年代初，我父亲因为文化高点，头脑灵活，在乡镇干起了个体户——也就是用单车驮着各种布匹到十里八乡的集圩上摆摊。我在家里四兄妹中，排行老二，小时候贪玩，父亲就经常带着我去做生意——他不是要我学做买卖，而是因为我最害怕的就是他，把我带在身边，他就能管着我，而且要我坐在一边背诵《弟子规》。那时，我读《弟子规》自然只是在父亲面前做做样子。但由于反复背诵，随着年龄的增长，多少还是能理解里面的一些含义。比如，我开始渐渐懂得父亲每天骑着单车早出晚归，十分辛苦；我也渐渐明白父亲为什么总是告诫我，如果不想干农活做苦力，就必须多读书、学本领；而且，因为耳濡目染了父亲做生意的过程，我也渐渐悟出了一些经商的“秘密”——其实靠的就是诚信和口碑相传。

危中寻机，独特企业文化让他脱颖而出

④ *作者：你是什么时候来到广东的？以前有什么难忘的经历？*

谢天亮：1996年，我初中毕业，家里兄妹多，经济条件不好，加上那时村里的年轻人都出去打工了，我也就跟着哥哥来到了广州增城新塘镇，期间吃了很多苦，换了几份工作，这时才懂得父亲说的“没文化只能干苦力”的含义。后来，我唯有在一家制衣厂安下心来，从学徒到缝制工再到车间小干部，踏踏实实地一干就是数年。那时，工厂经常加班，我也没什么爱好，所以晚上一回到宿舍，无聊时我就背诵几句《弟子规》，既可打发时间，也算是我对小时候的一种怀念和对人生的一种感悟。当时很多工友还笑话我，但久而久之，我却在无形中学到了很多为人处世的品质，不再像年少时那样调皮贪玩，也不像刚出来打工时那样好高骛远、沉不住气。

不过，我那时还是犯了个“错误”——十八九岁就恋爱，并且二十出头就

当上了爸爸。当时，我和妻子一无所有，生下女儿后就更加艰难了，所有的责任都必须由我一个人去承担。由于一家三口在外花费大，2003 年我去了妻子的广西老家，她在家带女儿，我则被逼着在广西做起了牛仔裤批发生意，这个想法一是源于我小时候跟父亲摆摊卖布匹的经历，二是因为我在广州的制衣厂打工多年。但因经验不足，不到一年，我向亲人们借来的三万元本钱，就全亏了。那段时间，我特别失落，每天在岳母家和妻子一起带孩子。人生的艰难，让我深深地感悟到，再苦再难，以后都要让孩子多读书、学文化。为此，女儿牙牙学语，我也开始让她背诵《弟子规》……

⑤ 作者：你那时一贫如洗，后来又是怎样走上创业之路的呢？

谢天亮：2004 年春节后，我让妻子和女儿待在广西，一个人来到东莞打工。那时我一心想多挣些钱养家糊口，一个老乡说，那你就去跑业务，才有可能挣很多钱。于是，我应聘到大朗镇一家空气净化设备公司做业务员。开始我什么都不会，每天都是硬着头皮去跟客户谈，跑了 20 多天后，才谈成第一笔业务，赚到了 300 元钱。

当时有几个同事都中途放弃了，不看好这一行，我却抱着“干一行、爱一行、专一行”的心态坚持着。每当遇到困难时，我就会想起老家的乡亲在田里劳作不知比我要辛苦多少倍，还有爷爷小时候经常给我讲红军历经千险万难的长征故事也始终激励着我……

坚持一年后，我总算有了比较稳定的收入，就把妻子和女儿接到了东莞。家庭的重担让我更加发愤工作，尤其是女儿的可爱懂事，让我更加有了拼搏的动力，我经常和她一起快乐地背诵《弟子规》。

到了 2006 年，我已经成了公司里的业务骨干，也算是东莞净化设备行业的销售精英吧，不仅收入可观，而且在业内还小有名气。2008 年，世界金融危机爆发，是中国制造业受重创的一年，尤其在东莞，很多外企纷纷撤离或倒闭，却也是我人生的一个重大转折点——我工作的那家净化设备公司，因为金融危机，生意每况愈下，台湾老板不想做了，而我由于在这个行业做熟了，很想有份自己的事业，加上台湾老板很欣赏我，愿以比较优惠的价格转让给我，所以我就拿出那几年跑业务攒的积蓄，再东借西凑，果断接手过来。

⑥ 作者：按道理，在当时那种经济大环境下，很多人是不敢这样做的，你

却反其道而行之，可见你是一个有魄力、有胆识、与众不同的人。接手后，你又是怎样经营这家企业，并且脱颖而出的？

谢天亮：我当时是这样想的，一是我好不容易做到公司销售经理了，如果老板把公司关了，我又得从头开始或转行，与其如此，不如自己创业，而这家公司的生产设备、厂房、人员等都是现成的，我可以省很多事情；二是我在这个行业已经建立很多资源关系，尤其是还有一些有需求、比较固定的客户；三是我觉得，有危必有机。接手后，由于原来的工厂规模太大，为了节省成本，我退掉了部分厂房，减少了一半多工人，并重新注册成立了东莞市佰鸿净化设备有限公司。在产品类型、价格等方面，我也做了很多调整，从几百千把元的小设备，到几万十几万元的高档设备都做，品种齐全。

最重要的是，我经过不断的学习和培训，创建了自己的企业文化和优质服务体系。比如我前面提到的《弟子规》文化，使得我公司的员工凝聚力非常强，渐渐建立了一支强大的专业化技术研发管理团队，以及一支高素质、高技能的生产队伍。也正是因为我们坚守了《弟子规》中那种诚信文化、做人品格等，使得我们的服务得到了所有客户的肯定。那几年，受金融危机影响，很多厂家拖欠款现象非常严重、服务也大打折扣，而我们依然按时结账，并保持完善的一流售后、售前保障体系，比如售前免费咨询服务、售中跟进服务、售后定期回访服务等。

秉承中华文化精髓，打造民族品牌

⑦ 作者：我看到贵公司还特意邀请名家写了一幅《佰鸿商训》挂在办公室，这里面有什么特殊含义？也是企业文化的一部分吧？

谢天亮：是的。我非常喜欢这段话——“斯商，不以见利为利，以诚为利；斯业，不以富贵为贵，以和为贵；斯买，不以压价为价，以衡为价；斯卖，不以赚赢为赢，以信为赢；斯货，不以奇货为货，以需为货；斯财，不以敛财为财，以均为财；斯诺，不以应答为答，以真为答……”之所以将它作为公司商训，是因为它同样可算是中华文化的精髓，尤其是中国传统的商道精神和文化精神的具体体现。有句话说得好：小企业做事，大企业做人。我们佰鸿净化，作为知名自主品牌，一直致力于打造中国净化设备行业的领导品牌，而且我们的愿景是“做民族品牌，树行业先锋，放眼全球”。所以，我们是一群有远大梦想的人，一定要靠做人，才能把企业越做越大。

如果说《弟子规》是我们企业文化中的基调，那么《佰鸿商训》就是一种升华后的企业文化大境界。当今世界的潮流都是讲究现代化企业管理和服务理念，追求先进的企业制度，但我认为，最重要的还是人与人之间的问题。而中国很多优秀的传统文化就是教我们如何修身做人，比如孔子曾说“以义制利，以义生利”，儒家思想也提倡“仁的境界”，以仁处人，爱他人，将心比心，才能和谐。

⑧ 作者：这点我非常赞同。我觉得，一个企业最重要的责任，不应该是单纯追求财富和利润，而是赚取人心，计利要计天下之大利，也就是社会的需求、人民的需求，要勇于承担起社会的责任，这也是企业素质、企业家素质的重要表现，比如贵公司对空气净化、环境保护做出的社会贡献，就属于此类。你作为一个知名企业家，以及我国空气净化领域整体解决方案的专家，对此是怎样看待的？

谢天亮：你说得很好。这既是我个人，也是佰鸿公司的终极目标。为此，我们在空气净化领域已奋斗 10 余年。现在的佰鸿，集新材料研发、设备生产制造与销售以及耗材供应等于一体，不仅拥有先进的钣金生产车间，拥有多组数控冲床、激光线切割、数控折弯机等配套先进生产设备，能够生产数十种产品，还可以提供各种级别的无尘室整体解决方案、承包、设计、安装、检测等一条龙服务。

近些年来，随着时代的发展，各种工业污染、环境污染越来越严重，已成为当今社会威胁人类健康、生存和发展的世界性“公害”。所以我认为，国家必须大力提高全民环保意识，加快推进环境净化建设，更应该进一步在青少年群体中开展环保教育工作。我们佰鸿人，也愿和大家一起，齐心凝聚绿色正能量，共筑碧水蓝天生态梦。

⑨ 作者：你作为一名热忱的中华传统文化传播者，尤其是对《弟子规》的推崇不遗余力，能再谈一谈你对我国教育的个人看法吗？

谢天亮：我也有一儿一女。所以对教育，有很多话想说，但又不知怎样说。

现在很多人还在纠结于这三个问题——培养孩子，是秉承传统教育，还是“拿来”西式教育？开公司办企业，到底是靠做人，还是靠业务？社会进步，最重要的是道德建设，还是制度建设？其实，如今这个浮躁的时代，已经证明我们现行的教育有问题。比如，家长们为让孩子进好点的学校都要托关系、送钱物，可谓费尽了心机，而且一方面声讨，另一方面又跟这个体制做交易。很多父母一方面百般呵护孩子，生怕他们累坏受伤，另一方面又在学习上层层加码，让他们沦为“应试奴”，失去童年快乐，更罔顾其灵魂成长。于是，“高分低能”，“有知识，没文化”，“有证书，无能力”，“懂考试，不懂生活”，只会“中国制造”，不会“中国智造”“中国创造”，老人倒了扶不起，社会乱象频生……

因此，我认为，教育的根本还是要教做人。而做人的根本，还是要从秉承中国优秀传统文化做起，那些博大的精神里有无穷宝藏，比如《弟子规》集传统文化教育思想之精华，是圣贤学问的根基。

《入睡》（唐自勇作品，布面油画，100×120cm）

第四章

青春星梦

《青春》（唐自勇作品，布面油画，100×80cm）

经典案例

“坏Boy”成了影视新星

每个人都有缺点，但一定要相信自己有比别人更强的优点，将它无限放大，就能形成所向披靡的利器。

“坏孩子”另辟蹊径打天下

1994年，唐沸潮出生于湖南省邵阳市洞口县高沙镇。

他4岁时，父母去了广州打工。由于没有父母管束，他越来越贪玩，学习成绩一直不好。一次，他考试不及格，被同学嘲笑，他不服气地说：“有本事咱们比赛打电子游戏！”为了战胜别人，他竟花钱请那个同学在镇上的网吧比赛，结果自然是他赢了。此后，他更加痴迷于游戏，并染上了网瘾，成了镇上人人皆知的“游戏大王”。老师的批评、同学的蔑视、爷爷奶奶的打骂，都没能改变他，他甚至觉得人“各有所长”，自己并不比别人差。

一次，父母回老家过年。得知儿子的表现后，他们狠狠地训斥了他。可是，11岁的他却理直气壮地说：“我虽然学习成绩差，可并不比别人蠢，我打游戏可厉害了，镇上没有一个人能赢得了我！”父亲唐可省气得无话可说，担心这样下去儿子恐怕没救了，便决定把儿子带到广州去管教。此时，唐可省夫妇在广州市天河区石牌村开店做小生意已五六年，有了10万元积蓄。这年夏天，他们在石牌村附近按揭了一套小面积的二手房，就将儿子接到了广州。

由于二手房迁不了户口，唐沸潮只能进一所民办中学读初一。在农村“野”惯了的他，经常悄悄到校外的黑网吧玩游戏，有时甚至半夜不归。为此，他没少挨父亲的巴掌，还常常被罚跪搓衣板。一天，恨铁不成钢的父亲质问儿子：“你到底要怎样才能戒了游戏？”唐沸潮想了想，说：“我喜欢唱歌，如果能学音乐，我就不玩游戏了。”父亲正愁不知如何管教儿子，听了这话，他突然看到了希望：学音乐总比玩游戏好，如果能转移孩子的兴趣，何愁他戒不了网瘾！于是，父亲带着儿子去少年宫报了音乐班，学习唱歌和吉他。

唐沸潮果然对音乐很感兴趣，从那以后，他的课余时间几乎都花在学音乐上，半年后，他的音乐潜能就被激发出来了，他彻底告别了游戏，并立志要当个歌唱家。父亲趁机劝儿子说：“我非常赞同你走音乐这条路，不过你一定要学好文化知识，否则你唱得再好，人家说你初中文化都没有，多丢人啊！”12 岁的唐沸潮已经开始懂事了，他听了父亲的话，用心读书，课余时间则继续学习音乐。2006 年 10 月，唐沸潮报名参加了第二届“中国情歌”广播电视大赛，一举获得了少年组全国总决赛铜奖！这极大地树立了他的自信，他高兴地对父母说：“爸妈，现在你们相信了吧？除了学习之外，我并不比别人差，我一定要超过那些城里的同学！”那次比赛，让唐沸潮得到了广东省流行乐坛领军人物陈小奇、杨湘粤等人的好评和点拨。不久，他便正式签约广东电视台，参加了“中国情歌”大赛在广东的巡回演出。而天河少年宫的指导老师在得知他过去的“劣迹”后，对唐沸潮的父母感慨道：“这孩子其实挺聪明的，好胜心强，引导恰当，会有出息。”

然而，巡回演出几个月后，唐沸潮的嗓子出现了问题。因为他这个年龄刚好进入了变声期，为了不影响嗓子发育，医生和少年宫的音乐老师都建议他暂停唱歌和演出。为此，唐沸潮情绪很不好，父母也十分焦急，不知道该怎么办。不久后的一天，唐沸潮在家看广东电视台的少儿喜剧时，感觉里面的一个小演员表演得不好，便对父亲说：“他演得一点儿也不好笑，如果我演的话，就这样……”他手舞足蹈，做出各种搞怪的表情，把父母都笑得前俯后仰。唐沸潮得意地说：“喜剧就是要这么演才能达到搞笑的效果嘛！”

唐沸潮的父母并没有将这件事放在心上，唐沸潮却有了新的想法。几天后，他对父母说：“变声期要两三年时间，我不想等那么久了，我要去当演员，反正我跟电视台熟！”父亲震惊不已：这孩子怎么变得如此之快呢？他试图用“凡事应持之以恒”的大道理说服儿子，可唐沸潮却坚定地说：“我本来好不容易唱歌有了点成绩，可又要等几年，到那时，不还得重来？我之前的努力不都白费了！我已经想好了，我要当演员！而且，演戏比唱歌更有发挥余地。”儿子小小年纪，竟如此有主见，父亲既欣慰又有些担心。唐沸潮继续劝说父亲：“‘影、视、歌’是一家，你就让我全面发展一下吧！”父亲说不过儿子，便试着带儿子去广东电视台打探情况。工作人员有些为难地说：“你儿子签约的是小歌手，演戏恐怕不行。”不料，唐沸潮自信满满地说：“你们就给我一次机会吧，我肯定行！”当时电视台正准备挖掘一些新的小演员，见他如此胸有成竹，便答应只要他符合标准，就给他表演的机会。为此，唐沸潮每天都在家里观看大量影片，揣摩片中演员的表演技巧，并一次次地模仿。

不久，唐沸潮报名参加了南方电视台“开心吧”小演员的大型招募活动。为了取得好成绩，他还缠着父亲配合他演哑剧小品《举重》，并在家里一招一式地进行排练。最终，《举重》在比赛中胜出，还参加了“开心吧”的栏目剧拍摄，他深刻感受到了表演的快乐。2008 年 1 月，唐沸潮又参加了广东电视台投资拍摄的电视剧《肥佬笑传》。为了拍好戏，他曾在早上 6 点起床，一直拍到第二天凌晨 4 点才收工，连续工作了 20 多个小时。父母担心他吃不消，他却笑道：“这是我喜欢的事情，苦点累点算什么啊！”为了拍更多的戏，14 岁的唐沸潮竟自作主张地把自己的照片和资料，放到了一些演艺网站上做“自我推销”，还留下家里的电话！父亲得知后批评道：“你这孩子也太大胆了！要是被别人骗了怎么办？”他却说：“爸，你放心，有什么事我会先跟你商量！”果然，没多久，深圳童星在线网站介绍他去拍摄广告，他便让父亲陪他到珠海拍摄了第一个影视广告。就这样，他渐渐地融入了演艺圈。

坚强少年大胆进京当北漂

可是，唐沸潮并不满足于此。他听说北京机会更多、发展空间更大，竟动了“北漂”的念头。父母吓了一大跳：他们都是普通的打工者，从未想过要让儿子成为明星，当初让儿子学音乐、演戏，也只是想让他戒除游戏瘾，谁料他竟一发不可收。可是，像他们这样的普通家庭，要培养出一个明星，谈何容易！面对父母的反对，唐沸潮毫不气馁，坚持道："我最喜欢、最擅长的就是表演，我相信我能在这一行出人头地！再说，王宝强不也是穷人家的孩子吗？他能成功，我为什么不行？"

为了说服儿子放弃"北漂"，父母找了许多描写北漂族吃苦受累的报道给儿子看。可唐沸潮不仅没被吓倒，还倔强地说："只要能实现梦想，我什么都不怕！"父亲急了："你才 14 岁，一个人能闯北京吗？当年我和你妈刚闯广州时，都快 30 岁了，还经常找不到工作，你太天真了！"

可唐沸潮仍不肯放弃，他一次次地央求父亲："我太喜欢表演了，你就让我去北京试试吧！如果失败了，我就回来安心上学！"父亲不忍心看儿子如此痛苦，静下来一想，儿子说得也没错，读书并不是唯一的出路，而且，儿子目前在演艺上的成绩比学习强多了。想到这里，他决定再次让步。

2008 年 4 月，父亲来到北京进行"考察"。他找了 10 多家影视公司和演艺公司进行咨询，发现北京的演艺圈确实比较正规，机会也比广州多。心中有底后，唐沸潮的父母做出了陪儿子在北京打拼的决定。他们将广州的房子出租后，带着仅有的 10 万元积蓄来到北京，租了一间废弃的厂区宿舍住。

安顿好后，信心十足的唐沸潮，每天一大早就起来，到各个影视公司去自荐，可他得到的答复不是暂时没有合适的角色，就是有了更好的演员。一天，从海淀区一家影视公司碰壁出来后，唐沸潮见父亲泄气地坐在路边闷头抽烟，便安慰他说："我相信自己的实力，机会一定会来的！爸，你回去休息吧，我自己去北京电影制片厂的大门口看看！听说，王宝强刚来北京时就是在那里当群众演员的。"那段时间，唐沸潮每天都独自去北影门口寻找机会。

一次，父亲不放心儿子，陪着他去北影"守株待兔"。在等待一上午后，他望着北影门口那些挤在一堆等活的群众演员，无奈地对儿子说："看看吧，那些群众演员即便被剧组看中，一天也只有 20 元到 50 元的报酬，运气不好的话就得饿肚子。你如果后悔，现在跟我回广州还来得及……"

"我不回！"那一刻，唐沸潮依然倔强，眼睛却情不自禁地潮湿了——他看着面前一个个衣着简陋、百无聊赖的群众演员，就像广州街头那些等活的搬运工；长期以来，他觉得演员和明星一样，都是神圣的职业，却没想到普通演员的真实生活会是这个样子……虽然失落，唐沸潮却没有退缩。第二天一大早，他又独自去了制片厂门口，站在那些群众演员中排队等候。父亲看着儿子稚气的脸庞，想着他小小年纪就当起了“北漂族”，顿时鼻子一酸……

不久，唐沸潮得知电视剧《闯关东 2》正在找十四五岁的小演员出演剧中的男主角虎子，便前去面试。他本以为自己有这么多表演经验，各方面条件又符合角色的要求，应该会比较顺利。可是，导演看了他的表演后，却毫不客气地宣布：“不行，下一个！”父亲叹息着拉儿子走，唐沸潮却不死心，耐心地等到选角结束，然后上前问导演：“您能告诉我落选的原因吗？”导演不理他，他竟跟了人家几圈，弄得导演大喊：“嘿，你是谁家的孩子呀！”父亲赶紧上前赔礼道歉。见他们如此诚心，那导演最后还是指点唐沸潮道：“你有两个问题：一是南方口音太浓，普通话不标准；二是动作表情太夸张。”

当时的唐沸潮，确实因为在南方生活多年，普通话不标准；另外，他在广州参演过几部娱乐性的电视剧，那些电视剧受港台文化影响很大，动作、表情颇为夸张，让他养成了习惯。

认识到这些问题后，唐沸潮有些沮丧。不过，残酷的现实让他学会了勇敢面对和思考，他意识到自己急需学习和提高。唐沸潮的执着感动了父母，他们为他请了两个专业教授，一个教表演，一个教普通话和台词。唐沸潮激动极了，“爸妈，你们为我付出太多了，我一定好好学，不辜负你们的期望！”

两位教授收费很高，每节课时要 500–800 元，而且一学就是两个月，总共花销需四五万元！唐沸潮特别珍惜这个难得的机会，不仅在思想上成熟、懂事了，而且通过发愤苦学，普通话和演技都得到了很大的提高。

奋斗不息终成当红新星

2008 年 8 月初，唐沸潮终于接拍了中央电视台的一个奥运宣传片，虽然片酬不高，但这是他来北京后第一次挣钱，而且由于他形象好、表演时认真卖力，受到了导演的好评。通过那名导演的介绍，他很快又接到了一休童装、好记星学习机等影视广告的拍摄。尽管有了收入，但由于父母都没有工作，他们一家三口仍过得十分拮据。9 月，唐沸潮考进了北京海淀区艺术学校。入学后，父亲负责帮他联系剧组、签合同等，母亲则一边做小生意，一边照顾父子俩的生活。不久，唐沸潮接拍了来北京后的第一部电视剧《爱神的黑白羽翼》，在剧中饰演男一号少年杜谦远。接着，他又接拍了第一部电影《感恩之旅》，饰演男一号黄舸。这不仅暂时解决了他们一家的经济问题，唐沸潮也从此顺利地进入了北京演艺圈。

一次，唐沸潮接到一个自称是《战地浪漫曲》剧组的电话，请他去面试。对方称这是一部知名大剧，要辗转好几个省区拍摄，成本较大，因此要交纳2000元食宿费才可以参与拍摄。唐沸潮顿时有了警惕，“哪有拍戏没有片酬还倒贴钱的？你们当我是个好骗的小屁孩吗？”后来，他得知那果然是个假剧组。此后，他还经常碰到一些骗钱的经纪公司，开口就要收几千甚至几万元的“包装费”，不过唐沸潮一直踏踏实实地拍戏，从未上过当。

2009年年初，唐沸潮连续领衔主演了北京电视台的《16岁房主要卖房》、《儿子告我上法庭》、央视《三个疯丫头——粉丝网友》等电视剧。2009年6月，他又主演了数字电影《湿地雏鹰》，饰男一号朱子明。随着知名度渐渐提高，唐沸潮成了北京炙手可热的小演员，跻身一线影视童星之列。而许多企业家也有感于他的成长经历和奋斗精神，纷纷聘请他出任形象代言人。

2009年9月，唐沸潮凭着高超的演技和帅气阳光的外形，战胜了10多万名选手，获得担纲104集央视大戏《正义联盟》的一号主演资格。《正义联盟》是一部科幻灾难片，有不少战斗的场面，需要很多武打戏，要求吊在“威亚”上拍摄，有时连续24小时拍摄，非常辛苦。这对于唐沸潮来说，是极大的考验。2010年2月该剧终于杀青，意志坚定、表现出色的唐沸潮进一步成熟了。

出演大戏后，唐沸潮的演艺事业有了质的飞跃，他的片酬也极大地改善了一家人的生活。2010年6月，他担任36集电视剧《火力少年王3》的主演，杀青后他又参演了由湖南广电局和中央电视台等单位出品的20集电视剧《粟裕大将》，饰演傅小虎。这年年底，他和《家有儿女》里的杨紫、张一山等一同被入选为“中国十大童星”。在演艺圈浸泡了三四年后，唐沸潮越来越像个“老江湖”了。2011年，他又接拍了42集电视剧《火力少年王之舞动火力》，出演男一号姚杰。该剧在广东电视台嘉佳卡通频道首次播出后，又在全国各地连播。唐沸潮的演艺之路越走越宽了，名声也越来越响了。

2012年9月，因为才艺出众，唐沸潮被北京电影学院表演学院破格录取。要知道，北京电影学院是中国唯一、亚洲最大、世界知名的电影专业高等院校，很多影视明星均毕业于此。所以唐沸潮十分珍惜这次难得的机会，为了学习，他推掉了很多出演机会。大学期间，唐沸潮总共只参与主演了三部电视剧，即《三进山城》《二婶》《旋风十一人》,均获得了高收视率。《旋风十一人》原名《少年足球》，是中国首部足球类热血青春追梦励志剧。在剧中，唐沸潮饰演以意大利著名前锋因扎吉为原型的 9 号球员管文飞，在绿茵场上，他像因扎吉一样，永远能先人一步地出现在最致命的位置，他不知疲倦地奔跑，诡秘莫测地移位，不可思议地抢点，匪夷所思地进球，成功演绎了一幕幕喜剧性的少年足球励志故事……

2016 年夏，22 岁的唐沸潮顺利从北京电影学院毕业了，当很多同龄人正苦于工作没着落时，他却被众多影视公司、剧组抢着签约!

就这样，唐沸潮从一个差点“垮掉”的顽劣少年，拼成了国内当红的青春影视新星。他的成长轨迹也许不适合每个孩子学习模仿，但是他那种永不服输、奋发向上、有主见、有担当的精神，却是值得 90 后以及 00 后学习的！正如唐沸潮对笔者所说的:“每个人都有缺点，但一定要相信自己有比别人更强的优点。只要把自己的一个优点无限放大，就能形成所向披靡的利器，成就自己的人生！”

（主人公近照）

精彩访谈

震撼人心！艺术教育让他们成为著名童星

特邀嘉宾
李会翔
著名童星经纪人
综合素质教育专家
广州市系偶文化传播有限公司 CEO

他是打造童星的“大神”

① 作者：李总你好，久闻大名。你集影视出品人、娱乐策划人、制片人、经纪人、导演、演员、时尚编导、综合素质教育专家等于一身，在艺术教育界、影视传媒、娱乐圈、演艺经纪演出等领域拥有多重身份，而且培养了大批著名童星，可以说是目前中国大陆最活跃的台前幕后的艺术分子之一，能否简要地说说你的人生经历？

李会翔：我 1981 年出生于湖南怀化，毕业于湖南民政职业技术学院艺术系广告策划专业。2003 年，我创办了东莞市宝玛仕文化传播有限公司。2007 年，我又创办了东莞市七点文化传播有限公司，后因故歇业。2009 年至 2016 年，我先后担任过华南广电集团深圳天下乐文化传播有限公司总经理、华南广电集团深圳市深文传媒有限公司总经理、华南广电集团惠州市梦乐园文化传媒有限公司总经理、华南集团区域总裁兼广州梦乐园文化传播有限公司董事及总经理、华南广电集团董事及执行 CEO。2017 年，我离开原集团，担任 IM 娱乐（广州市系偶文化传播有限公司）CEO。

我最早创办的东莞市宝玛仕文化传播有限公司，是中国第一家丑女模特培训机构，因此我也曾被媒体誉为“中国丑女模特第一人”，帮助一大批“丑女孩”实现了模特梦想。后来，我又涉足少儿影视文化产业领域，在华南广电集团成功包装培养了侯宝宝、康捷琳、黄丽菲、徐黄丽、姚沁宁等上百名少儿明星艺人，让上千名热爱演戏、向往荧屏的小朋友实现了演艺梦想，提高了他们的综合素质。我爱好广泛，绘画艺术、广告设计、营销策划、艺人包装、素质教育等都很擅长，所以对打造童星帮助很大。我曾获得“中国10大最具影响力童星经纪人奖”“珠江三角洲演艺事业贡献奖”等殊荣，先后被中央电视台、广东卫视、《南方都市报》《广州日报》《知音》等数十家媒体报道，并入选了《我的中国梦我的财富梦》等畅销书。

② 作者：你作为综合素质教育专家，有哪些方面的研究？你觉得影视类艺术教育，对提升我国青少年综合素质究竟有多大作用？

李会翔：最近几年，我在工作之余，坚持研究“世界近代名人综合素质剖析”“综合素质组成结构及培养方法”“综合素质学习及运用”等课题，并创立了“青少年综合素质教育的黄金法则”之学说，我的专著《加强综合素质教育，打造新时代精英》即将出版。

我觉得，艺术教育，尤其是影视类艺术，对孩子的帮助会很大。要想让自己的孩子成为未来时代的精英，决不能把孩子培养成高分低能的“学奴”。只有在具备了良好的知识教育基础上，再通过艺术教育提高了孩子的综合素质，才能使孩子有质的飞跃。综合素质，主要由人品、文化、口才、艺术、健康、形象、自信、自我学习能力、自我运用能力等九个方面组成。在我看来，这九方面很多都可以通过学习影视艺术来培养，比如我擅长的“日韩练习生造星训练”，不仅可以让学员们变得阳光自信、充满激情、不怕辛苦、敢作敢当，而且可以使他们强身健体、形象好、气质佳。

③ 作者：据说你自己也演过不少影视作品，而且与很多大牌明星有过演艺合作，这些经历对你培养学员有很重要的促进意义吧？

李会翔：是的。我曾与刘德华、曾志伟、周笔畅、黄晓明、黄树棠等影视明星，都有过演艺合作。出演过《胜者为王之金钱本色》。

在华南广电集团任职期间，我一直从事各大电视台品牌少儿栏目的制片人、导演等工作，比如：担任深圳电视台《童星大本营》《童星剧场》栏目制片及导演，大型少儿系列剧《快乐00后》小演员选拔总导演，湖南卫视国际频道《寻找练习生》选拔总评委，广东电视台《我是练习生》节目总制片、总评委等。同时，我还参与了《快乐00后》《11度微电影》《魔法系列剧》等多部影视剧的拍摄工作，尤其是《快乐00后》，在全国赢得了良好的市场，反响极大。

影视艺术教育对青少年的积极作用

④ 作者：你有过当演员的亲身经历，又培养了那么多童星，能不能具体讲一讲，学影视艺术对孩子的成长会有哪些方面的影响？

李会翔：影响会很大。学习表演，可以训练孩子的胆量、语言、情商等综合能力。现在以及未来的时代，那些充满人格魅力的人，将更有机会出人头地。而表演培训，能帮助孩子提高这些综合能力。

比如我的有些学员，原来脾气很急躁，甚至性格古怪，但经过培训后，他们变得更有耐心、更开朗、更善解人意，也懂得与别人合作，容易与人相处，这种好的人际关系非常有利于孩子的发展。还有的学员，过去学习成绩很差，感觉什么都不如别人，内心很自卑。我们在培训时，就会特别强化训练他们的心理素质，增加他们的勇气。比如在现场活动中，让他们面对面与观众沟通、互动，让他们在镜头前尽情表达、演绎。通过这种锻炼后，孩子们不仅在舞台上、镜头前克服了怯场心理，而且也能勇敢地面对生活中其他的困境，充满了正能量，大大地促进了他们的学习积极性和自信心。

在我的学员中，还有一批这样的小演员，他们在家里和学校，都被认为是“捣蛋鬼”“坏孩子”。其实，他们无非就是调皮而已。到了我们这里，我反而觉得他们很可爱，因为他们天不怕地不怕，敢演敢说敢登台，这恰恰成了他们的优势。由于我们编排的剧目，着重于描写少年儿童的内心世界，放大他们的生活细节，把握他们在成长过程中的心理变化，让孩子们出演，自己讲述自己的故事，所以孩子们的真情实感得以抒发，使得孩子的身心有一个塑造完整自我的感官体验。这种释放孩子天性的艺术培训，既纠正了他们的缺点、激发了他们的表现欲望，又能提升孩子的创造力和个性魅力。

⑤ 作者：你说的这些确实都有道理。但现在的演艺界，尤其是娱乐圈，似乎给人们的印象不是很好，有些家长就很担心，孩子过早地涉入，对他们的成长会不会有副作用？对此，你有什么看法？

李会翔：这个也很正常。就好像以前无数家长对网络的危害十分担忧，决不允许孩子“触网”，但现在的孩子不都普遍学会上网了吗？还有，假如仅因为社会存在不少阴暗面，就不让孩子接触社会，行得通吗？所以，关键是要正确引导孩子，如何教育好孩子。

我们做青少年影视艺术培训的，固然希望能培养出很多著名的童星，让更多的孩子实现自己的荧屏梦想，将来成为优秀的明星。但是，我们最主要的目的，是为了打造一个能让无数孩子的未来更加优秀的艺术教育平台。我们希望每个孩子在参加影视艺术培训的过程当中，能够学习到表演、语言、主持、模特、形体、镜头演练等各方面的综合素养，让他们今后更能适应社会，有更强的竞争力。

生活中，的确有些家长，一说到让孩子当明星，就会觉得艺路坎坷、黑暗之类的，于是有意避免甚至扼杀孩子的梦想，一些真正优秀有这方面天赋的孩子，也就这样与明星梦擦肩而过。其实，演艺界，娱乐圈，并没有大家想象得那么黑暗、肮脏，同样有很多正能量的东西，媒体之所以经常披露一些负面新闻，是因为读者喜欢猎奇，至少那些负面的东西不是演艺界、娱乐圈的全部。我们更应该看到，很多优秀的大牌明星，给社会大众带来了多少正能量，也应该看到，许多从小走演艺之路的孩子，比一般孩了的成长要优秀得多，他们的未来即使不是明星，不能大红大紫，也会发展得不错。

⑥ 作者：现在的家长们还有一种担忧，就是随着影视行业的迅猛发展，无论是国内还是国外，对青少年真正有益的经典影视作品似乎越来越少，而隐含暴力和不健康内容的影视剧越来越多。你认为呢？

李会翔：曾有文艺美学学者说过，影视的特征是向所有的人传送着一个信息，至于如何看待信息，则是美学里接受之维的范畴，既然人们对影视意义的理解仁者见仁智者见智，那么无论年龄大小都应该有权利看到那些影视作品，至于看后的后果，各负其责。实际上，就像任何人或事物的成长壮大有其过程一样，青少年应该是逐渐用自己的感官、语言、体会、思考等，去了解生活和社会中的暴力与不健康行为，以便知道这些行为是丑陋的，并与之进行斗争。

当然，家长们也没必要过分担忧。首先，影视剧，尤其是国内的少儿类影视作品，都需要经过有关部门严格审查。其次，像我们这种专门拍摄制作少儿影视剧的公司，演员都是我们自己培养出来的孩子，拍出来的作品都是积极向上的，决不会出现不健康的东西。不可否认，在一些成年人影视剧中，都充溢着暴力行为或不健康的生活方式，这些作品由于终极目的的价值取向是积极的，往往可以在审片的时候打“擦边球”通过。而电影电视剧的制片人和导演，为了提高收视率，不惜执导出更“刺激”、更“新颖”的影视剧，比如涉案、言情、武侠类的。无辜的孩子们看了这些影视剧后，往往比成年人更容易受影响，因为他们以为这些故事都是真实的，于是对成人世界的情感纠葛、钩心斗角等过早地模仿，副作用很大。

这个时候，最重要的是家长的引导和限制，尽量不要让孩子去观看这种影视剧，并教导孩子那些是虚构的，培养其正确的价值观。

震撼人心！童星是这样炼成的

⑦ 作者：其实，不管有的家长怎么担忧，但更多的父母还是很看好影视艺术的。因为近些年来影视行业的火爆有目共睹，据资料显示，我国电影票房增速已位居全球第一。在这种潮流下，未来社会对影视人才的需求更大，因此青少年影视艺术教育市场也会日益繁荣。你是这方面的专家，能否以一个具体例子来说明童星的形成？

李会翔： 我非常赞同你这个观点。我举个例子，我有个名叫姚沁宁的学员，他的成长历程特别感人。他现在已经是中国著名的童星，几年前因在我导演的深圳电视台《智慧学堂》中有出色表现，而被广大观众熟知。2013 年，又在我拍摄的 20 集电视剧《快乐 00 后》惊艳亮相，一跃成为家喻户晓的重量级“童星”。他一路走来，让很多观众见证了他的神速成长与进步，纷纷成为他忠实的粉丝。但很多人不知道，姚沁宁还在妈妈肚子里的时候，就遭遇了种种“磨难”。他母亲怀孕时被检查出有肿瘤，而且肿瘤长在头颈敏感的位置，患处神经、微细血管等网状结构密集，如果不及时手术和用药，演变成癌症的可能性是 99%，但及时手术的话，孩子就保不了……他母亲得知后却毫不犹豫地对医生说：“先不做手术，请竭尽全力保护我的孩子，只要孩子能健康出生，哪怕我付出生命也值！”

后来，姚沁宁早产，导致他的母亲出现肿瘤并发症，在病床上整整待了三年时间。而姚沁宁由于被保姆照顾得不好，三岁之前缺少父母的陪伴（他爸爸要工作和照顾病重的妈妈），所以姚沁宁到了三岁还不会说话，语言能力糟糕到了极点。幸好三岁后，他母亲出院了，在母亲的努力下，他在 3 岁 3 个月时终于开口叫了“妈妈”，但是相比同龄人，差距很大，尤其他上学后，可以说是困难重重。

⑧ 作者：像这种情况，你是如何培养孩子，并把他打造成功的？

李会翔：当时我还在深圳工作，有次我们剧组工作人员在深圳白花小学校门口随机采访适合的小演员，刚刚放学路过的姚沁宁看到了，他主动和我们的工作人员交流，当时他说话吞吞吐吐，而且普通话很不标准，他说他喜欢唱歌，他想做演员，想上电视，想改变自己，想参加我们的活动选拔……说实话，工作人员当时的第一感觉是，这孩子肯定是不适合做演员的，因为连听他说话都很费劲，但看他在那种情况下，还有那么多梦想，我们的工作人员被感动了。

不久，姚沁宁在母亲的带领下来到了我们的选拔现场，他上台唱了一手李克勤的《红日》，我当时是总评委，我看到他很激情地唱着，但唱歌的音准和气息都不对，尤其是节奏感不强，还有身体边唱边跳极不自然，我当时直摇头。可在现场，他母亲推荐了他很多优秀的地方，我能够理解作为母亲是多么希望孩子可以得到我们的认可，得到这次难得的培养孩子提升孩子能力的机会，看到他们母子俩那种执着的神情，我不忍心，所以我最终给了一个待定名额。但待定名额其实是没什么用的，因为我们选拔的优秀孩子太多了。后来，姚沁宁的母亲见我们迟迟没有回复，就坚持不懈地联系我们，希望再给孩子一次机会，至少求了我 10 次以上，我才答应。我记得非常清楚，来复试的当天，我是单独考核姚沁宁，但因我临时有事，让他们足足等了 3 个小时，最后我从唱歌、跳舞、主持、演戏、健康、文化成绩、人品、自学能力、运用能力、形象等多方面严格考核了他，同样足足花了 3 个小时，他们母子俩始终非常配合。

对姚沁宁的考核结果评语，我当时是这样写的：心地善良，热爱音乐、表演、艺术，学习成绩中等，动手能力强，语言表达方面很差，肢体协调能力差，唱歌大嗓门，但是不会用气，音准有很大问题，自信心严重缺乏，而且妈妈过于溺爱，导致他独立能力太差，什么事情都需要妈妈做……他母亲在看到这些评语时，我发现这位母亲当即掉了眼泪，可能是情不自禁，又或许是生怕我再次拒绝，他母亲就跟我讲了姚沁宁出生时的情况，并恳求我给孩子一次机会。

我听了后被深深地打动，我原本确实是不想收留姚沁宁的，但那一刻我突然改变了念头，并在心里想，我一定要帮助这个孩子！

⑨ 作者：但这孩子比较特殊，培养起来肯定比别的学员艰难吧？

李会翔：那是肯定的。我收下姚沁宁后，就写了一份关于怎样培养他的详细计划，然后要求团队严格按照计划进行。首先，我们通过舞蹈培训把他的身体协调好，接下来解放他的天性，找到他的最大优势，再纠正他的发音，苦练他的语言能力，然后教他唱歌，各方面都OK以后，再进行影视表演培训……姚沁宁很刻苦，也非常有耐心，每周星期六或星期天都会来公司训练，日复一日年复一年。

三年后，姚沁宁不仅在口才语言方面突飞猛进，还可以说相声、演小品、唱歌，每年都参加了深圳电视台的少儿春晚，以及很多期《童星剧场》栏目。我还让我们的音乐制作老师专门给他写了一首原创单曲，并让他在百集电视系列剧《快乐00后》之《攀比心理》中担当领衔主演，该剧在深圳电视台及网络新媒体广泛播出后，使他获得了很多粉丝，并获得华南电影电视艺术节“最佳男主角奖”。那几年里，姚沁宁比任何一名学员都努力和勤奋。从他进来我们公司开始，我就严格要求他和他的妈妈必须坚持过来学习，回去必须练习，还要交作业给我，慢慢地，他越来越熟练、越来越专业，从小舞台到中型舞台，再到大舞台，一次又一次的蜕变，使他变得自信、勇敢，满满的正能量，学习成绩也越来越优秀，各门功课都是名列前茅，每周六日还报考了德语课程、影视剪辑动画制作课程。

姚沁宁还非常懂得感恩，每到教师节、国庆节、中秋节、春节等，都会精心给我制作贺卡。后来我因工作调动到广州发展，沁宁父母仍一如既往地将孩子在学习和成长中的进步都分享给我，一会儿汇报姚沁宁在什么地方获奖项，比如曾荣获“深圳市候选美德少年”称号，一会儿告诉我孩子在哪出演或拍摄广告。每逢节日的时候，他们一家人都是满满的感恩与祝福，感谢我当初给沁宁进行了全方位的综合素质培养，由于基础打好了，现在样样都可以发挥得很好。说句心里话，这让我非常有成就感，感到很自豪和骄傲！

当然，在我打造的上百名童星中，像这样取得卓越成绩的孩子还有很多，只是姚沁宁小时候的情况比较特殊，深深地触动了我的内心，所以给我的印象最深刻。十几年来，我让一批又一批向往荧屏的孩子，成就了影视梦想，让他们更加勇敢、自信、独立、优秀。

今后，我会竭力经营好系偶文化传播有限公司，让更多在我这里得到过教育的孩子综合素质个个都过硬，让他们成为未来时代的精英。

⑩ 作者：据我了解，你们 IM 娱乐（广州市系偶文化传播有限公司），目前主要是采用练习生模式培养和打造艺人明星，这样的艺术教育和你之前的培养模式有什么不一样呢？

李会翔：练习生的培养方式最早起源于欧美国家，兴于日本韩国，最近几年在我国很流行。中国有很多明星艺人都是去国外当练习生然后出道成名的，比如鹿晗、吴亦凡、韩庚、张艺兴、宋佳、张碧晨等。练习生训练改变了中国娱乐公司对艺人培养模式和运作方式，它对小朋友的综合素质提高也非常有效，因为练习生训练模式相比传统公司及培训机构来说，选苗要求更严格，训练科目更专业、更系统、更全面，只有通过层层选拔，被挑选上才可以做练习生。

练习生训练的优势主要有四点：一是专业综合艺术课程相当丰富，可以使小朋友在礼义礼貌礼节、思想品德、口才、文化知识、综合艺能、身心健康、形象气质、心理等各方面的素质，得到迅猛提高；二是训练系统机制非常严谨，每周、每月、每季度、每年度都需要有考试及不定期的舞台实践，检验所学内容及平台展示，让练习生所学得到巩固及马上用到；三是练习生划分不同级别的班级，从初级到高级都有严格的挑选标准和要求，初级到高级都会进行非常科学的分类，比如从最基础的“人类第一语言”（舞蹈）开始，到最难的“人类第四语言”（影视表演），采取循序渐进的方式，让练习生达到综合素质的整体提高；四是练习生训练非常注重抓基本功、成品的结合以及舞台与镜前的表现力实践等等，而传统培养方式一般只是注重舞蹈、唱歌、影视表演的成品编排及演出，往往忽略了基本功的培养，急于求成，拔苗助长，导致表演生硬，不自然、不自信、不专业，成长速度慢，有肉无骨，最终反而耽误了训练和学习的最佳时间。

总而言之，我个人认为，在目前的中国乃至全世界，练习生的培养模式，是艺术教育，尤其是影视艺术中的最佳方法，它不仅可以全面提高孩子的综合素质，更有可能在不久的将来让孩子成为优秀的艺人或者明星。

经典案例

“来自星星”的疯狂儿子

千里之堤，溃于蚁穴。不要忽视孩子小时候的一些错误，因为长大后，很可能成为一种致命的缺点。

他梦想成为“都教授”

吕杰自幼爱追星，父母对此也没太在意。那段时间，韩剧《来自星星的你》在网上热播，无所事事的吕杰每周追看，沉迷其中。该剧讲述了外星人都敏俊在地球上与当红人气女明星的爱情故事。都敏俊是一名大学教授，知识渊博、能力超群，堪称完美高富帅。吕杰做梦都想成为这样的男人。

一天凌晨，吕杰靠在房里追看该剧，他的母亲陈惠大发雷霆：“你看看你现在成什么样子了！每天晨昏颠倒，不洗脸、不洗澡，头发也不剪！”吕杰竟回击道：“你们把我生得这么丑，再怎么收拾也帅不起来！”吕杰受了都教授的刺激，心情十分糟糕，口不择言。吕杰的父亲吕锦盛在深圳宝安区开工厂，家境不错。父母对这个独生子十分宠爱，希望他将来继承父业。高考时，父亲要他学工商管理类专业，将来子承父业。可上大学后，吕杰因为不喜欢自己的专业而迷上了网络。他每天除了上课，其余时间都泡在网上。

大学期间，吕杰通过社交网站，交了几百个网友。毕业后，“朋友满天下”的他豪情万丈，决定出去闯一闯。在一个网友介绍下，他进了广州一家数码产品网站做推销员。他以为自己很快能干出业绩，可当他向网友们推荐产品时，网友让他先寄产品试用，可收到产品的网友却迟迟不付款，几个月后，他竟然倒贴了3万多元。2012年年底，吕杰在一个上海网友的邀请下来到上海，加入了一个“很多人的咖啡馆”创业小组。谁知，在他投入五六万元后，那名网友突然携款消失了。2013年10月，吕杰回到广州求职，却没能找到合适的工作。失意之下，他每天玩网络游戏。一天，一个网友邀请他去广西旅游散心，由于两人在游戏中神交已久，他毫不犹豫应邀前往。不料，他到广西后竟遭囚禁，那个网友使用暴力逼他说出游戏账号和密码——原来，他得知吕杰的游戏账号里有价值十几万元的顶级装备后，动了歪心思……幸运的是，吕杰被转到另一个囚禁地点的途中跳车报警，得以脱险。

这次死里逃生，让吕杰对外面的世界绝望了。他不得不回到深圳家中，父亲劝他跟着自己做生意，他却不愿意。2014年年初，吕杰迷上了《来自星星的你》，每一集都反复看了好几遍。可他越看越失落，常常自言自语：“我要是像都教授这么帅、这么优秀就好了！”更让他神往的是，《来自星星的你》剧中的浪漫爱情。吕杰渴望真挚的爱情，可现实一再让他受伤。

刚毕业时，他曾在婚恋网站注册。结果，几个女孩和他见面后，都对他的长相不满意。吕杰认为，自己虽然身高有1.78米，但长相有些“寒碜”，这是他恋爱受挫的主要原因。几次失恋后，他越来越自卑。直到《来自星星的你》热播，再一次点燃了吕杰对爱情的渴望。他梦想变成都敏俊那样的完美男人，然后邂逅像千颂伊那样的美女。2015年春节前夕，陈惠的一个朋友给吕杰介绍一个当地的女“土豪”二代，吕锦盛夫妇觉得“门当户对”。但吕杰一口回绝，说：“我想成为都教授，找千颂伊那样的女朋友！”

见儿子对韩剧如此着魔，陈惠痛心不已，质问儿子：“我真搞不懂，那个韩国演员有什么好的？何况长相是天生的，你再不满意也没用呀！”吕杰固执道：“我就要整成都敏俊的样子！”

疯狂儿子赴韩整容

陈惠以为儿子只是随口说说，并没当真，可谁知吕杰整容的愿望越来越强烈。《来自星星的你》播出后，无数中国女粉丝为高富帅都教授“鼻血横流”。吕杰了解到，都教授的扮演者金秀贤，是个年仅26岁的韩国男孩，只比自己年长两岁，可他已成为当红明星，是全亚洲女孩心目中的“男神”。吕杰认为，自己与他比，最大的缺陷就是长得不好看，不然，不但谈恋爱不成问题，说不定也有机会成为新一代年轻人的偶像，成就一番事业！

一次，吕杰看到一则新闻，说金秀贤承认自己整过容。有网友还翻出了他高中时的旧照片与现在的照片做对比，发现整容前后相差悬殊！吕杰十分吃惊：自己的偶像竟然也是“整”出来的！吕杰很快了解到：韩国人崇尚“外貌至上”，觉得一个人的容貌会直接影响到工作、收入、前途和爱情等；在韩国大学里，教授的容貌甚至被学生当作品评教授课程是否优秀的一项指标。在韩国，上至总统，下至老百姓，几乎人人热衷于整容。

这个发现让吕杰更加坚定了自己的念头：金秀贤能整容，为什么我就不行？我要去韩国整容，为自己增加改变命运的筹码！吕杰很快加入了一个“韩粉整容微信群”，向网友讨教经验。他发现，近几年，由于受韩剧明星的影响，很多中国粉丝都产生了整容的想法，甚至组团去韩国整形！

一名网友说，赴韩整容已不是女性专利，对于男性来说，无论是就业还是寻找配偶，帅气的外貌都会为自己加分。对此，吕杰深有同感——否则，这两年他怎会“霉运连连”呢？不久后发生的一件事，让吕杰整容的念头更迫切了。那晚，他和一个同样喜欢韩剧、很聊得来的女网友讨论《来自星星的你》剧情，当他委婉地向那女孩表示好感后，对方竟丢给他一句：“对不起，我看过你QQ空间里的照片，我还是喜欢都教授那样的。”吕杰气得彻夜未眠。第二天，他就开始筹钱整容。由于他不肯去父亲工厂上班，吕锦盛对他实行了“经济控制”，他只好忍痛低价卖了自己的游戏装备，换了两三万元。接着，他又打电话向朋友借钱，可朋友都知道他这两年混得不好，个个找理由拒绝他……吕杰实在没办法，决定从母亲那骗钱。他知道母亲不会赞成他整容，便撒谎说自己要去珠海发展，那边有家公司很看重他。他离家几天后，又打电话谎称想在珠海买套小房子，以便找女朋友结婚。陈惠信以为真，就给了他 20 万元私房钱做“婚房首付款”。

拿到钱后，吕杰于 2015 年 2 月底飞赴韩国。他早就打听到，韩国首尔市江南区狎鸥亭路是闻名世界的“整容一条街”，那里有好几百家整形医院。

吕杰刚到首尔时，站在街头感觉眼花缭乱。他接连咨询了十几家整形医院，没想到都被拒绝了——听说他要整得跟都教授一模一样，医生个个摇头：“这项工程太艰巨了，毕竟你的相貌和金秀贤相差甚远，怎么可能整得一模一样？”

吕杰没有放弃，他拿着金秀贤的照片，沿着大街一家一家地问。

功夫不负有心人，3 天后，他总算找到一家有把握将他整成都教授的大医院。院长建议，先给鼻子整形，然后再整眼皮、脸形、嘴唇等，需要往返韩国数次，时间可能长达一年，总花费预计 50 万元左右。医院要求先交一半费用。

此时，吕杰身上只有十几万元。他不想半途而废，于是又打电话“声泪俱下”地骗母亲：“我被朋友骗到韩国整容来了，明天就要做第二次手术，可我钱不够，脸都已经划开了，我不可能不做呀！妈，求你往我银行卡里转 50 万元吧……”

得知儿子竟然拿着“婚房首付款”去了韩国整容，陈惠气得差点晕倒！她前不久曾和朋友去过韩国旅游，知道在韩国整容很贵，做个简单的割双眼皮手术也要 1 万多元。

陈惠决不允许儿子花这冤枉钱，她在电话里连劝带骂：“男孩子最重要的是有本事有出息，漂亮脸蛋又不能当饭吃！”

吕杰却坚持道：“当今社会竞争激烈，高富帅天生就占优势。虽然爸爸为我创造了财富，但我这副长相却让我处处受挫。如果我没有自己的事业和爱情，光靠你们的钱过日子有什么意思？妈，求求你了，就让我整容吧，以后我一定好好工作，然后娶一个像千颂伊那样的姑娘给你当儿媳！”

陈惠说服不了儿子，只好向丈夫求助。

吕锦盛得知儿子的荒谬想法，就在电话里训斥：“你简直就是胡闹！你要是敢整容，回来我打断你的腿！”随后，他要求妻子无论如何都要去韩国阻止儿子……

一失足，便成千古恨

陈惠心急如焚地赶到了韩国。但吕杰避而不见，并“要挟”她：“你先把钱转到我卡里，我们再见面！”陈惠称自己没钱，吕杰说：“那你帮我找爸爸要，反正我不整好，就不回国！”陈惠苦口婆心地劝他：“你爸哪有空理你这种荒唐事，他每天忙得连回家吃晚饭的时间都没有，现在赚钱不容易，你就不能体谅一下父母吗？”吕杰还是不肯见母亲。陈惠只好在狎鸥亭一带四处打听——不会韩语的她只能拿着儿子的照片，靠打手势询问。可在异国他乡，找人哪有那么容易？次日傍晚，她奔走一整天后，疲惫不堪地回到酒店，打吕杰的手机，系统竟提示关机了！

陈惠更加担心了，一名懂中文的服务员得知她的情况后，好心提醒她说：“你赶紧报警吧，最近几年，很多外国人来这边整容时上当受骗……”可陈惠怕儿子翻脸，不敢报警。第三天，正在陈惠急得团团转时，吕杰又主动打电话给她：“妈，我求求你了，你就给我钱吧！”为了“引蛇出洞”，她答应先给儿子 10 万元。吕杰急着用钱，3 月 12 日早晨便来到了母亲住的酒店。一见面，陈惠就命令儿子跟她回家。吕杰不肯，母子俩在房间里对峙了一个多小时。最后，吕杰趁母亲上卫生间时，抢走了她包里的几万元现金，夺门而出……待陈惠追出酒店，儿子已不见踪影，只好又拿着儿子的照片，一家家医院寻找。终于，有个中国籍整形医生认出了照片中的吕杰，摇头对她说：“你儿子前天来过我这儿，但我没答应给他整容。这孩子看来有点走火入魔，花那么多钱，根本不值啊！”陈惠听了，忍不住大哭……

当日下午，陈惠仍然没有找到儿子。失落至极的她去商场买了一把菜刀，心想：如果找到儿子后，他还不听劝，自己就以死相逼！她将菜刀藏在挎包里，然后继续沿街询问。下午 4 点，她在狎鸥亭附近的清潭十字路口，终于看到了正向一家整形医院走去的儿子。原来，陈惠在寻找儿子的同时，吕杰也在四处寻找合适的医院——他觉得原先说好的那家大医院“首付”太贵，他一时凑不齐那么多钱。陈惠赶紧追了过去。见吕杰进了整形医院 3 楼的一间办公室，正用中文与一名整形医生交谈，她立即上前阻止：“医生，别给他整容，他精神有问题！”说罢，她又呵斥儿子：“别丢人现眼了，快跟妈回国！”说着，她拦腰抱住儿子，往外用力拖，吕杰却突然甩开母亲的手，冲出了办公室。陈惠跟了上去，从包里拿出菜刀架在自己脖子上，哭喊道：“你今天要是不听劝，妈就死在你面前！”不料，吕杰根本不为所动，说：“你别拿吓唬老爸的那一套来威胁我！不整成都敏俊，我也不活了！”说罢，他竟爬上走廊的窗子，纵身从 3 楼跳下……

陈惠惊叫一声，疯了似的冲下楼，只见儿子满头是血，躺在地上痛苦地呻吟着。陈惠大哭道：“救救我儿子！谁来救救我儿子！”路过的好心人见状，帮忙叫来了救护车，吕杰被送到附近的医院抢救。经检查，他的头部伤不重，但下肢多处骨折。3 月 20 日，吕杰经过初期治疗后，已回国转至深圳进行后续治疗。医生表示，吕杰的下肢伤势严重，可能会终身瘫痪。陈惠夫妇听了，悲痛不已，他们怎么也没想到，一部韩剧，竟会让儿子连命都不要……

悲剧的发生令人痛心。近年来，随着“韩流”席卷中国，韩国的整容风潮也影响了越来越多的中国人，甚至有的中学生家长为了鼓励孩子努力学习，居然把送孩子去韩国整容作为“奖励”。

专家认为，这种现象对年轻人的成长有害无益，千万不要轻易去追求“人造明星脸”，因为任何一项整形手术都存在健康隐患，一旦失败了，必将悔恨终身。而且，即使是当红韩星金秀贤，他的成功也离不开超于凡人的努力拼搏，而不仅是靠那张帅气的脸。据媒体报道，当下青少年追星现象，已经越来越疯狂。本来，理智的追星对孩子是有一定积极作用的，可以让一个人拥有崇拜的对象，并朝他们成功的方向发展，努力追求属于自己的成功未来。

但是，未成年人自控能力差，思想也不成熟，容易过分或盲目地追星，从而耽误学习、浪费钱财甚至引发不幸。家长应该从小就对孩子进行这方面的管教，如果孩子喜欢追星，应该帮助他们学会取其精华、弃其糟粕，培养高尚的道德情操和树立正确的人生价值观。

精彩访谈

如何正面管教孩子？微课亲子教育盛行

特邀嘉宾
凌洋
资深国际亲子教师
美国正面管教认证讲师
全国少儿健康微课教育专家

爱学习的她，拼成了国际亲子教师

① 作者：凌老师，你作为一名资深国际亲子教师，是怎样走上这条道路的？你这么漂亮，又气质非凡，孩子们一定都很喜欢你吧？

凌洋：哈哈，你真会夸人。

不过，我教过的孩子确实都很喜欢我，包括孩子们的母亲，都喜欢跟我交往，成为很好的朋友。

但肯定不是你说的仅仅因为我漂亮、有气质，而应该是我这人有小孩缘吧，因为我是一个健康、阳光、快乐的人，而且特能跟小孩玩到一块。

我出生于1973年，是湖南人，读书时就梦想过做一名教师，但后来阴差阳错地学了行政管理专业。

大学毕业后，我到深圳一家食品公司做市场推广、培训、管理等工作，因为每天和儿童糕点、饼干“打交道”，我经常会幻想身边有一群可爱的孩子，然后我就拿着糕点、饼干逗他们玩，有时一个人想着想着，还会坐在那里傻笑……

从那以后，我就很想找份与小孩子有关的工作，或自己办个培训机构什么的。我是一个非常爱学习的人，为了这个梦想，我开始一边工作一边充电。先是自学亲子教育理念、婴幼儿身心发育特点以及营养、保健知识等，后来我又参加了一个培训班，学习亲子教学法、亲子课程设计等。我还经常利用周末参加一些亲子公益活动。

2001 年，我拿到了华南理工大学 MBA 证书，然后进入深圳一家能源企业担任营销总监。刚好这时有朋友开了家早教中心，我学了多年的亲子教育理论知识、教学法等，终于有了“实践”机会——我周末经常去那里兼职做亲子教师，并发觉我所学的真的很管用。于是，我对亲子教育更加有信心了。

2004 年，我再利用业余时间跟随香港国际自然疗能研究会会长林傲凡教授学习少儿营养学。

2008 年，我又跟随著名中医艾灸专家单桂敏老师学习少儿艾灸等绿色疗法。那几年，我还坚持利用业余时间兼职做亲子教师。

2010 年，我终于拿到了高级育婴师职业资格证书，也拥有了财务自由。于是，我成立了早教中心，创办了家长学校，全身心地投入亲子教育工作。

② 作者：亲子教育和亲子教师这两个概念，你能具体解释下吗？

凌洋：亲子教育是以亲缘关系为主要维系基础的新型教育模式，根据我国特有的家庭状况，这种关系被扩展为所有与幼儿密切接触的人——看护人与幼儿之间的关系，从而形成看护人与幼儿之间的以互动为核心内容的亲子关系。所以，亲子教育是以爱护婴幼儿身心健康和开发婴幼儿潜能以及培养婴幼儿个性为目标，以不断提高新生人口的整体素质为宗旨的一种特殊形态的早期教育，重在提高家人间的感情与责任。

亲子教育不是单纯的家庭教育，也不是传统的园所教育，“亲”与“子”两者都应该受到教育，而母亲在教育中的地位尤其重要。并且，亲子教育强调的是社会修养、知识教育、能力素质、与情感性格四者合而为一，而不是单纯的知识传输。亲子教育在国外已流行很多年，20 世纪 90 年代开始传入我国一线城市，到了本世纪初，这个概念基本上遍布所有大中小城市。

但是，生活中有很多家庭看护人，不懂得如何进行亲子教育，或者说没时间和精力。这样就需要亲子教师来补充完成这个任务。

亲子教师是专门从事 0–6 岁婴幼儿身心成长教育、婴幼儿家庭教育与养育咨询、家长个人素质与教育水平提升辅导及婴幼儿与家长之间互动教育为主要内容的专业教师。所以，亲子教师是将生理学、营养学、脑科学、心理学、教育学等多种学科知识融合为一体的教师。作为一种新兴的教师职业，亲子教师一般在早教中心、亲子园、幼儿园的亲子班中上课，或到婴幼儿家中开展家庭教育指导。

由于目前我国政府已在各地大力推动亲子教育，鼓励开展社区早期教育、提高人口素质，而且随着婴幼儿教育国际化、一体化的发展需求，亲子教师的需求也在不断增大，尤其是北上广深等城市。2013 年，我获得了国际亲子教师证、国际早期亲子教育园园长证。

③ 作者：你从事亲子教育这么多年，有哪些深刻的体会？

凌洋：我觉得，亲子教师要做好工作，必须了解各个不同年龄阶段婴幼儿身心发展的基本特点，并能够根据婴幼儿的身心发展情况制订相应的教育计划，通过丰富多彩的游戏和形式各样的教具来引导婴幼儿参与，在游戏过程中挖掘婴幼儿的潜能，帮助婴幼儿开发智力，培养婴幼儿各种社会能力，为婴幼儿的成长奠定良好基础。

亲子教师还应该掌握和家长沟通的技巧，以及指导家长提高家庭亲子教育的意识和水平。因为亲子教育不仅仅是亲子教师向家长（尤其是母亲）传播育儿知识与方法的单向度的传授方式，更是家长、孩子、教师之间的交互的、对话的、生活化的、感性的教育方式。

比如，我开展的亲子教育培训，一般分小时班和半日班两种。要求家长每周带孩子到基地活动一两次，一起玩小猫捉老鼠、钻山洞、包饺子等游戏。同时，每次活动集中完成手眼协调能力、语言表达能力、人际交往能力等某一方面的训练，也有利于老师对家长进行指导。

此外，我还形成了完整、严密的亲子课程体系，通过对父母的培训和提升，来更好地促进儿童的身心健康与和谐发展。

学会正面管教，做最有耐心的“如意妈”

④ 作者：我看你这几年在从事亲子教育的工作中，一直在推行“正面管教方法”，这又是一种什么样的概念？为什么如此流行？

凌洋：是的。因为我觉得“正面管教方法”在教育孩子时，非常有益于孩子的成长，也很有效。“正面管教方法”源自美国，是由简·尼尔森博士等教育专家，历经30多年的实践发展与完善，让数以千万计的家长学会了“不骄纵不惩罚”“和善与坚定”并行的育儿方法，风靡欧美。

大概8年前，这种方法被引入中国，如今全国各地都已兴起，给上千万个中国家庭带来了全新的教育理念。“正面管教”之所以深受欢迎，是因为它是一种既不惩罚也不娇纵、非常正能量、很人性化的管教孩子的方法，其核心理念是，孩子只有在一种和善而坚定的气氛中，才能培养出自律、责任感、合作以及自己解决问题的能力，才能学会使他们受益终身的社会技能和生活技能，才能取得良好的学业成绩……这种方法也已成为世界各国主流家庭教育和教师培训的体系之一，它能帮助家庭、学校建立快乐和谐的亲子关系，帮助父母走进孩子的世界，传递爱与尊重，培养孩子的责任感、高情商等。

⑤ 作者：对此你又是如何具体做的？你的学员们也非常认可吗？我看你的网名叫“如意妈”，呵呵，你真的这么好、这么自信吗？

凌洋：几年前，我生了小孩后，经常和身边的妈妈们聚在一起，有很多母亲每天三句必定不离“熊孩子”：“我家儿子总是不肯好好吃饭，每次吃饭都像打仗一样，弄得到处都是！”“唉，我女儿现在学会要买东西了，不给买就赖在地上又哭又闹，真是气死人啊……”

我发现，每当遇到这些情况，很多母亲通常的做法，要么像唐僧念经一样开启唠叨说教模式，要不就是像“绿巨人”一样抓狂甚至“暴力相向”。我觉得，这是非常不好的，因为我这个人比较心软，对孩子一向和善，但是，成长中的孩子有时确实很任性，不能一味迁就，这时我就会坚定起来，并想方设法转移孩子注意力，让孩子情绪恢复下来，再引导孩子养成良好的习惯，而不是靠打骂来解决。当然，做父母的也不容易，每个人的性格和处境都不同，应对“熊孩子”的方法也就各不相同。但天下的父母都希望能轻言细语地对孩子，只是不知道该怎么去做。那时我刚好接触到了“正面管教方法”，觉得非常符合我自己的教育理念，所以就认真学习了，并于2015年拿到了美国正面管教协会认证的家长讲师和学校讲师证。之后，我经常在网上、早教中心、幼儿园、小区里，跟家长们讲解“正面管教方法”，他们也觉得很有道理，尤其是很多“80后”甚至“90后”白领族时尚妈妈，特别喜欢我的分享课，还给我取了个“如意妈”的称号，我觉得这名字不错哈，就接受了她们这份“心意”。

⑥ 作者：“正面管教”应该是一种比较系统的亲子教育方法，你在自身实践和教学培训中，有没有积累总结出一些观点或技巧？

凌洋：这几年，我开办了不少“正面管教”亲子教育讲座，粉丝越来越多。中国传统的家庭教育模式，已出现过分严格和过分溺爱的两个极端，这给家长们带来了更多挑战，引发了许多新的问题，有很多家长清楚这样做的后果，可往往控制不住自己的情绪。对于家长来说，教育孩子首先要做好自己，要充分了解惩罚或溺爱会对孩子造成的伤害，在这个基础上去调整自己、控制自己的情绪，做到知行合一、身体力行，才能做一名真正合格的家长。

其次，还有一些技巧，家长们可以借鉴一下：

一、不要代替孩子成长。不要说“我这样做是对的！”“我这样做是为了你好！”，此类话对孩子的伤害很大，后遗症也很大。

二、给孩子一个选择。允许孩子按照他们自己的兴趣去做事是非常重要的。如果你让孩子感到他（她）有选择去学芭蕾舞或是去练健美操的自由，他（她）就会更卖力气地去做这两件事中他（她）所选中的那一件。

三、接受当前的他（她）。期望值不要太高，每个孩子都是按照自己的速度来发展、成长的，如果你总是把孩子与其他孩子相比较，当他（她）没能按某一特定标准去完成时，就会觉得自己很失败。

四、解释你的理由。如果你不希望你的孩子放弃钢琴教育，决不能声嘶力竭地训斥他（她），而应说出你的理由，让他（她）心甘情愿地去学。因为音乐学习本身是件美妙的事情，不要让你的坏情绪糟蹋了。

五、赞扬是必需的，但要有的放矢。你若总是随口说一句“干得不错”，孩子就会知道，你并没有真的注意到他（她）及其成就。

六、正确处理孩子的困扰。让孩子说出自己的感受，取得他（她）的认同并使其产生信任，然后了解事情的来龙去脉，一起商量对策。

……

总而言之，正面管教就是用和善而坚定的态度与孩子保持有效的沟通，给予孩子恰当的尊重与鼓励，做最有耐心的“如意妈”。这种方法能够帮助孩子感受到家长的爱，教会孩子重要的社会和生活技能，能够发展孩子良好的社会品格，有助于孩子发现自己身上优秀的潜能，对孩子的个性和能力发展有长期正面效果。

微课盛行，“网红讲师”创办亲子学院

⑦ 作者：我看你这几年在网上很活跃，尤其是很多亲子教育的直播间都有你的微课培训班，成了“网红讲师”，你是怎么做到的？

凌洋：其实也没什么。就像那句话所说的，“只要站在风口上，猪也能飞起来”，我只不过是比别人先一步地站在了“风口”上。

两年前，我在一个“小升初妈妈微信群”中开了一堂主题为“考试期间应该如何陪伴孩子”的“微课”。没想到，受到了家长们的一致好评。当天晚上 8 时左右，我专门开设的那个微信群中陆陆续续来了 100 多位家长，我的第一次亲子教育“微课”也拉开了序幕。

那次“微课”，我主要采用语音加呈现板书的形式组织教学。在讲课一开始，我简单地介绍了“正面管教方法”的理论知识。接着，我用互动的形式了解了“在期末阶段，家长陪伴孩子学习时会遇到哪些问题”“家长期待孩子形成怎样的品质和技能”“家长遇到问题是如何解决的，有怎样的效果”等大家都非常关心的问题。

最后，我具体介绍了“正面管教”的工具，并结合“考试期间怎样陪伴孩子”的主题讲解了这些工具如何使用。那堂“微课”历时 1 个小时，家长们都表示

受益匪浅，意犹未尽，纷纷给我“打赏”。

从那以后，我经常会策划一些主题，然后利用“微课”向全国各地的年轻妈妈们传达不同的家庭教育理念和方法。我觉得这种方式非常便捷创新，不仅跨越了时空限制，也增强了家长们的参与感。

后来我又在荔枝等网络微课直播平台，结合“正面管教方法”，开设了“少儿艾灸健康密码班”，这是我目前最火爆的微课品牌之一。

⑧ 作者：为什么要开设“少儿艾灸”这样的培训班呢？这与亲子教育有什么关联？“少儿艾灸”能够为孩子和家长解决什么问题？

凌洋：因为我从事亲子教育的最终目的，就是希望每个孩子的成长，不仅要从智力、心理、情感等方面得到很好发展，更要在身体健康方面得到悉心呵护，还要让孩子学会从小保护自己，通过提升自身免疫力来强大自己，孩子没有好的身体，亲子教育就很难施展。

以前，我开设各种培训班时，时不时地就有预先报了名的妈妈，临时给我打电话：“凌老师，我今天来不了啦，孩子生病了，在医院打针买药……”

还有不少心急的妈妈，孩子一有点发烧、咳嗽，就开车往三甲医院送，花费了大把钱不说，孩子的免疫力也越来越差。

其实，几岁的孩子生病，不应该动不动就打针吃药输液，按《黄帝内经》来说，孩子的很多诸如发烧、咳嗽之类的普通常见小病，都是不需要吃药打针，只需按照一些传统中医方式治疗一下，就能好的，比如少儿艾灸就是不错的治疗方式。但是孩子毕竟小，艾灸时有很多方法和技巧以及注意事项，妈妈们应经过专门的学习才行。

我钻研少儿艾灸已近10年，如今已拿到高级艾灸师证书。我觉得少儿健康学也应该纳入亲子教育范畴内，因为它能够帮助孩子和家长们解决一些最基本的健康烦恼，提高家人之间的感情与责任。

⑨ 作者：我觉得你这个做法确实挺好的，心为孩子所想，情为家长所系。这也是你2016年创办“棒棒糖亲子学院”的原因吧？

凌洋：是的。经过这么多年的努力摸索，我也希望自己能够更系统更有影响力地为全国各地的宝妈们分享、传授我的各种亲子教育方法，所以我于2016年11月，正式创办了“棒棒糖亲子学院”。

这个亲子学院以线上和线下结合的方式，面向全国服务。目前主要有两个课程品牌，一是“正面管教之亲子沟通班”，二是“少儿艾灸健康密码班”，服务形式为线上微课直播及线下实操课和体验课。另外，我经常走进幼儿园和中小学校，将两个课程结合一起开课。将来，我还会以这种模式在全国各地招募志同道合者开设分院。

我相信，在这个微课盛行的时代风口，我会飞得更远、更高！

（主人公近照）

第五章 出国留学

《涅瓦河码头》（唐自勇作品，布面油画，70×50cm）

经典案例

从中国炎陵到美国哈佛，究竟有多远

尽管父母不能代替孩子成长，但一定能帮孩子把握方向，让孩子走向一个更好的未来。

血脉相传，炎陵伢子考上哈佛

中国炎陵，原名酃县，隶属于湖南省株洲市。这里地处湖南省东南部、罗霄山脉中段、井冈山西麓，属于革命老区。

炎陵山清水秀，是中华民族始祖炎帝神农氏的安寝福地，拥有国家重点风景名胜区、国家AAAA级旅游景区、被誉为“神州第一陵”的炎帝陵，以及国家级自然保护区、国家森林公园、国家AAAA级旅游景区——“神农谷”，等等。过去，炎陵因为交通闭塞、经济不发达，就像大山深处的闺秀，鲜为人知。进入21世纪后，由于经济得到较快发展，并相继开通了高速公路、铁路，尤其是特色旅游产业风生水起，炎陵才日益名传四方。

但是，这里的教育，因教学条件有限、师资力量薄弱等，依然相对落后。这里的孩子，要想靠读书走出大山、靠知识改变命运，需要付出比别人多几倍、几十倍的努力，甚至需要几代人的坚持。尽管如此，许多“吃得苦、耐得烦、霸得蛮”的炎陵孩子，却永远不会放弃求学梦，他们一步一步地攀登着知识的巅峰。2016年，炎陵籍学生马也骋，在美国马萨诸塞州牛顿南高中的400多高中毕业生中脱颖而出，作为毕业生代表在该校毕业典礼上演讲——这可是该校给予优秀毕业生的最高荣誉。

更让人震惊的是，2015 年秋马也骋就已被哈佛大学提前录取。哈佛大学，坐落于美国马萨诸塞州剑桥市，是一所享誉世界的私立研究型大学，是著名的常春藤盟校成员。这里走出了 8 位美利坚合众国总统，上百位诺贝尔奖获得者曾毕业于此，在此工作，被公认为是当今世界最顶尖的高等学府。

近年来，中国陆续有不少考上哈佛大学的研究生和博士，但像马也骋这样本科就考上哈佛的中国学生，可谓凤毛麟角。哈佛大学，对于国内孩子来说，似乎只可仰望，对于生活、成长在炎陵的孩子，更是一种传说。所以，马也骋无疑是炎陵孩子心目中的传奇。马也骋是第一个考上哈佛的炎陵人。虽然他不是在炎陵长大的，也不是在炎陵考上哈佛的，但他身上流淌着炎陵的血脉，他今天的成绩，离不开祖辈们的努力。

马也骋的父亲马安众，出生于炎陵县鹿原镇澎溪村。马安众在农村长大，他从小热爱学习、勤奋刻苦、成绩优异，是当地有名的“学霸”——20 世纪 80 年代，他从炎陵考上湘潭大学，然后考取北京大学研究生，90 年代又留学日本东京大学。马家人似乎都具有擅长学习、热爱教育的天赋。

马安众的堂兄马安健，是全国著名的特级教师，培育了大批优秀人才，考取清华北大的学生都有，他曾获“全国劳动模范”“全国优秀班主任”等荣誉称号，并被国务院授予“有突出贡献发展农村教育专家”，当选“第六届全国人大代表”，他创造的复式教学法不仅享誉全国，还被联合国教科文组织向全世界推广……或许正是有了这样的血脉，马也骋年纪轻轻，也成了“学神”。

孩子的优秀，离不开家教家风

1998 年，马也骋在日本东京出生。当时，他的父亲马安众在东京大学读博士——停薪留学，靠奖学金维持学业生活。他的姐姐当时也只有几岁，他母亲于爱华又要上班，非常辛苦。由于当时家里经济条件不太好，孩子没人带，所以马也骋刚三个月大，就被送进了托儿所。

尽管日子艰难，马安众夫妇却从一开始就决定要好好培养儿女。他们宁愿自己省吃俭用，也要把孩子送进日本较好的学校。那里的老师对他们也很好，马安众夫妇每天都是最早送去，最晚接回来。就这样，从小在托儿所、幼儿园长大的马也骋，接受了日本很多有益的教育，比如守规矩、讲卫生、懂礼貌、爱收纳等。马也骋 5 岁时，随父母回到北京学习、生活。他在北京上小学的时候，还不太会说中文，所以在学校几乎不说话，但是他什么都清楚，而且特别喜欢帮老师做事，比如丢垃圾搞卫生之类的，因此深受老师喜爱。这主要源于他在日本从小养成了学会独立的习惯，以及父母从小就教育他“自己能做的事一定要自己做”。

马安众夫妇特别注重言传身教，加上他们文化高，很多学校教不了的，他们就自己教。比如在日本的时候，他们希望孩子学中文，马安众夫妇就托朋友从国内买教材带到日本，自己教两个孩子识字写字。所以，两个孩子很小就喜欢看书学习。那时，他们一家在北京住 17 楼，经常让两个孩子都不乘电梯，要他们坚持爬一段楼梯，教导孩子“吃得苦中苦，方为人上人”。

马安众夫妇还从小培养孩子的好强心和自信心。马也骋的数学非常厉害，每次考试都是班上数一数二。有一次，7 岁的他发烧了，刚好又要参加数学考试，他非常担心考不好，于爱华就鼓励他，没想到最后他仍然拿了满分。老师高兴得奖了两块糖给他，并说他的这两块糖比其他同学的更值钱，小家伙真是脑瓜子灵活——他天真地把糖块带回家，吃晚饭的时候拿出来要卖给爸爸妈妈和姐姐，而且“开价”80 元一块！于爱华装作无比惊讶地问：“为什么要这么贵呢？”他自豪地回答道：“老师说的，我的糖块很值钱呀，因为我发高烧还考满分……”

随着孩子渐渐长大，面对孩子的任性，马安众夫妇的做法就是“要狠心”。在北京，他们的家境还算不错，但他们从没有请过保姆，带孩子、做家务都是自己亲力亲为，就是想给孩子立个榜样，然后引导孩子也学会自己动手干活。在生活方面，他们也从不放纵孩子。有次，姐弟俩嘀咕着说：“我们家在北京住这么大的房子，应该也算富二代了吧？但我们从没享受过富二代的生活……”马安众就批评他们：“什么富二代啊？爸爸又不是富一代，哪来的富二代？爸爸是从山里孩子一步一步打拼出来的，你们也应该靠自己去奋斗！”

马也骋和姐姐一直衣着简朴，因为在成长期，父母都严格控制他们的吃喝玩乐，从不带他们去肯德基、麦当劳就餐。一次，马也骋跟母亲去购物中心，他看见玩具就硬吵着要买，于爱华没办法，只好给他买，但从那以后于爱华几乎就不带儿子去购物中心了。还有一次，马也骋吃完一碗方便面，又要吃第二碗，于爱华拿着方便面往地上一踩，说，你还吃吗？从此，马也骋再也不吃方便面了……

当然，严厉归严厉，马安众夫妇教育孩子时，也并不是天天板着脸孔。由于两个孩子从小在各方面都养成了良好的习惯，调皮捣蛋的时候还是少。所以，大部分时间，马安众在孩子面前是一位文雅风趣的父亲，于爱华的微笑倾听，则是孩子们心理放松的港湾。一次，马安众夫妇给孩子买钢琴，报钢琴班，但是马也骋不喜欢，他们就不让儿子练了，不像有些家长逼着孩子盲目地考级。他们觉得，在学习上，应遵循孩子的兴趣，才能达到事半功倍的效果。比如后来马也骋在考哈佛期间，有一天于爱华发现他很晚还在玩游戏，就生气地说："你这是在挂羊头卖狗肉呀！"马也骋却安慰她："妈妈，您别担心，我会自觉自律的，我只是想放松一下，决不会耽误学习。"听了这话，她既感动，也相信孩子，没再打扰儿子。

包括考哈佛，马安众夫妇也是根据儿子的意愿来的。因为他们的观念是，只要孩子积极向上，而且每天能开开心心，孩子将来能成为有知识有素质又有快乐的人，就是非常幸福的，并不一定要考哈佛。在马也骋考哈佛之前，他们也考虑过考麻省理工或者其他学校，但马也骋很想证明自己的实力，就选择了哈佛。

马也骋不仅学习好，还懂得感恩、情商很高。他从小就很受老师喜欢，因为他就像在家里喜欢帮父母干活一样，在学校也总是帮老师做事。2015 年 10 月，马也骋被哈佛大学提前录取后，家里一直洋溢着喜庆的气氛。12 月的一天，在姐姐的生日宴上，他高兴地说："今天，我有几句心里话要说出来，第一要感谢爸爸在精神和物质方面的强力支持，让我没有后顾之忧，能够安安心心学习；第二要感谢我的妈妈，她是最伟大的妈妈，我在考哈佛的那段日子里，妈妈是最辛苦的；第三，祝美丽聪颖的姐姐生日快乐！"说完，马也骋就把第一块牛排切好，送到妈妈的嘴中，于爱华当时感动得热泪盈眶。

多会说话行事啊！正是这种良好的家教家风，造就了马也骋的优秀。而听话、懂事、出色的孩子，反过来也会促使一个家庭的家教家风更加完美和谐，让整个家庭更加幸福快乐。

培养精英，需要三代人的努力

如今，越来越多父母认识到，教育培养好孩子，才是自己最大的事业。尽管父母不能代替孩子成长，但一定能帮孩子把握方向，让孩子走向一个更好的未来。

马也骋三个月就上保育院，若是在国内，恐怕再穷再难，也很少有父母会这么“狠心”。可是，当时一家四口身在异国他乡要生存，马安众夫妇实在没办法。

后来，他们又“庆幸”做出了这样的选择，因为日本的保育院条件好，儿子从小养成了很多好习惯，无意中拥有了世界上优质的幼儿教育资源。让他们最欣慰的是，马也骋由于自幼学会了与不同的陌生人友好相处，他非常阳光、爱笑。这样的特质，使得马也骋在成长的道路上一直很有“运气”。比如，他在家跟父母学中文，在东京幼儿园学日语，回国上学又学普通话，然后出国又学英语，小小年纪就能用各种语言和形式与人沟通交流，自然走到哪都受人欢迎。

尽管马也骋开始学各种语言时也很费力，但他爱笑爱听、表情丰富、领悟能力又强，所以他总是有办法。2003 年，他和家人从日本回到北京，很不适应。第二年上小学，因中文讲不好，他差点被中关村三小拒收。可进中关村三小后，老师和同学们很快喜欢上了他。于爱华问他：“你究竟使了什么高招呀？”他笑着说：“我虽然中文讲不标准，但是数学好呀，哪个老师不喜欢成绩好的？我上课听不懂，下课就多帮老师做点事，然后老师就会多给我讲几遍。我和同学们虽然很难沟通，但是我会笑啊，我一笑，他们也就笑了……”

这孩子真是太聪明了！马也骋小学毕业时，马安众夫妇并不知道北京小升初竞争那么激烈，好多孩子因上了课外班，很早就都被人大附中、清华附中等名校点招，马也骋将升哪所学校的事情，却迟迟没有着落。关键是这个时候，他打篮球还把手臂弄骨折了！这可怎么办呀？马安众夫妇心急如焚！

可马也骋一点也不急。而且，这小家伙的“运气”又来了——虽然他被一些名校“挑剔”，但他的数学一直很好，当时他正好参加了华罗庚数学竞赛决赛，打篮球导致手臂骨折的他，只好绑着右手，用左手考试！结果，竟然还拿了决赛第一名！好家伙！他就靠这个“撒手锏”进了北京市十一学校。

在十一学校，马也骋读了一学期后，就特别喜欢这所学校，他本以为可以就这样快乐地读下去。可没多久，他又被父亲“骗”去了美国读书！原来，马也骋在北京刚上初中时，他父亲正好在美国波士顿学习，经与早年就在美国成为终身教授的炎陵籍老乡唐亮先生交流后，马安众博士决定让儿子也去美国上中学。但是，马也骋开始不愿意去美国上学。因为，他 5 岁前一直在日本，在北京待了 8 年后，好不容易适应了国内，现在又要转学美国，重新学习英语，这种“动荡不安”的生活他再也不想过了……

可马安众夫妇觉得，这个难得的机会，对儿子的未来绝对是有益的。于是，马安众博士决定把儿子“骗”到美国去。2011 年 2 月，马也骋在北京完成初中第一学期学业后，马安众便安排妻子和儿女前往美国与他“团聚”，其实是计划着将儿子转学美国。马也骋似乎看出了“端倪”，在电话里一再向父亲表示“如果转学美国，就不上飞机”，马安众见此只好说：“孩子，真的只是叫你们来美国旅游一下，这大过年的，转什么学啊！”马也骋这才极不情愿地上了飞机。可到达美国后，第二天马也骋就被父亲带去看学校，他大呼自己被“骗”了！为此，他埋怨了父亲半年以上，还给父亲写了一封近千字的信：“你们这些大人，根本就不考虑小孩的感受……”那封沾满泪水的信，诉说了他刚到美国时的种种苦闷。

但是，马也骋就像“打不死的小强”一样，很快又在美国“重生”了！在美国，他就像当初突然回到北京一样，再次爆发出敢于挑战的勇气和毅力，语言不通，他就想尽办法适应新环境，比如参加佐治亚大学的演讲培训班，参加常春藤系列学校的活动，用表情用微笑用行动去打动老师和同学，在各种活动中提高语言表达能力，而且很快就在参加麻州演讲比赛时获得了冠军！

短短一年多时间，马也骋就又成了美国学校里的尖子生，尤其是在数学方面。2012 年，经过考试，美国牛顿南高中同意他连跳两级免修高一高二的数学课程，直上高三数学。而且，他上高中后，获得的学术奖项多达数十个。

一天，马也骋直接告诉父亲说：“爸，感谢您当初把我‘骗’来美国，这几年让我领悟到了，人只要突破了自己的弱项，什么问题都可以迎难而解，我现在的目标非常明确，那就是考进常青藤名校，我相信，只要目标明确，全世界都会为我让路！”那一刻，马安众博士惊呆了，儿子竟然如此能量爆发，这是他万万没有想到的，他当初还非常担心，把儿子“骗”到美国，会不会“毁”了孩子？事实证明，教育孩子，只要方向是对的，然后加以引导，就一定能让孩子获得非同寻常的正能量。当然，马也骋自幼养成的那种独立、聪明、勤奋、自信等因素，也非常重要。

为了帮助儿子实现考上哈佛这个明确目标，马安众夫妇也是绞尽脑汁。比如一开始就教导儿子要“扬长避短”——数学一直是马也骋的强项，他九年级（高一）就进了学校数学队，如鱼得水，十年级（高二）之后，每年都是担任数学队队长，还带队获得了美国新英格兰地区冠军。后来，他们又经常查阅哈佛和麻省理工学院的网站，了解哈佛需要什么样的人才，要学什么……很多人都知道，哈佛大学每年在中国大陆提前批录取的本科生，数量非常有限，每年常规录取加上提前录取，全部人数加在一起，历年都只有个位数。其实在美国要想获得哈佛大学本科提前录取资格，同样非常非常难。但很明显的一点就是，哈佛大学最看重综合素质，而不单纯是考试分数（GPA、SAT 等）。所以，尽管马也骋学业优异，数学拔尖，他依然不敢掉以轻心，他希望自己能做得更好。美国的大学，在录取新生时都要求学生过去有做义工的记录，马也骋就每天在放学过程中留意，只要在公共汽车上听到哪里有需要做义工的，他就踊跃报名参加。另外，他经常参加演讲和辩论活动，也让他增加了对社会的关注和思考，让他更有爱心、格局更大……

所有的努力，都没有白费。2015 年 10 月，马也骋终于被哈佛大学数学系提前录取。2016 年 6 月，他在牛顿南高中的毕业演讲获得了全校师生的阵阵掌声。进入哈佛大学后，马也骋依旧像过去那样爱笑、阳光、自信，除了钻研数学外，他依然喜欢演讲、辩论和篮球，处处闪现着他的智慧……

更让人们咋舌的是，2016 年夏，马安众夫妇的女儿也考上了美国波士顿大学本硕连读，而且已经被花旗银行录用实习。一个孩子的成功或许有偶然，但两个孩子都那么优秀，父母必定有过人之处！

西方有句谚语：“培养一个贵族，需要三代人的努力。”而在中国，要培养一个精英，同样需要三代人的努力。比如马也骋，如果没有他的父亲马安众当年从贫穷落后的炎陵山区考出来，后来又考上北京大学研究生，再辗转日本留学和回北京创业，如果没有父母为他创造这种学习不止、精进不懈的知识分子家庭教育氛围，以及在东京、北京、波士顿等先进发达城市生活学习的良好环境和条件，就很难成为哈佛精英。而马安众博士，如果几十年前，没有父辈的艰辛努力，他或许还在炎陵种田。

地图显示，从中国炎陵到美国哈佛，直线距离也就一万多公里，乘飞机只需十几个小时。但是，这段路，马家人整整花了三代人的脚步去丈量，几十年的沧桑，才铸就了今日的辉煌！

精彩访谈

浅议美育对中国教育的重要性

特邀嘉宾
邓剑英
中国美术教师高级研修班成员
中国青少年心智发展研究专家
清华大学美术学院中国画研究生

培养哈佛气质离不开美育

① 作者：邓老师您好，您是第一位采访我们的小老乡马也骋考上哈佛的人，并且与他的父母面对面进行过深入交流，您认为马也骋似乎自幼就有一种“哈佛气质”，能具体说说是指哪些方面吗？

邓剑英：我觉得，哈佛气质主要体现在聪慧、胆识、大度、坦诚、沉稳、细心、担当、感恩等多方面。哈佛学生都有一个共同的特点，就是高智商，其次，几乎所有人都是勤奋刻苦的“学霸”。

哈佛大学终身教授丘成桐曾说：中国大学生的大学生活相比之下太轻松了，我们总是说，中国的孩子为了高考受了多少苦;其实，在美国一些著名的中学里，高中的学习同样是很苦的，我的孩子上中学的时候，也经常学到半夜；在美国，随着年龄的增长，一点点加大学习的任务；到了大学时是最苦的，所有的精英教育全都必须是吃苦的；而中国的孩子到了大学，却一下子放松下来了，他们放松的 4 年，恰好是美国大学生最勤奋的 4 年，积蓄人生能量的黄金 4 年；所以，美国的高科技人才一直是世界最多的，我们国内的一些重点大学很难让人感受到哈佛那样的学习气氛和探究氛围，到了哈佛，你才知道真正的精英并不是天才，都是要付出更多努力的人。

关于哈佛气质，我也亲身感受过。我原来在长沙麓山国际实验学校教书时，有一对来自世界教育组织的哈佛大学物理系博士夫妇，每个星期给我家的孩子讲一个英语故事，不知不觉，我孩子的英语就突飞猛进，并且让我的孩子，在她幼小的心灵里也有了哈佛梦想。

② 作者：从某种意义上说，“哈佛气质”其实就是“精英气质”，对吗？那对于普通家庭而言，如何才能培养出孩子的这种气质呢？

邓剑英：可以这么说，因为哈佛聚集了全世界最优秀的未来精英。在现在这个社会，气质对每个人都是非常重要的，人与人初次交往时，主要就是看气质。拥有精英气质的人就像拥有磁力一般，能不断地吸引周围各种优秀的资源，帮助你更为轻松地获取成功。

但是，精英气质的形成，并不是一定要通过哈佛这样的顶尖学府来实现，毕竟考上哈佛的是凤毛麟角，考上北大清华也是需要几代人的努力才能做到。即便我们很难做到拥有精英气质，我们还是可以从身边做起，从生活中的点滴做起，让自己拥有良好的气质。

一个人的良好气质，需要长久的积淀，需要从小培养。怎样才能培养出孩子的良好气质、精英气质乃至哈佛气质？最重要的是加强美育。何谓“美育”？就是审美教育或美感教育，即通过培养人们认识美、体验美、感受美、欣赏美和创造美的能力，从而使我们具有美的理想、美的情操、美的品格和美的素养。美育是最能够培养一个人良好的气质、性格和个性的一种教育方式。

③ 作者：据我了解，您是从事美术教育工作的，而且已有二十多年的资历，您对于美育在我国教育中的作用有什么样的看法？

邓剑英：我1970年出生于炎陵县的一个小山村。读师范时学的就是美术专业，毕业后回到炎陵任教，曾获株洲市美术教师基本功比赛一等奖。

1997年，我考上湖南师大美术教育系，毕业后应聘到长沙麓山国际实验学校做美术教师，开始深层次地研究儿童美术教育，并在创作上主攻山水画，有多幅作品参加国内外展览并获奖。后来，我又考上湖南省委党校公共管理在职研究生、清华大学美术学院中国画研究生。前几年，我来到首都发展，在北京汇佳国际学校担任美术教师，并兼任中国少儿美术教师培训班成员、中国美术教师高级研修班成员、中国国画家协会会员、中国心理卫生协会妇专委讲师团讲师等，致力于美术教育和青少年心智发展的研究。

这些经历，使得我在美育方面还是有一定造诣的。美育，是要通过各种艺术以及自然和社会生活中美好的事物来进行的。狭义的美育，就是指艺术教育；广义的美育，则包含艺术美、自然美、技术美、旅游美等一切美感教育，而且是将美学原则渗透于各科教学后形成的教育。

美育对个人的全面发展和全民素质的提高，都具有很大作用。蔡元培先生就曾主张“以美育代宗教”，认为美育是一种重要的世界观教育，爱与美，原本就该是一切教育中最重要的核心。

美育对青少年非智力因素的影响

④ *作者：尽管美育的重要性毋庸置疑，但是在现实中，尤其在以分数为“教育标准”的当下，美育似乎很难发挥其实际作用。*

邓剑英：确实如此。目前我国教育的应试属性依然十分强大，美育在学校课程中的占比非常小。尤其是到了小学高年级以上，很多学校都是用尽一切时间让学生背书做题，而写写画画、唱唱跳跳之类的美育，“重视教育”的学校和家长们都不会有多大积极性。

但我还是要说，美育决不能忽视，即便学校为了升学率不重视，做父母的也应该创造一些条件，让孩子接受美育的熏陶，它或许无法让孩子显而易见地考出高分数，但对孩子的一生肯定有益。我坚信，随着时代发展，社会越来越离不开美育。2015 年，国务院办公厅就在《关于全面加强和改进学校美育工作的意见》中明确指出：美育也是情操教育和心灵教育，不仅能提升人的审美素养，还能潜移默化地影响人的情感、趣味、气质、胸襟，激励人的精神，温润人的心灵，美育与德育、智育、体育相辅相成、相互促进。

这也意味着，今后国内大中小幼各级学校都要加强美育，开设艺术课程。从严格规定小学生作业量，禁止中小学补课和办奥数班，到采用自主选拔和综合素质测评等办法的高考改革，以及加强和改进美育……足以证明中国教育正处于一个观念与体系大转变时代。

⑤ 作者：您能以自身经历证明美育对您个人带来的影响吗？

邓剑英：这个我是深有体会的。美育让我毕生都会坚持自己的教育理想和文化追求。我是客家人，老家相当偏僻、闭塞。我小时候，父母成年累月在山里、地里刨吃的，艺术与科学对他们来说是十分陌生的字眼，那时的我也是一张白纸。我上小学和中学后，爱上了书籍和画画，非常渴望成为有知识有文化的人，心胸很高远。后来，我以优秀成绩考上师范学校，开始专业学美术，并很快爱上了教师这一行，并希望在教育事业中取得成绩……我觉得，那个时候，我之所以有那么强烈的求知欲和心志，主要是画画带给我的。因为在线条和色彩中，我感受到了无限的美，对人生有了无限的想象空间。包括后来，我人生中一次又一次的升级，都源于此。

而且，我的不少朋友都曾说我，自从我学了美术后，就有了一种“言谈清新脱俗，透出一种健康、向上、优雅的精神气质”。虽然我自己难以相信，但每当我回顾过去时，似乎也有这样的感受——我原本是一个非常普通的农村女孩，但当我背上画夹或画卷后，就“与众不同”了，即便刚参加工作的时候，我依然还是个纯真而执着的“乡里妹子”，可随着岁月的沉淀，随着我的作品一次次参加美展，随着我先后成为市级、省级、国家级美协会员，随着我从炎陵山区，到株洲，到长沙，再到北京……一路走来，我真真切切感觉到了自己的变化，并为自己这种强大而温润的人生感到幸福满足。

⑥ 作者：相比智育，美育应该主要是对青少年的非智力因素产生巨大的影响，对吧？在青少年的学习成长中，两者应如何平衡？

邓剑英：是的。智力因素就好比种子，非智力因素就好比土壤，优良的种子，只有播在肥沃的土壤里，才能茁壮成长。智育就是培育优良的种子，美育就是培育优质的土壤，两者都应该受到重视。

通常，智力主要有六种因素：观察力、记忆力、注意力、想象力、思维力、创造力，抽象思维能力是智力的核心，创造力是智力的最高表现。非智力因素主要包括：自我意识、适应社会、情绪的控制、意志、自我激励、人际关系等方面的能力。智力因素，就一定程度而言，属于先天因素；非智力因素，则侧重于后天的养成。先天因素，我们很难改变，而后天因素，全在于培育。

非智力因素的高低，是学生成绩优与差的重要因素之一，也是步入成功的重要保证之一。一个智力水平较高的人，如果他的非智力因素没有得到很好的发展，往往不会有太多的成就。相反，一个智力水平一般的人，如果他的非智力因素得到很好的发展，就可能取得事业上的成功，做出较大的贡献。一个人的非智力因素得到良好的发展，不但有助于智力因素的充分发展，还可弥补其他方面的不足。

所以，美育作为培养非智力因素的主要手段，在孩子成长和学习的过程中是十分重要的。美育可起到动力、导向、调节、强化等各种积极作用，比如能将非智力因素直接强化为学习动机，成为推动孩子学习的内在动力；能帮助孩子确定学习的目标，引导孩子主动自觉地学习；能使孩子保持勇于进取的学习精神，并能使孩子及时果断地纠正错误，改变不适宜的心理状态等；学习是艰苦的脑力劳动，在学习过程中，耐心观察，持久注意及记忆，积极想象，独立思考等，也都必须有良好的非智力因素的强化作用才能完成……

美育是一条伟大的“长征之路”

⑦ 作者：您长期致力于美术教育与青少年心智发展的研究，而且出版了多本教育专著，擅长给学生做成长规划，能详细谈谈吗？

邓剑英：我已发表的教育论文有10余篇，有一篇还获得了全国教育科研论文评比一等奖。我的学生们总共发表了200余件作品，获奖作品达500多件，因此我获得过团中央颁发的“素质教育园丁奖”以及“全国金牌辅导老师奖”等。我先后出版了《儿童绘画100课》《小学美术教学资源超市》《儿童速写创意教学》《邓剑英书画鉴赏》等专著。我在给学生们做成长规划时，最注重的就是美育，“创意速写和心智发展，魅力中国画，汉字英雄”是其中的三大板块。

生活中，我们常会发现，有些家长不惜重金聘请家庭教师按时对孩子进行辅导，但有的孩子就是顽固不化，于是就得出“不是那块料”的结论。事实上，对于这样的孩子，家长花的钱并没有用在正确的地方，而应先对孩子的成长进行有效的规划，对其进行“美育”，即非智力因素的培养。美育可以培养学生发现美和创造美的能力，只有当孩子真正领悟到了学习的美感，才会用心、自愿地学习。

⑧ 作者：美育是素质教育的重要途径，而美术教育又是美育的重要途径。您觉得美术教育能培养学生什么素质？你是如何做的？

邓剑英：20 多年来，我以科学认真的教育研究态度，一直在探索美术教育中非智力因素与学生成长的关系，系统地做了一些总结。

比如，我以水粉画课堂教学为载体，发掘儿童非智力因素的经验，得到了全国很多学校和家长的肯定。水粉画色彩浓丽，表现力强，是儿童喜欢的材料和方法，每个孩子都想用色彩表现自己的生活和梦想。但水粉画容易弄脏衣服桌椅地面，所以很多学校不愿意在全班开设水粉课。我进行水粉课教学时，首先就对孩子们进行“美育”，把绘画比喻成做饭，告诉孩子们要先准备好材料，规划顺序，把握火候，然后是大家共享美食，吃完后还要收拾洗刷，这些具体的事情是必须要管理到位的。孩子们都学会了这点，才开始教绘画，这样孩子们才会乐于学画，能够画好，也懂得爱干净、创造美好。

然后，通过教孩子们欣赏世界名画和优秀儿童水粉画作品，可以让他们开阔艺术视野；通过放手让学生尝试画水粉，让学生自己总结出需要调整的细节，可以培养他们敢想敢说敢画；通过有序管理，训练每个班的学生上完课教室都能回到干净整齐的状态，可以培养他们的合作意识、团队精神……孩子见识广了，艺高人胆大了，产生了群体兴趣，他们的学习热情自然就高，创造能力自然就强，他们的志向、成就动机、求知欲、表现欲、责任感、荣誉感、义务感、自尊心、自信心、好胜心、集体心等等，都会被调动起来。

另外，我还创建了一套“速写”美育教学理论与实践方法。我觉得速写最能捕捉对生活的感受，又能培养孩子们的观察力、想象力。我在麓山国际学校执教时，每节美术课都有 10 分钟左右的速写训练，这在寄宿制学校对于提高孩子们的综合素养是非常有效的。

⑨ 作者：我看您有个微信公众号叫《母亲的长征》，说不管是学校教育还是家庭教育，都是一条“长征之路”。您还认为，在学校相对缺乏美育的今天，家长（特别是母亲）最应注重这方面的培养？

邓剑英：是的。父母是孩子的第一任老师，尤其是对孩子进行美育的任务，母亲是最合适也最有效的。因为我也是母亲，有非常深刻的体会，母亲的审美观、人生观、世界观，能够很大程度上影响到孩子，许多时候你根本不用教，你的一言一行，孩子很快就能学会。

我刚做美术教师时，在学校不受“重视”，我就会经常思考一个问题：人为什么活着？生命的意义何在？如果只是吃喝穿戴消耗能源，不就是个寄生虫吗？因此我觉得，教育是为了一切的人，教育是为了人的一切——无论是城市的还是乡村的，富贵的还是贫穷的，聪慧的还是笨拙的，最终的目的都是，把孩子们培养成一群健康快乐而且懂得感受自然、生活、精神之美的人。

从那以后，我坚定地走在我的美术教育长征路上。我想，虽然每个人能力有大小，所处位置不一样，但只要在自己的岗位上努力发光发热，就不虚此生。所以，这么多年来，我一直坚持学习，正如德国教育家第斯多惠说的：“凡是不能自我发展、自我培养和自我教育的人，也就不能发展、培养和教育别人。”

我相信，美育必将带来应试教育的变革。如果未来，整个中国的教育都实现美育化，那么整个中国的教育品质都将发生深刻、巨大的本质变化。很多社会事实也证明，新的科学技术发展与中国经济的调整转型压力，让我们从未像现在这样渴望培养富有文化素养和创新创造力的未来一代……

（主人公近照）

经典案例

富豪父亲痛悔：英国回来的儿子废了

真正的财富不是守护、继承，而是创造、奉献；精神财富的传承，比物质传承更重要。

重金打造“优秀接班人”

关涵是一名90后，广东佛山人。他的爷爷关俭福属于当地最早富起来的那批人。后来，关涵的父亲关石恺继承了家业，在佛山和广州有数家工厂，资产近亿。三代单传的关涵，成了关家唯一继承人。

关俭福和关石恺文化都不高，为了把关涵培养成“优秀接班人”，关涵从幼儿园起就开始读贵族学校。而且，父辈对他的发展做了长远规划，从小就开发他的数学思维和“经济头脑”。关涵小时候贪玩，看着别的孩子唱歌、跳舞、画画等，他就特别兴奋，但关石恺不允许他跟那些孩子玩，硬给他报了奥数班、全脑智力开发特训营……

关涵的母亲是个家庭主妇，不懂如何教育儿子，一切都是关石恺说了算。为了给关涵创造最好的教育环境，关石恺在广州市越秀区买了套昂贵的学区房，并将儿子送到了一所中学名校入读。一天，关涵放学后路过广东美术馆时，忍不住进去看了里面的美术展览。回家以后，他兴奋地对父亲说自己想学画画，关石恺却严厉地说：“不行。你的任务就是专心学习，考上最好的大学，将来帮爸爸的企业做大做强，你不能分心……”

关石恺不仅在兴趣爱好上限制儿子，就连儿子交朋友也要干涉。一天，关涵带了一个同学来家里做客，关石恺便问那个孩子："你哪门功课最好？长大后想做什么？"当得知那名同学将来想当音乐家时，关石恺立即没了先前的热情，还悄悄对儿子说："今后少跟这个同学一起玩，爸爸希望你以后做个企业家，你要好好学习数理化。"可是，关涵让父亲失望了。上高中后，他的学习成绩直线下降，尤其是理科成绩很不理想。高二分科时，他想读文科，但关石恺强迫他读理科。一个周末，关石恺竟然发现儿子躲在房间里对着窗外的珠江"写生"，他气得把儿子的画架都烧了，说："你真让爸爸失望，这样下去你怎能考上名牌大学？将来又怎能当爸爸的接班人？"

不料，关涵立即反驳道："我长大了，有自己的思想，我不想走你跟爷爷一样的路，我不想做生意，你们不能剥夺我的自由……"更令关石恺气愤的是，不久后，他发现儿子竟报名参加了美术班。眼见儿子越来越偏离自己为他设置的"轨道"，关石恺不得不采取强硬办法——他跑去"警告"美术班的老师，不让他们收关涵。关涵得知后，以不去上学反抗，关石恺只好又苦口婆心地劝他："你马上就上高三了，要学画画也得等考上大学后呀！"爷爷也开导他说："爷爷和你爸爸创立这份家业不容易，我们都是为你好……"但关涵根本不理会。因为这种逆反心理，他只考上了一所普通专科院校。关石恺很是失望，一次，他的一个生意场上的朋友听说此事后，建议道："送你儿子去国外锻炼几年吧！以前，我儿子也是不听话，我把他送到美国去读了几年书，回国后就能帮我打理不少公司事务了。现在的孩子没吃过苦，不懂财富来之不易，我们这一代人，摸爬滚打才攒下一点家产，可不能毁在孩子手上啊……"

关石恺觉得很有道理。不久，他就将儿子送到英国一所商学院去攻读工商管理学专业。关涵正想摆脱父亲的束缚，所以很乐意出国。关石恺语重心长地对儿子说："说心里话，让你走这么远，爸真舍不得，但这是为了你今后有出息，为了咱关家的未来。我希望你能理解我的苦心，好好学习……"关涵一言不发地点了点头。到了英国后，关涵每年的学费和生活费加起来要花 50 多万元。由于他不喜欢父亲替他选的工商管理学专业，到英国后，他又在业余学起了美术，经常外出写生，这样，一年下来得花七八十万元。

关石恺得知后很生气，可鞭长莫及的他只能在电话里"敲打"儿子："你要学画画，爸爸不阻拦你，但你只能把它当作兴趣，你的主业还是学好工商管理，回国后帮爸爸管理企业，你要是敢胡来，到时别怪爸狠心！”为此，关石恺每年还抽时间去英国监督一两次。四年后，关涵总算拿到了工商管理学本科文凭，可已经习惯国外生活的他不想回国了。父亲严厉地说：“你必须马上回来，家里的生意正需要你！”当时，关石恺已经拥有 5 家工厂，急需接班人。

海归儿子为何“不中用”

关涵回国后，立即被父亲安排到一家铝材厂当副总经理。但年仅 23 岁的他，既不懂该行业知识，也没有任何企业管理经验。父亲希望他用心学习一下工厂生产程序和公司业务环节等，叫他先在车间干一段时间——当年关石恺就是这样被关俭福培养出来的。

可关涵坚决不干，说：“我好歹也是个留学生！”关石恺很快发现，关涵每天上班后，不是待在办公室上网，就是开车溜回广州的家里去画画。关石恺一批评他，他就直皱眉头，“爸，我待在厂里真不知道该干啥！”关石恺只好亲自来“培训”他，今天带他到车间看工人干活，明天又带他与管理干部一起开会。一次，关石恺有意让关涵在一个干部会议上发言，锻炼一下。没想到，关涵开口就说：“这几天，我发现我们的工人太辛苦了，车间里连空调都没有，只有几把大电扇。现在夏天气温近 40 度，加上机器运转产生的热量，工人工作的环境至少在 50 度以上。而且，铝材在熔炼、锯切、砂光等加工过程中会产生巨大的铝尘，这是一种对人体有害的物质，在电风扇的作用下，铝尘更容易被工人们长期吸入，给工人们的身体健康造成危害，也必然会影响工厂的生产效益。因此，我认为目前很有必要改善一下车间生产条件、升级工厂环境，我在英国实习时也曾到那边的工厂去参观，都非常先进……”

关涵的话让在座的干部们惊讶不已，关石恺更是脸色铁青。晚上回到家，关石恺严厉批评了关涵：“真不知道你在英国都学了些啥！这工厂是你爸开的，你怎能在会上说这种话，给我丢面子呢？难道我不知道这些最基本的常识吗？可开工厂不是做善事，处处都需要成本！”关涵却反驳道：“难道我说错了吗？你这样做，跟剥削者有什么两样？”关石恺气得半天说不出话。没多久，厂里果然有个女工被检查出了铝尘肺病。按照厂规，财务部补偿了她2万元钱，但她却要求赔偿5万元。由于关石恺出差了，她就直奔关涵的办公室，跪在地上，声泪俱下地乞求道："关总，求求你替我说句话！这2万元钱治病都未必够，我的弟弟又刚考上大学，急需钱花，我因为这病，暂时不能打工了，可怎么办呀？"

出于同情，关涵没请示父亲就硬让财务部多开了3万元给那名女工。关石恺回来后大发雷霆，关涵还据理争辩，"不就多3万元吗？人家那么可怜……"关石恺气得一耳光打过去，说："你懂个屁！你这次一松口，以后别的员工也会要求提高赔偿！你真是个败家子！今年厂里效益本来就不好，被你这样折腾下去，迟早要倒闭！"为了不让儿子继续招惹事端，关石恺紧急撤掉了儿子的职务，让他在家里好好"反省"。可关涵不愿意待在家，非要自己出去找工作。关石恺起先不同意，想要儿子跟着自己学做生意，妻子劝他说："儿子长大了，你就让他自己先出去碰碰壁，吃些苦……"

但关涵出去晃了两三个月，也没找到满意的工作，因为他想从事美术工作，却又没有专业文凭，这令他十分苦恼。不久，关涵在网上结识了女大学生袁玲。她刚从某师范大学美术学院毕业，老家在广东省连南县农村。关涵和她在网上聊了个通宵，两人都觉得遇到了知音，把一肚子苦水都吐了出来。短短半个月，"同病相怜"的关涵和袁玲就产生了感情。他们还一起"畅想未来、规划人生"——计划开一家"让咖啡与绘画偶遇"的小店。关涵知道父亲不会同意自己的想法，所以他决定和袁玲一起悄悄创业。一次，他从家中的保险柜里拿了10万元现金，母亲发现后，要告诉关石恺，他便哀求母亲："妈，我知道你最疼我了，我真的不想跟爸爸做生意，我要开一家店铺，自食其力。你就别告诉爸了，反正家里少这点钱，爸爸也不会知道……"母亲心软了。

没多久，关涵和袁玲就在广州开了一间艺术咖啡屋。他母亲到店里去了几次，才发现儿子和袁玲恋爱了，先是苦口婆心地劝儿子："赶紧分了吧！你爸要是知道了，非得打断你的腿……"关涵却坚持道："我真的很喜欢她，我们有共同理想，一起过得很开心！"

那段时间，关石恺很忙，经常出差。当他知道儿子这一切后，气得对儿子一顿臭骂："从你出生到现在，老子在你身上花了几百万元，让你受最好的教育，你怎么就一点都不长进、不中用啊！"

“富不过三代”的根源在哪

关石恺不顾儿子的哀求，把开张仅一个多月的店铺低价转让，并把袁玲轰走了，气急败坏地教训儿子：“别跟我谈什么爱情、艺术！你现在有什么啊？连工作能力都没有，还想自己创业，简直是扯淡！”

关涵深感委屈，把自己反锁在屋里绝食了两三天。不久，关石恺又将儿子安排进了佛山的工厂，并好言相劝：“我和你妈都50岁出头了，你要尽快成熟起来，今后这个家就靠你了……”头一个月，关涵老老实实地待在厂里，没有闹出什么事来。但关涵万万没想到，一天，袁玲突然找到他，说她怀孕了。他觉得不能再伤害她，就先带她去医院做了手术，然后帮她租了一套公寓，并陪她找到了一份工作，两人悄悄保持联络。

虽然关涵也曾试过努力去跟父亲学做生意，但或许他天生不是做生意的那块料，一看到大堆的合同、数据、报表等就头痛，每天的工作把他折磨得很疲惫。可每当他和袁玲在一起时，就特别快乐。半年后，关涵主动向父亲提出，他愿意认真跟父亲学做生意，但前提是答应他和袁玲结婚，并给袁玲开一家咖啡馆。关石恺当即拒绝了：“不行！你不能娶一个‘打工妹’，她会影响你前程的！你应该找一个能力强的女孩子，这样才能一起打理好咱家的生意！”由于近年经济环境不好，关石恺的生意越来越差，心情也糟糕。而关涵也因长期受父亲的束缚、逼迫，抵触情绪非常强，父子俩的矛盾日益加深，没多久就赌气离开了父亲的工厂。

儿子不争气，关石恺痛苦不已，他忍着性子跟关涵沟通了无数次，可关涵倔强地要求先和袁玲结婚。关石恺暴跳如雷：“我最后一次告诉你，这件事不可能！你现在最重要的是跟我学会经营工厂！”关石恺见儿子还不“醒悟”，便带了个手下想办法找到袁玲的住处，让袁玲马上离开关涵。袁玲不得不悄无声息地走了。关涵得知后，在接下来的一个多月，疯了似的四处寻找袁玲，但袁玲一直躲着不见他。从此，他像犯病一样整天精神恍惚。

关石恺担心儿子整天在外转悠出意外，便将他软禁在家里，并找了位有名的心理医生前来诊断，关涵被确诊为患上了抑郁症……至今，关石恺夫妇已想方设法为儿子治疗了一年多，关涵的病情仍不见好转。2016年，关石恺的生意下滑得厉害，却还要每天面对“颓废”的儿子。一次，他在儿子的日记中，竟读到了这样一段文字：“我从小生活在一个令别人羡慕的富裕家庭，但我却从小羡慕那些生活在普通家庭里的孩子，这一切就是因为我有一个非常霸道的父亲，他无法让我体会到那种普通的快乐和幸福，我恨他……”

关石恺悲泪长流，他怎么也没想到，自己辛苦打拼了一辈子，“用心”培养孩子20余年，最终却成了让儿子仇恨的“霸道父亲”。对此，心理医生说：关石恺作为父亲，显得太强权了，现在的孩子都早熟、有主见，喜欢“我的青春我做主”，也有较强的叛逆心理，而关石恺为了让家业代代流传，从小就替儿子在学习、生活甚至事业、爱情上大包大揽，这无异于剥夺了孩子的所有人生自由。另一方面，这也是“富贵教育”导致的恶果，现在很多富裕的父母都喜欢让孩子享受“最高档的教育”，其实是把孩子孤立化、真空化了，关涵作为一个留学生，为什么始终不能成熟起来，不能领会父母的用心良苦？归根结底，他在思想上还不能真正做到独立，像一个温室里长大的孩子，缺少抗压能力，遇到挫折就容易走极端。

中国有句俗语：富不过三代。为什么会有这样的现象？有人这样解释：因为往往第三代不懂得感恩与回馈，第二代曾亲眼见过父母努力打拼的过程，长辈也会喋喋不休教育他们创业不易，守业更难，所以起码他受到这些影响，会懂得感恩，懂得一些回馈的道理，但到了第三代往往坐享其成，看不到第一代艰辛打拼，出生就咬着金汤匙，父辈竭尽所能满足他们的要求，越是溺爱，越是宠着，他们就越不懂感恩，往往发展到后面变成败家子，财富就这样耗尽了。

但是，广大家境富裕的父母也应该明白，孩子不懂得感恩与回馈，归根结底还是父母的教育出了问题。对于培养“接班人”，家长更应清楚：真正的财富不是守护、继承，而是创造、奉献，与其把家业强加给孩子，不如把优良品德、文化修养继承给孩子，并让孩子充分地选择自己喜欢的事业，哪怕他不能继承家业，也可能会在另外的领域创造新的辉煌，这种精神财富的传承才是最重要的！

精彩访谈

教育最高境界是做孩子的知音

特邀嘉宾
王默然
湖北省幼教机构联合会秘书长
湖北知音传媒集团知音展览有限责任公司总经理

父母是幼儿最知心的朋友

① 作者：王总您好，湖北省幼教机构联合会是湖北省一级协会，网聚了众多权威幼教机构，您作为湖北省幼教机构联合会秘书长，又是幼教专家，对于我国的幼教事业，您有些什么样的体会和看法？

王默然：日前，全国妇联联合教育部、中央文明办、民政部、文化部、国家卫生和计划生育委员会、国家新闻出版广电总局、中国科协、中国关心下一代工作委员会，共同印发了《关于指导推进家庭教育的五年规划（2016—2020年）》，把家庭教育上升到国家战略高度。而家庭教育，也是幼儿教育、学前教育的重要组成部分。我本人能够进入这个有爱的行业，感到很荣幸，并愿意扎根这个行业，为中国的幼教发展和中国孩子的健康成长，奉献一点绵薄之力。

在我看来，孩子许多重要能力、个性品质，都是在幼儿时期形成，这也就是我们俗话说的“3岁看大，7岁看老”。这个时期也是儿童身心发展从最初的不定型到基本定型，转而可以开始按社会需求来学习并获得发展的过渡时期。因此，无论是家长，还是学校或幼教机构，都应该以“体、智、德”平衡发展为教育核心，提炼出孩子的九大成长目标——安全感、意志力、目标感、注意力、记忆力、思维能力、平衡、力量、速度。

我觉得，无论是家长还是老师，教育孩子的最高境界，或者说最大的成功，应该是从幼儿开始，到孩子长大成人，甚至一生，都做孩子的知音。当然，这也是最难做到的。

② 作者：您说得确实很有道理，能否具体说说父母该如何做？

王默然： 只有熟悉和理解孩子所做的全部思想，才能理解孩子的行为举止，才有可能做孩子的知音。作为父母，一定要做到不仅仅是限定和指挥孩子，而是走进孩子的世界，让自己变成孩子，才有可能去理解和引导孩子。

作为一名幼教工作者，我本人也尽可能地身体力行，努力去做孩子的知音。我儿子今年 10 岁了，我从小陪他一起玩，他在地上爬，我也跟着爬，总之与他“平起平坐”，连我的父母都经常说我在孩子面前没大没小，不像个当爹的。久而久之，儿子也就把我当作最好的“朋友”。他 4 岁时喜欢上了钢琴，我爱人就每天专门抽出大量时间，陪他学钢琴，因为这个时候他所需要支撑的力量，就不仅仅是音乐方面，还有学业、交际、品格和心性的塑造等。

这一切，爸爸或者妈妈，必须有一方步步开路，全程扶持，并且在这个过程要同时做孩子的老师、听众、观众、朋友、知音，可以引路，可以评点，可以商讨，可以一起动手学习，可以“香味相投”，可以心灵共振……而且，还要陪孩子尽情释放压力，比如孩子不愿练钢琴了，要和他一起踢球、看书、爬山或看电影等，只要孩子喜欢的娱乐，就应该和他一起尖叫一起疯狂，释放他的激情。

③ 作者：很多父母都说，幼儿阶段，只要有时间有心去做，与孩子成为“好朋友”并不难，但上小学后，就越来越难了，是吗？

王默然： 这的确是一个实情，因为孩子七八岁时就有了自己的理性思维基础和处事能力。这个时期，做孩子的知音，最难得的就是“放手”。父母的教育方式，应该从身边帮带变成远距离观察，需要默默地承受牵挂与心疼。比如，为了孩子的独立性和抗挫折能力，在能够保证安全的情况下，尽量让孩子走路去上学，购物时让孩子自己去交谈，参赛表格由孩子自己填写……总之，让孩子完全生活自理。

这种“放手”不仅仅是锻炼孩子，也是父母对孩子的一种鼓励，并增加父母与孩子之间的相互信任。因为既然要和孩子做知音，就必须让孩子学会“彼此契合，心心相通”。如果始终不“放行”，不让孩子离开父母怀抱，就难以形成这种默契。比如郎朗八九岁时，每次参赛，他父亲都让他自己去处理各项事务，只是在背后“跟着”，他 11 岁那年，在第四届德国青少年杯钢琴大赛上获得冠军后回到家里，他母亲笑着说：“孩子，今后妈妈就是你的观众之一了。”郎朗却抱住妈妈，含泪认真地说：“不，妈妈，你是我永远的知音！”

我想，这样的话应当是孩子对父母的最深理解和最大感恩了。因此，不管是陪伴还是“放行”，都是父母做孩子知音的必经之路。

教育工作者也应成为孩子的知音

④ 作者：据我所知，您是新闻记者出身，曾担任多年《知音励志》主编，现又是 知音传媒集团幼教和婴童等新产业的负责人，《知音》作为我国著名的情感类纪实杂志，报道过不少家庭教育、两代之间的深度新闻，大部分反映了青春期孩子与父母的“矛盾冲突”，您觉得这种现象的根源在哪？

王默然：我认为主要原因是家庭教育的缺失。因为青春期的孩子，有自己独立的想法和行为，学校和老师不能定格任何孩子的理想，父母如果又一无所知，那么孩子就只能自思自为，他们和父母的联系仅限于作业和考试成绩的检查和应对，当许多孩子有了违反常规的“大动作”时，父母就会惊叫：“怎么可能？怎么会这样？”

很多家长对教育不满，无非是孩子出了问题，比如孩子脆弱，抗挫折能力差，动辄离家出走或轻生，太自私，不懂得感恩，等等。这些其实归根结底还是做人的问题。家长是孩子的第一任老师，也是最重要的老师，如果孩子出现上述情况，首先肯定是家长在幼儿阶段没有打好基础，没有言传身教，没有做好榜样。但遗憾的是，很多家长对此并不重视，要知道，上梁不正下梁歪，一个满口脏话的爸爸，肯定教不出一个文质彬彬懂礼貌的儿子！

许多父母一谈到家教，就变成了花钱请老师教文化课，而不是家长的身体力行。不少家长一心忙工作忙生意，为了“弥补”孩子，在“教育”上很舍得花钱，却忘记了自己的责任与付出。更有甚者，一些权贵和富有人群，用金钱换责任，在孩子很小的时候就花巨资让孩子一个人出国留学，表面上为孩子好，实则是推卸为人父母的责任。

⑤ 作者：您这个观点我也赞同，我采访过很多企业家，在谈到孩子的教育问题时，他们都表示“头痛”。甚至有人说，如今的企业家子女群体，已成为“教育重灾区”，请问您对这种现象有何看法？

王默然：作为新闻同行，我曾做过一些类似的报道，发现企业家子女的教育花费大得惊人。这其实也折射出我国企业家子女教育的一些现状：

一是父母之爱缺失已成普遍问题，由于我国的经商环境更在乎人脉的搭建，除了正常工作以外，下班时间还要对付各种饭局和应酬，家长普遍陪同孩子的时间偏少，有的父亲连小孩出生都不在身边，生出来后就由家人或保姆照顾，甚至认为“反正孩子小，什么也不懂”。而实际上，幼儿期正是孩子性格形成的关键时期，这个时候如果父亲作为教育的角色缺失，会造成孩子教育的不完整性，造成性格方面的缺失，譬如比一般的孩子更加内向和懦弱。

二是陷入恶性循环的教育误区。不可否认，企业家子女比普通的孩子拥有更好的教育资源，未来成功的概率和对社会的影响力无疑也会更大。很多企业家并不是不想花时间陪孩子，而是其本身事业还在上升期，生意上的事极为繁忙，压力重重，对孩子的教育只能用钱去体现。但这显然是对孩子教育最大的误区之一，孩子幼儿时期教育有缺失，对性格等方面的伤害是永久性的，到孩子进入青春期后，很多父亲以为“孩子懂事了”，可以“调教”了，其实用金钱堆出来的“教育”，已无形中影响着孩子人生价值观和世界观的形成，根本无法改变，最后造成终生遗憾。这也就是当今社会，为什么很多富裕家庭的孩子，上了优质学校甚至出国留学了，仍然坑爹不止的根源所在。

⑥ 作者：您也是一位父亲，而且身兼多职，平时肯定也很忙，您有没有更好的办法帮助这些为孩子教育头疼不已的企业家们？

王默然：官二代、富二代子女教育的现状，如今已经引起了社会的高度关注，在世界教育发达地区，已出现专门针对企业家群体的高端幼教机构。比如武汉也有不少这种机构，和一般早教机构不同的是，它将主要的课堂设立在家庭中，并针对父亲角色缺失的情况，精心培训阳光男老师陪同孩子共同玩游戏，在孩子的成长过程中补充男性角色。另外，这种机构针对我国企业家子女教育的特殊性和重要性，还推出了“家庭主体式教育”“保姆培训”等一系列成效显著的教育理念和方式，并且提供从早教、小学到初高中、大学及出国留学的一条龙无缝对接，解决子女教育问题。

总而言之，不管父母有什么样的“理由”，也无论是企业家，还是平民百姓，父母角色对孩子的教育是不可或缺的。做孩子的知音，也是我们每一位家长及教育工作者应该去努力追求的。

拿湖北省为例，作为我国教育大省，湖北全省有9000所公办和民办幼儿园，还有众多形形色色的幼教早教培训机构，各有各的教育理念，市场较为混乱。鉴于此，2016年，由湖北知音传媒集团牵头发起成立了湖北省幼教机构联合会，它是由湖北省妇联主管，在湖北省民政厅依法注册的省一级联合会，旨在搭建全省幼教机构的沟通交流培训平台，规范行业行为，维护市场公平和社会公共利益，促进幼教行业健康良性发展，最终实现帮助所有家长和教育工作者成为孩子“知音”的大目标。

教育最高境界是做孩子的知音

⑦ 作者：您刚才提到，希望家长和教育工作者都能成为孩子的知音，这个应该很难吧？连家长都难以做到，教育工作者恐怕更难。

王默然：我不这样认为。很简单一个道理，有的孩子与父母没什么话说，却喜欢和同学或老师说“知心话”，所以教育工作者，尤其幼教工作者，成为孩子的知音并不难。有的家长，一旦孩子出现问题，不是指责孩子，就是指责学校、社会、培训机构，而不是反思自己。这种情形，又怎么能在孩子面前做出表率，成为知音呢？

所以，很多时候，教育工作者反而更容易成为孩子的知音。当然，这往往需要形成一种系统化的教育培训体系，才能大面积地实现这种效果。比如我们省联合会，就会定期对湖北省幼教行业现状进行抽样调查，改进幼教行业领域存在的问题和不足，尤其对幼教工作者进行专业培训，让他们都朝着做孩子知音的方向发展。这种效果也是不错的。我们联合会成立后，借助知音传媒集团知音展览有限责任公司的强大资源和专业服务，已为各会员单位举办多场在国内有影响力的大型活动和幼教峰会，引发行业高度关注，相关部门也对联合会的影响力给予高度评价。而且，由知音传媒集团倾力打造，一本针对全国幼教行业编辑出版的公开发行刊物也即将面世，联合会将在更高的平台上更有品质地服务于教育工作者。

⑧ 作者：但我还是觉得，家长做孩子的知音更加重要，因为在生活中，对孩子起决定性作用的是家长，而且教育工作者往往只能是孩子某个时段的“知心朋友”，孩子的成长是长期性、连贯性的。

王默然：这个确实如此，所以，现在有专家呼吁，教育改革要从家长教育开始。如果家长都不能做孩子的知音，教育工作者即使成为孩子的知音，所起的作用也有限。比如有位企业家曾与我交流，说他是当地比较成功的家庭，不仅有房有车有存款，还有集团公司，但他感到在孩子的教育上并不成功，他不希望“富不过三代”。

那位企业家很着急，说他儿子小学、初中时都挺好，自从他花大价钱把儿子送进贵族高中后，孩子就很快全变了，各科成绩都在全班倒数第一、第二名，不知道到底哪里出了毛病。后来，我经过深入了解，发现那孩子以前一直是与父母住在一起，平时交流比较多，进入贵族高中之后，由于是全封闭式，沟通很少，关键是有次那位企业家和儿子进行“重要”谈话时还这样说：“我可是替你把什么都安排好了！我家的钱，别说你花不完，你儿子也花不完！你现在的任务就是安心读书，参加高考时尽量考高点成绩，然后我送你去美国留学，回来后，哪也别去，就等着接我的班……”

我想，应该正是企业家这番看似很“知心”很“励志”的教育，彻底断掉了孩子的学习愿望。因为在孩子眼里，既然父亲把一切都安排好了，他现在在这里的学习和考试都不过是走走过场，学和不学，考和不考又有什么两样呢？所以，家长要做孩子的知音，并不容易，怎样去深入孩子的内心世界，怎样去做一个正能量的父母，任重而道远。

⑨ 作者：“教育最高境界是做孩子的知音”这句话，可谓真谛。教育的根本是育心，而前提是，先深入孩子内心。您认为呢？

王默然：是的。教育是人的灵魂的教育，而非单纯的理智知识和认识的堆积，这也是教育久远而宏大的终极旨趣。否则，你拥有的知识愈多，对人类对生命的危害可能愈大。

时下，我们的学校教育，往往忽略了学生基本人格、基本道德、基本情感的养成，以至于有些学生对生命、对世事、对家人，愈来愈冷淡、冷漠甚至冷酷。

因此，无论是家长，还是教育工作者，也许平时有许多的具体工作要做，有许多具体的课业要抓，但是培养学生良好的思想品质、人文情怀不可忽视，其中最基础、最根本、最重要的一点，就是要做好一个传递人性美人情美的父母，并成为孩子的知音，唤醒孩子内心的正能量，这才称得上是一种高境界的教育，也抓住了教育的根本。

（主人公近照）

第六章 打拼人生

《踏雪》（唐自勇作品，布面油画，60×80cm）

经典案例

继母托起拉丁舞世界冠军

继母如亲母。一段无关血缘的爱，激励他在青春和亲情的河流里，一直逆流而上、顶天立地。

继母出手，“捣蛋王”变“舞坛神童”

那天，张维雄从广州赶回常德后，直奔第四人民医院ICU病房。他看到了憔悴不堪、呼吸困难的继母，继母想说什么，却发不出声音。他禁不住潸然泪下，“扑通”一声跪在继母的病床前喊道：“妈，您就是我的娘老子啊，儿子现在成功了，您可不能倒下啊！”

娘老子，湖南方言，亲娘的意思。一声“娘老子”，让张维雄积压了20年的复杂情感如决堤的洪水般得到释放；一声“娘老子”，也让躺在病床上的罗凤贞百感交集，母子俩紧紧抱在一起——

张维雄6岁那年，父母离婚。随后，张维雄由爷爷奶奶照顾，他小时候很淘气，天天逃课去沅江边游泳，成绩一塌糊涂。父亲见他如此“不懂事”，只好施行棍棒教育，父子俩关系越来越对立。

不久，父亲张建勇认识了做食品生意的罗凤贞，她也离异，带着女儿罗涵文生活。两人互生好感，但罗家人十分反对。因为她年轻，条件又好，更让罗家人担心的是，张建勇有个“捣蛋王”儿子。

半年后，罗凤贞却毅然嫁给了张建勇，一家四口住在一起。

罗凤贞的女儿罗涵文比张维雄小两岁，乖巧懂事的她总是缠着张维雄，一口一个“哥哥”，而面对突然多出的母亲和妹妹，张维雄更加叛逆，对罗凤贞不理不睬，对妹妹更是冷眼相对。对此，罗凤贞也很着急，婚后不久，她把桥南副食城的店铺交给丈夫打理，然后说：“今后我就在家带孩子吧，我一定要把维雄培养成才！”张建勇被罗凤贞的善良打动，感激地点了点头。辞职后，罗凤贞洗衣做饭，接送孩子上下学，在生活中处处以张维雄为先。可张维雄不买账。一次，张维雄被父亲批评了，罗凤贞拉他手说：“儿子乖，妈带你去公园玩。”张维雄却把手一甩：“我不是你儿子！我没有妈！”又一天，亲友来家里聚餐，让张维雄叫罗凤贞“妈”，倔强的他就是不吭声，罗凤贞连忙打圆场：“没事，孩子嘛，叫阿姨就可以了。”其实，张维雄连“阿姨”都很难叫一声。

罗凤贞咨询过教育专家，意识到一味惯着张维雄也不行。唯一的办法，就是让他有所“追求”，即通过培养他的兴趣特长来改变他。张维雄最喜欢游泳，罗凤贞便每天陪他去游泳馆游两小时。

一个周末，罗凤贞带着张维雄去接学拉丁舞的罗涵文回家。当时，张维雄穿着泳衣，罗涵文的舞蹈老师见了他，眼前一亮地说：“这男孩身材不错啊，很适合跳拉丁舞，我这正缺出色的男舞伴！”罗凤贞当即让张维雄跟老师学了几个动作，老师再次说：“我相信自己的眼光，绝对是块好材料！”回家后，罗凤贞把老师的话告诉张建勇，张建勇很开心。谁知，自尊心强的张维雄却不愿学。罗凤贞就想方设法哄他，让培训中心的老师也来劝他。她还拿罗涵文学舞蹈获奖的奖状和照片“刺激”他：“你看妹妹跳得多好……”并让罗涵文每天晚上在客厅里练舞，妹妹的“炫耀”，终于激发张维雄的斗志，他决定好好学跳舞。很快，张维雄就迷上了拉丁舞。除了周末，每周他与妹妹去青少年宫学三个晚上，由于悟性高，加上身体条件好，他很快学得像模像样，三个月后就能与罗涵文搭档表演。这年元旦，在学校的文艺会演中，兄妹俩的拉丁舞表演获得了一等奖。

荣誉和掌声，让张维雄尝到了做“好孩子”的甜头，他更加努力了。但由于他个子蹿得太快，老师重新给他换了舞伴，虽然与妹妹不一起跳了，罗凤贞仍在中间巧妙激励他俩互争高低——你拿学校第一，我就拿市里第一，或者一个拿冠军一个拿亚军，让两个孩子轮番参加各种比赛，看谁获奖多……张维雄由此进步神速，连续三年获得湖南省体育舞蹈锦标赛冠军！他不仅舞跳得棒，学习也进步很快。

13岁那年，张维雄考上了北京舞蹈学院附属中等舞蹈学校国标舞专业。消息传开，亲友们无不感慨，把“捣蛋王”培养成“舞坛神童”，罗凤贞功不可没。父亲张建勇高兴不已，笑着对儿子说：“臭小子，你能有今天，最应该感谢的是继母……”在送张维雄去北京读书的庆功宴上，亲友们又笑着问张维雄：“现在总可以叫一声‘妈’了吧？”

5年间，张维雄已经渐渐懂得继母的良苦用心，但他习惯了叫“阿姨”，所以还是低着头，不好意思地说了声“谢谢阿姨”。那一刻，罗凤贞眼眶湿润，心里既为孩子考上好学校激动，又因自己仍未被孩子“认可”而有一些酸楚。不过，她依然立即给孩子一个微笑，大大方方地鼓励张维雄：“没关系，只要你好好读书，今后有出息，叫什么都可以。”

隐瞒病情，继母北上艰难陪读

张维雄到北京上学是全寄宿制，第一年学杂费要3万元。家里又没什么积蓄。情急之下，罗凤贞便回娘家借了3万元，她对张建勇说：“这钱就说是你做生意赚的，我不想让维雄读书有压力……”

张维雄去北京后，罗凤贞开始重新和丈夫一起打理生意，每天起早贪黑。一天，她突然发现自己的双脚有些浮肿，两天后脸、手也开始肿了。她被丈夫送到医院，竟检查出患有慢性肾衰竭！惊痛中，张建勇给妻子安排住院。两个月后，罗凤贞接受了肾穿刺活检手术，病情虽然得到了控制，却花了七八万元。而且，由于无法根治，从那时起，她必须靠长期吃药才能维系生命。由于害怕张维雄分心，罗凤贞要求丈夫将自己的病情和欠债的事情都瞒着他。张维雄回常德过寒假时，罗凤贞一如既往地忙碌，粗心的张维雄愣是没看出端倪。几个月后，张维雄因为在学校举目无亲，出现厌学情绪，他给家里打电话说不想上学了。罗凤贞很着急，她和丈夫商量后，将副食品店转手，然后上北京。罗涵文则住进了爷爷奶奶家。

罗凤贞和丈夫到北京后，开了一家小餐馆。为了张罗生意，罗凤贞每天工作十几个小时，并坚持每周去学校看望张维雄。每次去，罗凤贞都会提前做各种好吃的饭菜，见面时她都给儿子塞钱，让他别有负担。父母的陪伴，让张维雄终于安下心来，开始用功读书。

那年冬天，靠吃药维系生命的罗凤贞很不适应。一次，她感冒发烧，到医院检查，她肾衰竭的症状不仅没有减轻，身体长期透支已使她体质更差。鉴于此，医生再三告诫："以后绝对不能干重活累活，否则随时有生命危险。"刚度过危险期，罗凤贞就担心费用太高，嚷着要出院，张建勇只好关掉餐馆，陪妻子回常德。临行前，罗凤贞煮了一锅饺子，盛好放在饭盒里，并从药费里抽出 500 元钱，让丈夫给儿子送去，对儿子谎称常德有更大的生意要做。回到常德后，罗凤贞不听丈夫的劝阻，在小区门口一家药店找了份工作。不久后，热爱舞蹈的妹妹罗涵文也考上了北京舞蹈学院附属中学。当她兴高采烈地将录取通知书放在母亲面前时，谁知，罗凤贞面露难色地说："涵文，妈为你骄傲。你跟哥哥一样棒！可是……我们家经济困难，你哥花销也大，你还是读普通中学吧！"罗涵文哭起来："为什么哥哥能上我不能，你太偏心！"说完，她钻进房间不肯出来。女儿的哭声，让罗凤贞既心酸又难过。后来，罗涵文看到父母满面愁容和满含歉意的眼神，懂事的她含泪脱下舞蹈服，进入常德一中读初中。而张维雄在舞蹈上成绩渐丰。2006 年，他以优异成绩考入广州体育学院舞蹈系。这次，为了张维雄上大学，罗凤贞又把自己卖商铺仅剩的 3 万元钱全部拿出来。

2007 年 11 月，张维雄要去深圳参加第 17 届全国体育舞蹈锦标赛，需要近万元服装、食宿等费用。罗凤贞发愁，家里已经拿不出钱来。张建勇说："让儿子放弃参赛吧！"罗凤贞坚决不肯，这天半夜，她敲响一位昔日朋友的家门，对方听清来意后不肯借，她就低声下气地求对方，没想到朋友嘲讽道："我真是搞不懂，你又是卖房又是卖商铺，到底为了什么呀？你当初要是听我的，一个人带着女儿过，也不至于落到这种地步！"钱没借到，还遭一番奚落，罗凤贞含泪离开。深夜，她在大街上边走边哭，直到走到家门口，才把眼泪擦干。最终，她卖了自己的金项链，才凑齐 1 万元，给张维雄打到卡上。半月后，当她得知张维雄获得锦标赛冠军时，露出了欣慰的笑容，她觉得所有的付出都值得！

之后的几年，由于张维雄常年在外读书，寒暑假也要参赛，极少回家，加上家里对他"封锁"了很多不好的消息，所以他一直以为家里平顺，家人身体安康。2009 年 6 月，在世界国际标准舞最高舞坛——英国黑池舞蹈节上，张维雄及其队友以一曲《Live And Let Die》（生与死）的舞蹈，征服了世界各国参赛舞者和全球最具权威性的评委，获得拉丁舞锦标赛团体世界冠军。然而，7月30日晚，他接到了父亲的电话，说继母病危，让他速回老家，并告诉了他所有“真相”：“12年来，你学舞蹈所花费的四五十万元，几乎全是继母做生意攒下的血汗钱；其实，你继母7年前就患上了肾衰竭，她一直不让告诉你，是不想让你分心；还有你妹妹本来也有机会去北京学舞蹈，你继母却说服她放弃……”石破天惊的一席话，让张维雄泪流满面。第二天，张维雄立即赶回常德，于是出现了文章开头感人的那一幕。接下来的十几天，张维雄衣不解带，日夜陪伴在病床前，让原本凶多吉少的罗凤贞，奇迹般地闯过“鬼门关”。出院那天，她拥着张维雄说：“现在是我儿子最辉煌的时候，我怎么舍得离开这个世界呢？你放心，妈妈会好起来的！”

继子反哺，灾难面前顶天立地

罗凤贞出院后，张维雄却难以轻松起来。尽管继母脱离了生命危险，可他明白，这是继母怕花钱，不愿住院治疗；父亲打工的薪水只有两千多元；而妹妹罗涵文又刚好考上湖南南华大学医学院，学费还没有着落……

那些天，张维雄每天在家陪着继母，给她熬药、捶背、洗脚。一天，他和继母聊天，得知妹妹十分懂事，不仅没有再怪罪母亲，反而选择考医学院，以便将来给母亲治病，他既感动又愧疚。不久父母借来1万多元，让张维雄先回广州报到。他却把钱交给妹妹，称自己要辍学打工，说：“你们就让妹妹赶紧去上大学吧，她学的专业很重要，能帮妈妈治病。”张建勇痛心道：“可你就这样放弃，你妈十几年的心血全白费了啊！”最后，在父母的劝说下，张维雄和妹妹将学费一分为二，各自只交了一半的学费。

后来，罗涵文在南华大学申请了贫困生助学金。张维雄在广州也开始利用课余时间打工，一次他去学校附近的番禺区祈福新村当家庭教师，3小时收100元。很多家庭富裕的同学便嘲笑他：“世界冠军这么廉价？”但张维雄不在乎，他先后通过网络找到了5份家教，每周给一个孩子教一次拉丁舞，每月能赚两千元，一学期下来就可以解决一大半学杂费和生活费。

为了多挣钱，他在寒假又应聘到一家儿童培训班做兼职老师，连过年都没回老家，却给继母寄了3000元钱。春节在电脑上视频时，罗凤贞看到他瘦了不少，心疼不已，张建勇也劝他不要做那么多兼职，他却安慰父母说："我没事，天天教人跳舞，身体棒着呢，长这么大，第一次给您寄钱，我很开心！"从那以后，张维雄每隔两个月都会寄一千元给继母。五一期间，他还赶回老家提前给继母过了个很特别的"母亲节"——他带着继母、妹妹来到当年学舞蹈的培训学校，在亲友和师生面前跳了一曲美妙绝伦的伦巴《慈祥的母亲》。罗凤贞感动，张建勇也欣慰地说："维雄，你能如此懂事，爸妈感到很幸福。"

张维雄慢慢也学会了像继母那样"报喜不报忧"。他十分节俭，宁愿吃少点、穿差些，也要按时给继母寄钱。一次，张维雄回常德过年，又给继母买了不少礼品。罗凤贞感动之余也纳闷："你还是学生，哪能赚这么多钱？"他答道："妈，我这个学生不一样，同时还是老师和裁判呢！"说罢，他拿出刚刚考取的中国体育舞蹈一级教师和一级裁判两本资格证书。罗凤贞脸上露出满意的笑容。

为了继母，张维雄在广州拼命挣钱。很多同学都去英国黑池参加世界大赛，他却因心疼两三万的费用而果断放弃了。2012年春，他拿到了英国皇家舞蹈教师协会颁发的教师资格证书，这是全世界认可的业内最权威证书，美国加州艺术学院向他伸出了橄榄枝！但为了继母，他只能放弃留学。不久，他毕业后进入广州天河区一家舞蹈培训公司做拉丁舞教练，工资五六千元。

为了尽快帮家里摆脱困境，张维雄很快接了几份兼职，这样每月收入约8000元。他每月坚持寄两千元给继母买药，拿两千元帮家里还债，还要供妹妹上大学，所以基本上是"月光族"。但几个月后，老板发现他在外兼职，便炒了他鱿鱼，他据理力争，说没有影响工作，老板却挖苦他："有本事你自己去开家公司……"这句话深深刺激了张维雄，他真的想到了创业。但他没有资金没有场地，谈何容易。2012年9月，他与海珠区一家舞蹈培训中心合作——按时间段租用场地，然后自己招生、培训，比如该中心是每周一、三、五的下午开课，他就带着学生每周二、四、六晚上来练舞。他凭借自己的名气和人脉，在网上招收了上百名学生。

他的执着和孝心，也渐渐打动了周围的人。后来，跟他学拉丁舞的汽车配件商刘生，被他对继母的至真情怀所打动，毅然决定帮他一把。

很快，张维雄和刘生合伙在广州海珠区开办了维雄舞蹈艺术培训中心。刘生只负责投资，所有培训业务都由张维雄经营，他凭借自己的名气和人脉，招收了上百名学生。那两三年，罗凤贞在常德家中养病，已经大学毕业的罗涵文暂时在家照顾母亲，而张维雄则和父亲在广州打理培训中心，因为他刚刚创业，需要父亲做帮手，实在没有别的办法。

2016 年，张维雄的舞蹈艺术培训中心已经在广州、佛山等地开了多家连锁店，生意日益红火，他不仅把继母接到广州治病，在佛山买了房成了家，还供妹妹在广州读研究生，一家人生活得温馨和睦……

从“捣蛋王”到“舞坛神童”，再到艰苦创业反哺母亲的拉丁舞世界冠军，张维雄在青春和亲情的河流里，一直逆流而上、顶天立地。衷心祝愿，这种无关血缘的爱，永远布满他和家人的一生。

（主人公近照）

精彩访谈

终身学习是中国教育“新常态”

特邀嘉宾
曾凡忠
暨南大学博士
广东省优秀音乐家
中国著名剪纸艺术家

终身学习是一种世界潮流

① 作者：曾博士，你好。恭喜你的 20 米剪纸长卷《五十六个民族》，获得了联合国教科文组织世界杰出手工艺品徽章，并被收藏，你还因此成为联合国教科文组织民间艺术国际组织成员，被有关媒体誉为“终身学习的榜样”，能介绍一下你最近几年的情况吗？

曾凡忠：谢谢。近几年，我在工作之余，潜心钻研剪纸艺术，开创肖像剪纸新领域，并成功申报国家发明专利，进行展览、培训、个性化剪纸肖像定制等，产生了良好的经济效益和社会效益。

我先后获得了联合国教科文组织世界杰出手工艺品徽章、国际民间艺术成就奖、国家轻工科技进步奖、中国肖像剪纸艺术大师、世界杰出华人艺术家、世界人像剪纸大王、湖南省剪纸工艺大师等荣誉，举办了数十次个人展览，大量艺术作品被广东省工艺美术珍品馆、中国剪纸艺术博物馆、文化部、国家民委、美国白宫、哈佛大学、美国国会图书馆、日本东京艺术大学等机构和知名人士收藏。

② 作者：联合国教科文组织教育研究所专家R.H. 戴维曾说过，终身学习已成为一种世界潮流，值得各国人民发扬光大。你怎么看？

曾凡忠：我觉得没错。终身学习是指社会每个成员为适应社会发展和实现个体发展的需要，贯穿于人的一生的，持续的学习过程。也就是我们所常说的“活到老学到老”或者“学无止境”。在联合国教科文组织及其他有关国际机构的大力提倡、推广和普及下，终身学习在世界范围内已形成共识，许多国家在制定本国的教育方针、政策或是构建国民教育体系的框架时，均以终身学习的理念为依据。

20世纪90年代末，我曾看过国际21世纪教育委员会主席雅克·德洛尔出版的《学习：内在的财富》一书，这也是德洛尔向联合国教科文组织提交的重要报告，书中指出：“终身学习是21世纪人的通行证，全世界将进入一个学习型社会。”并强调终身学习又特指“学会求知，学会做事，学会共处，学会做人。”这是21世纪教育的四大支柱，也是每个人一生成长的支柱。我深受感染，也是从那时起，我开始了近乎疯狂的终身学习之路，并获益匪浅。

③ 作者：你的终身学习之路一定很传奇。据我了解，你不仅致力于剪纸、美术领域，而且在文学、音乐、书法等方面也颇有建树？

曾凡忠：这都是我不断学习的结果。我1972年出生于湖南省永州市江永县一个瑶族家庭，自幼丧父，历经磨难。我从永州师范毕业后，曾在家乡担任教师、县教育局办公室秘书等工作，并先后自学拿到了湖南师范大学的专科、本科文凭。1996年，我辞职去了浙江宁波，先是在一家贵族子弟学校教书，后来担任一家集团公司企业报主编，期间我又报考了大学新闻系研究生课程并顺利完成学业。

2000年年初，我来到东莞创业。十几年来，我先后创作出版了《临江仙品琴》《且剪且谈》等6部文艺理论著作，发表了数十篇学术论文，并获得了全国金奖、《人民音乐》优秀论文奖、广东省第六届、第七届民间文艺优秀著作奖、首届东莞文学艺术奖等，多次到日本东京艺术大学、上海音乐学院、西安音乐学院、暨南大学、广州大学等国内外大学讲学，参加了10余次国际及全国性的学术研讨会，而且是中国文艺评论家协会、中国音乐家协会管乐学会、中国民间文艺家协会剪纸艺术委员会、中国武术协会、中国画家协会、中国工艺美术学会等国家级协会会员。

从“中国十大儒商” 到博士

④ 作者：众所周知，终身学习是一项“巨大的工程”，对于个人来说，需要大量时间、精力和物质基础，你到底是如何做到的呢？

曾凡忠：由于我有丰富的企业报刊设计制作经验，来东莞不久，我就开始着手创办自己的广告设计公司。起初也就是一个小店，那时我为了买到一台经济实用的电脑，几乎跑遍了莞城所有的电脑市场，连公共汽车都舍不得坐，几天下来脚上磨出了好几个水泡。后来，我的广告图文设计店开起来了，我就抱着一大沓自己的广告设计作品四处去寻找客户。慢慢地，我的生意越来越好。

2001 年，我正式成立了东莞市维美广告设计印刷有限公司，专门为企业办内刊、做宣传画册等。仅用两三年时间，我就把业务做到了广州、深圳、惠州、佛山等地。有了一定的经济基础后，我于 2003 年成立了曾凡忠教育基金会，每年拿出一笔资金资助失学儿童。

生意步入正轨后，我又坚持自己“终身学习”的梦想——不仅自学拿到了暨南大学文艺学博士学位，而且在文学、收藏、音乐、书画等领域都取得了一些成绩。比如还在东莞开了艺术馆以及报纸收藏馆，曾在东莞图书馆举办了“东莞市首届大型精品报纸展览”，事迹先后被《人民日报》《中国教育报》等国内外数十家报刊电视台采访报道，并被冠以“集报大王”的美誉。

⑤ 作者：我看《南方都市报》也曾报道过你，还说你是“中国十大儒商”，具体是怎么回事？这应该是你所有荣誉中最高的吧？

曾凡忠：当时我也受宠若惊。那是由中外名人文化研究会、人物周刊、中国财富论坛杂志等主办的“2005 年度中国十大儒商”评选，我是“十大”中最年轻的，也是唯一一位资产没有上千万的“小老板”。但当时我已累计向贵州、广西、湖南、江西等地的贫困山区捐赠（包括募捐）数百万元的钱物。

专家在评选中这样评价我：“作为一个有志青年，曾凡忠运用自己多年所学的知识，学以致用，开办了极有发展潜力的公司，用知识改变了自己的命运，实现了自我价值。尤其难能可贵的是，曾凡忠能情系劳苦大众，关注贫困地区失学儿童，成立教育基金会，积极回报社会，其精神十分可贵，真正体现了一个优秀知识分子忧国忧民的情怀，一个企业家的胸怀与抱负，不愧为真正的儒商。”那几年，我在商界还获得了首届中国创新杰出人物金像奖、中国杰出创业企业家、中国当代百名知识型青年企业家、中国民营企业家社会贡献奖、2006年度中国爱心人物暨中国卓越贡献人物奖等。

随着关注度越来越高，各种资源也越来越多，2008年我又成立了东莞市嘉美文化传播有限公司、嘉美艺术团，主要从事企业文化、艺术培训等方面的业务。这应该说也增加了我的“儒商”分量吧。

⑥ 作者：你的经历太令人震惊了。据说你的叶雕艺术也取得了不俗成绩，并连续五年荣获“广东省优秀音乐家”奖？你头衔这么多，涉足如此广泛，我觉得你也真不愧为“全民终身学习的楷模”！

曾凡忠：因为我从小在大山里长大，又是少数民族，所以从小就会用树叶吹奏曲子、雕刻图画等，而且我已坚持三四十年，在这方面的造诣自然比较深厚。另外，我的乐器演奏也是自幼就擅长，并且带有少数民族风格，又出版了自己的音乐学术专著，所以从2011年到2015年，已连续5次获得了“广东省优秀音乐家”称号。该奖创办于2003年，每年评选一次，是广东省音乐家协会颁发的年度重要奖项，在广东省音乐界产生了重大影响，也是全省音乐家的最高荣誉。

终身学习是教育“新常态”

⑦ 作者：近几年，我国正在全面深化教育综合改革，为提高全民素质，提升城市品质，全国各地都在大力宣传终身学习理念，创新终身学习方式，比如选举“百姓学习之星”“终身学习活动品牌”等，我觉得像你这样的全能型人才，完全可以成为“大明星”。

曾凡忠：我确实有接到过这方面的邀请。比如2014年，由教育部职成司、中国教科文组织全委会秘书处、中国成人教育协会联合主办的，以“全民终身学习，创造出彩人生”为主题的全民终身学习活动周期间，我就被邀请到广州、湖南等地参加系列宣传活动。

再比如，2016年在广西桂林恭城县委县政府的邀请下，我在恭城文创园挂牌成立了“曾凡忠艺术馆”。该县免费为我提供了近百平米方工作场所，以及上千平方米的演出、展览、公益培训场地，主要用于开展各类“公益为主、效益为辅”的文化培训、文化展、文化交流研讨活动，充分挖掘桂林恭城的人文价值与历史价值，打好瑶族文化牌，为市民创建浓厚的终身学习氛围等。

像这样的全民终身学习活动，已经成为我国建设终身教育体系和学习型社会的重要载体和特色品牌。这样的文化项目也广泛传播了终身学习理念，把中央关于“建设学习型社会”的部署落到了实处，形成了从中央到地方较为完备的活动组织体系，城市参与度与社会影响力不断提升，积聚了大批终身教育资源，丰富了继续教育形式。

⑧ 作者：随着我国经济发展步入新常态，推进全民终身学习也已成为促进经济转型升级、推进新型城镇化进程的迫切需求，像你这样可作为全民终身学习楷模的艺术家，应该说走到哪都受欢迎。

曾凡忠：那倒不敢当。不过就我这些年举行的各类活动来看，确实每次都影响很大。比如在东莞进镇街进社区的书画剪纸展览活动、每年代表东莞特色文化参加深圳文博会等，都深受老百姓青睐。再比如，为了弘扬优秀的传统文化艺术，激发青少年的爱国热情与民族自尊心和文化自信、使命感及责任感，大力宣传终身学习理念，2017 年 1 月，我的“叹为观纸——曾凡忠博士剪纸进校园粤桂湘巡展”正式启动后，也受到了粤桂湘三地很多学校的热情邀请。这是我前些年继“纪念毛泽东诞辰 120 周年剪纸”“万剪风情”“纸上风云”“瑶族之光”等主题公益活动后的又一大型巡展。

⑨ 作者：作为一个艺术领域的公众人物，以及一个终身学习的实践者，你的经历具有巨大的激励作用，请你给读者再说几句吧。

曾凡忠：我觉得，在全球性经济竞争和就业问题越来越严峻的情形下，常规教育无法应对时代变化。构建终身学习体系，打造“学习型社会”，已上升为国家战略。无数事实也反复证明，21 世纪，全民学习、终身学习的时代已经到来，终身学习已成为一种“信仰”。

因此，在这种文化环境下，学习者必须主动和拥有更高的能动性，准备持续更新自己的知识，构建式地回应问题与环境中的变化。而教育工作者，比如教师的角色，已成为服务于学习者自己努力获取、使用和创造知识的补充者、促进者、辅导者、支持者和引导者。

社会发展不断加速，知识更新加快，今天的知识和技能到明天就有可能成为发展的阻碍，我们只有与时俱进，不断提升自我，提高自己的知识和能力水平，才能在未来的竞争中占有优势，也才能更好地运用自己的知识和能力去回报社会，实现自己的价值。终身学习，也是一种积极进取的人生姿态，让我们在追求中充实自我，保持生命的活力与创造力。

很多人都惊讶于我为什么会有那么多“头衔”，怎么有那么多时间和精力去钻研各种知识？我只想说，人定胜天，只有想不到，没有做不到。何况，像我这样坚持终身学习的人还有很多，比如金庸 86 岁考获剑桥大学博士，德国老人约瑟夫·雅各布斯 87 岁开始攻读博士学位，肯尼亚老人基马尼·马鲁格 84 岁进入一所小学读书，创造了“全球最年长小学生”的吉尼斯世界纪录……

《窗外有微风》（唐自勇作品，布面油画，100×130cm）

经典案例

校长妈妈：有一种爱叫作放手

所有的孩子都是一块“璞玉”，正确的教育方法是一把精美的刻刀，错误的教育方法就是一柄锄头。

震惊：儿子要掐死亲生妈妈

一天，在广东省汕头市金平区乐业园小学担任校长的林妙香，突然接到了儿子阿凯的语文老师打来的电话，说她的儿子不交作文。

第二天，她把读初一的儿子带到了自己的办公室，让儿子在她跟前补写作文。老师出的作文题目是《冬天》，阿凯只写了一句“汕头没有冬天”，便说写完了。他的理由是：他从小没有见过雪，不像电视里的北方孩子那样可以在冬天堆雪人。按照孩子的思路，这也许没有错。可林妙香非常生气：“就这一句话？这是作文吗？！”她觉得已经14岁的儿子在故意跟她“作对”，想也没想，伸手就把儿子写的那页纸给撕了下来。

然而，就这样一个她认为“不起眼”的动作，却让儿子顿时暴跳如雷——阿凯突然怒气冲冲地站起来，扑上去用双手紧紧地卡住她的脖子，恶狠狠地吼道：“我忍受你很久了，今天我要掐死你！”

儿子的举动让林妙香非常震惊，她无法想象养育了十几年的儿子竟要掐死自己！办公室里的老师们也无不感到诧异，他们冲上前去，拼命地拉阿凯，但阿凯迟迟不肯松手。

在一片混乱中，林妙香的呼吸变得急促，她一边努力喘息着，一边泪流满面地问儿子："你真的想掐死妈妈吗？" 此时的阿凯似乎发了疯，铁青着脸说："是的，我很想很想掐死你！"

在几个老师的努力下，总算掰开了阿凯的手，但他一直怒视着林妙香，嘴里还不停地说："她不是我妈妈，从今天起，我也不是她的儿子！"

那一刻，林妙香瘫坐在地上，说不出一句话，默默地流着泪。她伤心至极地想：儿子怎会变成这样？如果没有其他老师在场，自己恐怕真要被儿子活活掐死啊……

林妙香是汕头人，大学毕业后一直在当地做小学教师。兢兢业业地奋斗了十余年，多次被评为优秀教师的她当上了乐业园小学校长，丰富的教学经验和技巧，也让她获得了众多学生和家长的赞赏。她生有一儿一女，老二阿凯自幼聪明伶俐，因此她对他寄予了很高的期望，儿子成长的每一步，她都费尽心思地规划好。

林妙香每天带着儿子一起去学校，然后一起回家。小学六年，阿凯从未离开过她的视线。他对母亲制订的学习计划和生活习惯，也从来没有反对过。可就是这么一个在她眼中十分听话的孩子，竟然会在没有任何征兆的情况下想要掐死自己！这究竟是为什么？

回家后，林妙香的丈夫厉声责问儿子："你小子怎么回事？还有孝道吗？！"阿凯低头承认了错误，向妈妈道了歉，说他当时那么冲动，是因为觉得妈妈当众撕了他的作业本，没有给他面子……

林妙香仔细想想，觉得自己这样做让儿子的自尊心受到了伤害，但她感到儿子的疯狂举动还是不太正常。因为她的哥哥告诉她，阿凯竟然万般痛苦地跟舅舅诉苦："你把我送到监狱里去吧！我真的受够了，不想再过这样的生活！"她听了心都要碎了，自己苦心经营的"幸福家庭"，竟然在儿子眼里还不如监狱？！

更让林妙香悲痛的是，"掐母"事件发生后，儿子虽道了歉，但与她开始了冷战。一天早上，她拿着面包和牛奶递到儿子面前，他竟狠狠地扔在地上，然后独自上校车走了。

不久，儿子开始逃学，还迷上了飙车。儿子天天吵着要买辆摩托车，还故意对她说："我和同学就是这样飙的，速度快得像风。"她不同意买，儿子就一句话也不跟她说……

疑惑：儿子的教育是哪里出了问题

林妙香与儿子的一次次沟通均以失败告终，她担心儿子心理有问题，强行要带他去看心理医生，不料更加激怒了儿子，他不仅摔碎了家里的东西，还说："我没问题，是你有问题！"

儿子的叛逆让她整夜失眠，她和丈夫因为儿子的问题也开始相互指责，原本和谐温馨的家变得鸡犬不宁。更让她担心的是，儿子不时地离家出走，在寻找儿子的时候，焦急与悲伤使她几次晕倒在路边。

一天，儿子又一声不吭地离开了家。在寻找儿子的那几天里，林妙香彻底崩溃了！那个晚上，她绝望地来到公园湖边，坐了整整四个小时，反复地想：如果我跳下去，儿子会不会从此好好做人呢？我的死能唤醒和挽救儿子吗？最终理智战胜了悲观，她疲惫地站起来，默默地回了家。

儿子"失踪"后的第四天，林妙香的哥哥打来电话，说阿凯回来了。原来，那几天阿凯是用他自己的压岁钱在小旅馆、网吧度过的，钱花光了也玩腻了，他就去了舅舅家。此时的林妙香已经心力交瘁，见到儿子，她抱住儿子痛哭流涕地说："凯儿，求求你不要再走了，妈妈不能没有你啊！"

由于连日的紧张过度，林妙香很快病倒了。在亲人们的轮番教导下，阿凯终于答应跟妈妈好好沟通下。望着病床上的母亲，阿凯脸上出现了少有的关切神情，这让林妙香很激动，她也决定抓住这个时机好好和儿子谈谈心。那是经过三个多月的"抗战"后，母子俩第一次心平气和地坐在一起。

结果，阿凯说出了让她惊愕不已的话："从小到大，我就只能学会忍受，什么事情都是你替我安排，从不征求我的意见，我没有自由和权利，就像个犯人，你说什么我就得做什么……"

儿子的话像针一样刺痛着林妙香的心。她没想到，自己多年来为儿子精心设计的人生规划，在他心里竟像桎梏一样压迫着他。她虽然委屈，但没有生气，而是语气缓和地鼓励儿子说："你能具体地告诉我吗？妈妈一定改。"

阿凯告诉她，他小学五年级时有一个好朋友，妈妈却因为那人学习成绩差而阻止他们交往。有一次，他要去那个同学家玩，已经上了同学的车，可妈妈硬是找借口中途把他接回了家……接着，阿凯又说出了一个“秘密”：他小学升初中的时候，两所私立学校同时录取他，在去哪所学校读书上，他和妈妈的意见出现了分歧，最后妈妈竟专制地逼他去了不喜欢的学校。也就是从那天开始，他决定以厌学来表示对妈妈的抗议，没多久，他交了社会上的一些不良朋友，他们一起逃学、泡网吧、飙车……“难道儿子今天的一切后果，都是我造成的吗？”林妙香震惊之余，一遍遍地在心底问自己。林妙香承认，为了让儿子今后能考上名牌大学，当时择校时她确实自作主张了，可她万万没想到儿子会因此完全变了个人！阿凯泪流满面地一一列举着妈妈的“罪过”，最后说：“你根本不知道我心里想的是什么，我觉得很痛苦。”

林妙香哑口无言，她终于省悟过来——儿子没错，是自己的教育出了问题！她决定振作起来，重新审视自己，调整教育方式，来挽救“问题”儿子！

然而，林妙香想“改造”儿子困难重重：阿凯的学习成绩从全班前十名滑落到倒数第二，他还染上了不少恶习，而且“掐母”事件让他在同学面前抬不起头来，他不愿意再回原来的学校读书……

反思：放手亦是爱，母子共同成长

到底该怎么办？那段时间，林妙香每天在网上寻找教育问题少年的方法，四处打电话向全国各地的专家咨询。一位北京的专家对她说：“现在，你和儿子‘对调’一下，也就是说，从今以后，把以前紧紧抓住儿子的手放开，你能做到吗？”“这行吗？！”林妙香不敢相信专家的话，可已无计可施了，眼见儿子一天天堕落下去，她决定“放手一搏”！

经过巨大的思想煎熬后，那天她对儿子说：“从今以后，妈不会再逼你干任何事情，你想做什么，妈妈都支持你……”阿凯不屑地瞥了一眼母亲，满脸不信任的样子。那段日子，阿凯辍学在家，林妙香说到做到，让他尽情地玩。他要去网吧，如果是以前，她肯定会阻止，但现在她说：“去吧，不要太晚，妈妈在家做好饭等你。”他想飙车，她真给他买了辆新摩托车，委婉地提醒说：“儿子，你已经长大了，应该知道，不管怎样生命才是最重要的，一定注意安全。”儿子对母亲的改变依然存疑，半个月后的一天，阿凯对她说：“我今晚要请一个女孩去看电影。”她心里怔了一下，若是过去，她必然发怒，可她却笑着说：“行呀，谈女朋友了？我儿子也有人欣赏了。”这下轮到阿凯惊讶了，他愣了半天才说：“妈，你真的变了。”原来，儿子是在试探她！听到儿子终于喊自己“妈妈”了，林妙香激动得热泪盈眶，毕竟她的转变开始获得儿子的信任啊。在还儿子“自由”的同时，林妙香决定改变儿子的现状。由于阿凯以前经常熬夜上网，他的眼睛一见阳光就流眼泪，而且有些驼背，身高 1.7 米，体重仅 50 公斤。经过多方了解，她决定送儿子到江苏一所专门教育训练问题少年的“行走学校”接受特殊训练。

怕儿子有逆反心理，林妙香小心地征求阿凯的意见。当时阿凯已经休学两个多月，玩腻了，但他担心去了江苏不适应，于是林妙香决定先带他去那边旅游、散心，由他自己选择。或许是想换个生活环境，在江苏“玩”了几天后，阿凯竟同意了留在那所学校接受训练。从此，阿凯每天都要接受各种强化训练，比如纠正网瘾的“靠背站桩”，训练注意力的“高台站桩”“悬空站桩”等等。林妙香怕儿子受不了苦、耐不住孤独，便想各种办法鼓励他。

三个月后，阿凯的体重增加了十几斤，眼睛也变得炯炯有神了。更重要的是，他改掉了不少坏习惯，内心也成熟了许多，开始理解父母的苦心。

再次回家后，阿凯没再出去到社会上惹是生非，而是每天待在家里画画——他从小喜欢美术，只是以前母亲为了让他学好文化课，限制他的兴趣，现在母亲让他“随心所欲”，他也就乐得将大量时间放在了涂鸦上。

林妙香担心儿子成为“宅男”，性格会变得内向，所以时不时带他去买衣服、鞋子，还笑着说：“儿子，你得学会打扮自己，将来才会有女孩子追啊！”她还让一些朋友陪儿子去打篮球，鼓励儿子跟旅游团去观光。母亲的一片良苦用心，阿凯都看在眼里，那天林妙香要出门上班，他说：“妈，您开车小心点。”尽管只是很普通的一句话，但对林妙香来说，她看到了儿子重新成为健康阳光男孩的希望。

儿子外表的坚冰已经悄悄融化，可他的将来怎么办？他才 15 岁，不能不读书啊！林妙香觉得，儿子曾经就读过的“行走学校”对挽救问题少年是有实质性作用的，可这些“行走学校”无法提供训练后的后续正规教育，如果得不到很好的引导教育，那么重新变成问题少年的可能性就很大。不久，在取得儿子的同意后，林妙香将阿凯转入一所完全陌生的学校读书。

然而，两三个月后，林妙香发现，儿子和以前的一些问题少年又有了联系。不过这一次，她没有如临大敌，也没有强硬地阻止儿子，而是温和地和他谈心，阿凯说：“我没有新朋友，只有这些老同学，那些成绩好的同学都不理我……”林妙香理解儿子的心情，但她相信，儿子已经有了自己的判断力，他既然和这些人交朋友，他们一定有值得交往之处，也许就像儿子曾经不被人理解一样，这些孩子缺少的也是理解和爱。于是，她试着和儿子一起走近他们，让儿子带他们回家，像关心儿子一样关心他们……

几经努力，林妙香不仅帮助儿子把握了交友方向，而且感化了儿子的那帮同学，最终让儿子获得了友谊和学习上的进步。

后来，林妙香利用寒暑假，带着阿凯到全国六个省份的多所“行走学校”去参加军训、法制教育、生存教育、劳技教育、感恩教育、生态环境教育等多种社会实践活动，在这些学校里，他们母子同吃同住，感触颇深，受益很多。

一次，林妙香带儿子去沈阳一所学校玩滑雪运动，母子俩一起从山上往下滑时，林妙香不慎摔倒受伤，阿凯心疼得哭了。她笑着安慰儿子说：“儿子，还记得你当初写的那篇‘一句话作文’吗？妈就想和你一起感受一下真正的冬天。妈妈对不起你，一心只想让你读好书，逼你做自己不喜欢的事，妈妈真的错了，但每个人都会犯错，就像每个人走路会跌倒一样，只要面对现实，哪里跌倒哪里爬起就是好样的……”妈妈的话阿凯全听进了心里，他感动地说：“妈，我懂！我会像你一样勇敢的！”

阿凯没再辜负妈妈的一片苦心，顺利地走完了初中这个艰难的成长阶段。16岁那年，他考上了广州美术学院附属中等美术学校。仅两年时间，林妙香就让儿子从一个问题少年，重新成为一个有梦想、有志气的阳光男孩。

对此，林妙香深有感触地说：虽然儿子最终没有按照我原来设想的那样考大学、出国留学，但现在的他活得很开心很自信很阳光，这比什么都重要，儿子让我明白，适当地放手，才是真正地爱孩子。

有一种爱叫作放手。不懂得放手，过度关爱，其实也是一种伤害。

事实上，所有的孩子都是一块“璞玉”，正确的教育方法是一把精美的刻刀，错误的教育方法就是一柄锄头。父母之爱都深如大海，不是家长爱心不够，只是他们不知道有些做法不对。

西方有句谚语：地狱之路有时是好的意图铺起来的。家长教育理念上的“一念之差”，可以让孩子的命运有千差万别的不同。如何引导孩子，如何处理和孩子的关系，区分出了家长手中握着的是锄头还是刻刀——它使孩子的世界和未来全然不同。

《河边林里》（唐自勇作品，布面油画，60×80cm）

精彩访谈

让每一个学生接受最合适的教育

特邀嘉宾
林丽华
资深个人教育规划师
株洲健坤潇湘实验学校学生发展中心主任

小女人的新型教育梦

① 作者：林老师你好，你们学校有句口号是“让每一个学生接受最合适的教育，让每一个学生找到最合适的出路”，能解释下这句话的具体含义吗？

林丽华：我记得，在《国家中长期教育改革和发展规划纲要》中有这样一句话：“尊重教育规律和学生身心发展规律，为每个学生提供适合的教育，培养造就数以亿计的高素质劳动者、数以千万计的专门人才和一大批拔尖创新人才。”这句话有着重要的意义和深刻的内涵，也是我们学校所追求的目标。

只有为每个学生提供最合适的教育，才是最公平的教育。怎样理解教育公平？就是有入学机会的公平、教育过程的公平，而最终的公平应该是使每个学生的潜在能力得到充分的发展，都能获得教育的成功。

那么，学校怎样才能做到为每个学生提供最合适的教育？

首先，要更新人才培养观念。要树立人人成才观念，面向全体学生，促进学生成长成才。树立多样人才观念，尊重个人选择，鼓励个性发展，不拘一格培养人才。教师一定要尊重学生，相信学生，理解学生——相信每个学生都有潜在的发展能力、人人都能成才。

其次，学校和教师要面向全体学生，研究每个学生，了解每个学生的特点和特长，因材施教，扬长避短，充分发挥学生的优势。然后，教师要注意培养学生的兴趣和爱好。没有兴趣就没有学习，如果学生有自己的爱好，到中学阶段就会逐渐形成自己的志向。

另外，还要改革人才培养模式，要以人为本，尊重学生的选择，为学生的选择提供条件。比如课程要改革，要减少必修课，增加选修课，要改进教育教学方法，在教学过程中充分发挥学生的主体性、主动性、积极性，摒弃注入式，采用启发式，吸引学生积极参与教学，要减轻学生课业负担，使他们有时间思考、有时间实践、有时间锻炼身体、有时间参加自己喜爱的科技或文艺活动……

只有这样,我们的教育才会生动活泼,我们的学生才能享受到教育的幸福。

② 作者：据我了解，你就是这样一位善于调动学生积极性、多才多艺的女教师，而且在株洲教育界名气不小，可否介绍一下自己？

林丽华：呵呵，不敢不敢。我曾做过五年体制内教师，后来辞职进入北大青鸟株洲健坤学院,从班主任开始做起,到就业部经理、副校长,再到健坤集团高管,我整整花了 8 年时间。可以说，每一步，我都是在用生命与灵魂，践行着我内心的教育使命——对每一个学生的成长与发展负责，不辜负任何一个学生的选择与信任。

在北大青鸟期间，我凭借自己的能力对职业教育实行了大胆的探索，并取得了突破性的成绩，收获了很多鲜花、掌声、荣誉等，有些学子甚至夸我为“女神”，实在让我感动得不行。但这也让我更加坚定了自己的教育之梦——我希望能够颠覆传统教育,帮助每一个上不了高中、考不上大学的孩子,创造一个骄傲、精彩的人生。

所以，2016 年春，我主动请缨来到健坤潇湘实验学校筹建学生发展中心，兼任校长办公室主任，主要负责制定学生发展计划、指导学生学业成长、学生生涯规划设计，以及组织开展各类活动等。

③ 作者：你作为资深个人教育规划师，请谈谈学生发展规划有什么作用？

林丽华：为适应新形势下人才培养模式的变化，我国正在大力推进创新教育和素质教育。早在 2011 年，教育部教育管理信息中心就正式启动了“个人教育规划师认证”项目，旨在指导教师更好地了解学生，根据学生的爱好、特长与发展方向制定合适的教学内容与计划，提高教学质量。

制定教育规划后，学生有了明确的方向与计划，就能减少许多盲目的、功利性的学习投入，不仅减轻了学生的学习负担，也减轻了家庭教育的经费压力，让学生能够健康成长。

比如，我的教育内容主要是指“身心灵”方面的，即通过各种方式让学生的身体、心理、灵性达到统一与和谐，使他们获得满满的能量、整体的健康及灵性的成长。每一次课堂分享，我都会通过设计一些充满乐趣的细节，告诉所有学生——要用心学习、用心生活、用心爱，才会发现原来自己是如此好、如此美、如此幸运……

我每天只专注于一个核心目的，就是让每一个学生真正找到适合自己的出路，在高中阶段就让学生认识到他们是谁、他们适合学什么、他们未来适合做什么、他们应该如何去做，让所有正在接受传统教育的孩子在未来的人生少走弯路。但是，现在很多高中都没有开设这种课程，没人教他们如何去抉择、朝哪个方向发展，所以很多学生会迷茫。这种事情需要有人去做，我也非常喜欢这种新型教育事业。

天行健，君子以自强不息

④ 作者：“天行健，君子以自强不息；地势坤，君子以厚德载物”。这两句古语充满了正能量，也正是“健坤”两字的含义吧？

林丽华：是的。株洲健坤潇湘实验学校隶属于湖南健坤教育集团，健坤教育的宗旨就是要教会每一个学子自强不息、厚德载物。为此，我们无论是在学校环境，还是教学方面，处处都倡导正能量。

比如我们健坤潇湘校园，花香叶绿，洁净明亮，各个班级文化都独具风采，每个学生的个人目标都明确响亮，“时刻努力，不留遗憾”“全力以赴，心无旁骛”“斗志昂扬，誓争最强”“激情澎湃，七七不败”等班规班训，激情昂扬。我们的教学团队，也坚守良知、正直，回归教育本色，用爱心感化，因材施教，春风化雨。

这种“健坤”文化，已深入我们集团所有教职员工及学子心中，形成了一种独特的力量，也使得我们“爱心教育，快乐学习，细节管理”的教育理念得以全面实施。我们致力于培养每一位学生“坚强与爱”的品质和行为，塑造高品质、高品位的学生，通过给每一位学子订制最适合的成长与发展规划，提升整体学生发展核心素养。

⑤ 作者：近两年，“学生发展核心素养”这一概念十分盛行，北师大就曾发布了《中国学生发展核心素养》研究成果，你怎么看？

林丽华：学生发展核心素养，主要指学生应具备的、能够适应终身发展和社会发展需要的必备品格和关键能力，表现为人文底蕴、科学精神、学会学习、健康生活、责任担当、实践创新六大素养。

人文底蕴主要是指学生在学习、理解、运用人文领域知识和技能等方面所形成的基本能力、情感态度和价值取向，具体包括人文积淀、人文情怀和审美情趣等基本要点；科学精神主要是指学生在学习、理解、运用科学知识和技能等方面所形成的价值标准、思维方式和行为表现，具体包括理性思维、批判质疑、勇于探究等基本要点。学会学习主要是指学生在学习意识形成、学习方式方法选择、学习进程评估调控等方面的综合表现，具体包括乐学善学、勤于反思、信息意识等；健康生活主要是指学生在认识自我、发展身心、规划人生等方面的综合表现，具体包括珍爱生命、健全人格、自我管理等。

责任担当主要是指学生在处理与社会、国家、国际等关系方面所形成的情感态度、价值取向和行为方式，具体包括社会责任、国家认同、国际理解等基本要点；实践创新主要是指学生在日常活动、问题解决、适应挑战等方面所形成的实践能力、创新意识和行为表现，具体包括劳动意识、问题解决、技术应用等基本要点。以上这些核心素养的培育，在我们学校都已经落地执行。

⑥ 作者：“学生发展”关系到“学校发展”，一所学校要想获得飞速发展，必须实实在在地让学生得到发展。而这最重要的就是教育理念和教学质量，尤其是领导的能力，能介绍下你们的校长吗？

林丽华：是这个道理。我们健坤潇湘实验学校罗乃荣校长，是一位非常传奇的人物，他曾是一名化学老师，后来担任株洲健坤外国语学校高中部校长 11 年。

他带领一批精干教师团队一路打拼，从零上线率，到连续 8 年创下高考上线率惊人业绩，硬是将原本默默无闻、只有几十名学生的“危机学校”，发展成为一所高品质、好口碑、拥有 6000 师生的名校。

虽然罗校长来到健坤潇湘实验学校时间不长，但是他拥有先进的教育理念、丰富的管理经验，他主张“关注学生而不关住学生”，重视培养学生的动手能力、创新能力，让学生的才华得以施展，为学生的终身发展奠定基础。他每次站在台上讲话，都给学生留下稳如泰山、坚如磐石、慷慨豪迈的印象。

我们相信，在他的领导下，用不了几年，健坤潇湘实验学校也会成为名震湖南乃至全国的名校。

地势坤，君子以厚德载物

⑦ 作者：学校的重要作用之一，应当是为学生进入现实社会做准备，为学生一生的发展奠定基础，也就是你们说的，要“让每一个学生找到最合适的出路”。在这方面，你们具体是怎么做的？

林丽华：这就是我们学校最具特色的地方。我们采取的是综合高中普职融通教育创新办学模式，这是一种教育界的新生事物。

通俗地说，普职融通的综合高中，就是一种为学生提供升学为主、就业为辅的教学模式，培养既有扎实的文化基础知识，又达到一定的专业技能标准的综合性人才。其主要特点是，实行“一次入学，多次分流，多渠道升学，多方向就业”的办学模式。

我们学校的学生，学完两年普高基础课程后，根据学力水平和兴趣爱好向“高考班”“出国留学预科班”“高职对口单招班”“北大青鸟软件工程师班”“健坤技术培训班”五个方向分流发展。这种办学模式真正实现了“普职融通，因材施教，让每个学生接受合适的教育，让每个学生都有适合的出路”的育人目标。

在这种办学模式下，学生没有单纯文化成绩的好坏之分，因为不同的学生有不同的培养模式和成长途径。我们最大的愿望是：让每一个健坤学子，都能体会到成功的快乐，体会到成长的快乐。

我们希望通过普通高中教育和中等职业教育一体化的方式，引导学生将兴趣爱好拓展为职业方向，将文化学习与技能训练有机融合，培养具有继续学习能力和一定就业能力的高素质毕业生。

⑧ 作者：这种办学模式的确很新颖，也颇具现实意义。但一般的高中和民校无法做到，必须借助更强大的平台才能实现，对吗？

林丽华：没错。我们学校拥有强大的“后台”——湖南健坤教育集团。

我们集团已经形成了“学前教育—基础教育—职业教育—线上教育服务平台”的全产业链教育服务体系，旗下包括株洲健坤外国语学校、株洲健坤科技职业培训学校、北大青鸟株洲健坤学院、攸县小哈佛幼稚园、株洲潇湘实业有限公司、株洲健坤潇湘实验学校、株洲健坤教育校园物资配送中心和健坤云教育服务平台等实体。

正是这些教育产业链，使得我们学校的毕业生都能找到一条最适合的出路。为此，我们长期以来进行了多途径探索。比如，我们学校的高中生毕业后，进入“北大青鸟软件工程师班”，同样会有学生发展规划中心的职业导师，进一步加强对学生自信心、沟通力、忠诚度、执行力、职场礼仪、职业道德等方面的训练和教育。这种独具健坤特色的职业素养、人生规划课程体系，也使得健坤北大青鸟毕业的学员深受用人企业的欢迎，已经连续 5 年就业率保持在 96% 以上，平均薪酬达到了 8000 元。

⑨ 作者：健坤教育集团在湖南赫赫有名，而且是一家正在申请上市的企业，你们的掌舵人肯定非同一般，介绍下你们董事长吧？

林丽华：我们董事长李征石先生，毕业于湘潭师范学院，也是教师出身，具有硕士学历。他的教育情怀很浓，十几年前开始创办健坤教育，从零开始，到涵盖了早智教育、幼儿园、小学、初中、高中及职业教育、云教育等，可谓真正实现了“教育一条龙”服务。

我们李董事长认为，一个人在走向社会之前，应当经过启蒙教育、灵性教育、性情教育、为人教育四个阶段。在启蒙阶段，健坤的做法是，注重传统文化渗透的同时，突破传统死记硬背的教学方式，让孩子们在游戏、玩耍中，造就孩子优异的智商、情商和逆商。灵性教育主要针对小学阶段，指通过常识教育和活动熏陶，保持孩子求真、好奇、善美的灵性，鼓励他们发展兴趣、张扬个性。

性情教育则是倡导快乐教育，推行快乐课堂，引导学生自主学习，通过各种实践活动体验成长乐趣，塑造他们健康快乐的个性、积极向上的态度、宽阔的胸怀以及坚韧不拔的精神。为人教育就是要让孩子懂得感恩，懂得生活，懂得人生的道义，让他们从容走上社会。

我们李董事长还认为，教育是文化教育，也是生活教育，更是生命教育。他十分尊崇孔子、老子、释迦牟尼等往圣先贤的教育理论，他说，中华民族是真正懂教育的民族，我们今天谈到教育问题，之所以叹息远远多于欣喜，其根本原因就是急功近利、揠苗助长。

（主人公近照）

第七章 智慧教育

《学习》（唐自勇作品，布面油画，120×80cm）

经典案例

花样年华：云端上的美丽女教师

在“云端”，课堂会变得更高效，教学会更加生动，工作会更有成就感，生活会更加丰富多彩。

平凡教师，渴望超越

一个人的青春是最宝贵的。

可是，无数的教师将人生最好的花样年华，默默奉献给了三尺讲台。他们在平凡的岗位上，“春蚕到死丝方尽，蜡炬成灰泪始干”。

曾经的陈耀平，也是这样一位平凡无闻的老师。她师范毕业后，长期担任小学语文教学和班主任工作，是一位充满热情、朝气蓬勃、爱岗敬业、颇具才华的青年教师。

然而，日复一日年复一年的教学工作，让陈耀平自身的那种光芒，似乎散失殆尽。她曾在自己的 QQ 日记里这样写道：

有人问：你是搞教育的？我回答：不，我只是个老师！有人问：你是人类灵魂的工程师？我回答：不，我只是个老师！有人问：你的工作是天底下最光辉的职业？我回答：不，我只是个老师！

我要休息，我有自己的家庭，我有自己的孩子，我有自己的爱好，我希望能够心安理得地，像其他行业的人一样享受自己的生活，我希望自己的劳动能够得到社会的认可，得到应该有的回报……

我只是个老师！一个平凡的人。我承认学生的成功并不是我的功劳，他们靠自己的聪颖和勤奋成就自己；同样有些学生的失败也不是我所能左右的，我用尽了全力，可是还是一无所获。当家长放弃了，学生自己放弃了，只剩下老师还在努力想改变点什么的时候，我们这些老师显得多么的无助，真不知道那么拼命是为了什么……

我很困惑:我只是个老师，怎么就成了保姆？每天天不亮，我就得往学校赶。不仅整天要为公开课冥思苦想不同的游戏和花招，还要扫地、擦玻璃，认真检查每个孩子的清洁卫生，一直忙到晚上，等每一个孩子都离校以后，我才拖着疲倦的身体回家……

我很困惑：我只是个老师，怎么就成了警察？为了维护这片“净土乐园”里的宁静与安全，我每天得“明察秋毫”，有预见性地排查各种安全隐患，秉公处理孩子们的各种纠纷，更多的时候，我还得筑起一道道绿色屏障，遮挡外界五花八门的引诱和骚扰……

这篇“牢骚满腹”的日记，真实地反映了陈耀平这样的小学教师工作中的辛酸和无奈。当然，她也只是在夜深人静时，发发牢骚而已。

她是一名资深的小学高级教师，曾获得黄陂区“骨干教师”、第三届“百优班主任”等荣誉称号，而且，她爱好文学，有一定文字功底，先后发表了十余篇教育论文并获奖。所以，她自然知道教师的爱与责任，第二天依然会哼着歌儿，继续迎着朝阳奔向学校。

只是，作为一名年轻的老师，一个爱美的女人，一个被平淡生活压抑良久的文艺女青年，陈耀平非常渴望绽放一次，她不甘于这样的平庸，她希望改变，即便做一辈子教师，也应该超越自己！

2014 年春，陈耀平参加了一次为期三天的教师培训，见到了许多不仅教学先进，而且在朗诵、英语口语、礼仪教育等方面已成为专家级别的同行——她们功成名就，却从不肯停下自己不断学习的脚步，她们四十、五十甚至六十岁了，仍在追求精彩的人生……

老一辈教师的路径，让陈耀平深受感染，她要为自己加油！

云端寻梦，才女显现

开始，陈耀平并不知道如何、从何处改变自己。直到2014年夏，她遇到了“教育云”（教育资源公共服务平台）。这年6月到9月，以及10月到12月，她相继参加了黄陂区和武汉市的教育云比赛。

整整大半年时间，陈耀平都是行色匆匆、身心疲惫，却又充满斗志的样子，每天晚上都要忙到十二点才睡觉。因为这两个赛事（教育云空间建设），都是她以前从没有接触过的领域，她必须投入大量的时间和精力，去接触它、摸索它、扩充它、完善它——上传文章、照片、flash动画，还要整理音画模块、书法模块、资源模块，等等。

但在这个过程中，陈耀平学到了非常多的新知识，接触到了更大范围内的许多优秀同行，也得到了很多同事和朋友的帮助，以及一大帮围绕在她身边的孩子们与家长们的全力支持……这一切，让她深深地感受到了教育正因网络而发生着巨大的改变，也让她体会到了外面天空的广阔、朋友的珍贵、学生的爱戴和家长的温暖。

在区级和市级的教育云比赛中，陈耀平的各种才华渐露，她精心打造的云空间名称为“书卷多情似故人”，整个布局典雅大气，充满了诗情画意。每一个进入该空间的云友，都能感受到扑面而来的书香气，那种书法艺术的墨韵凝香，美轮美奂的音画视频，让人耳目一新。

最重要的是，她的空间涵盖了语文学科及班主任工作的方方面面，比如语文教学、班级管理、学校女工工作等，全面展现了她的工作和生活轨迹，记录了很多精彩故事和美丽瞬间，也是小学语文教学交流，以及老师、学生、家长亲切互动的理想之所。

付出总有回报，努力才会精彩。教育云，不仅让陈耀平提高了现代信息化素养，而且挤进了当地的文化圈。2014 年 11 月，她有幸受邀参加了“黄陂风·木兰情”读书会，见到了许多当地的文化名人。文学前辈们的鼓励，让她萌生了一定要在写作上有所突破的想法——毕竟，自己作为语文老师，得给学生们做个“榜样”啊！

不久，陈耀平利用晚上休息时间，写了篇优美的随笔《挥手作别，我的2014》，发在自己的教育云空间里。

没想到，2015 年 1 月 20 日，这篇文章竟被武汉教育云手机用户端“点滴100”，以“盘龙城才女美女教师陈耀平踏歌迎接 2015”为题，刊登在“教育头条”版面的首位！“上头条”后，她一夜之间就火遍了武汉教育界。

很快，陈耀平的散文《匆匆，十年》，也在黄陂区教育学会《蓝烛光》杂志上发表了。该文讲述了十年前她和一帮刚毕业的老师，从武汉各个乡镇汇聚到盘龙城工作，虽然条件艰苦，却对教育事业激情万丈，对学生亲力亲为……文字细腻感人，引起很多人的共鸣。

从那以后，陈耀平更加勤奋了，她的写作水平突飞猛进。她给自己取了个笔名，叫“花样年华”，就是希望能用优美的文字，留住自己美好的青春。为此，她不仅在教育云的个人空间里笔耕不辍，而且在 2015 年暑假，仅用两个月时间，就在《武汉晚报》《知音》《家庭》《华西都市报》等全国有名的报刊上发表了十几篇作品。

因此，陈耀平还加入了武汉市作协，由一名默默无闻的“草根教师”，成为小学语文教师中的佼佼者。

很多同事既羡慕又纳闷，问她：“你是语文老师，又是班主任，平时的教学工作都那么繁忙，你还有些学校和社会上的兼职头衔，要出席很多活动，你怎么还有精力和时间写作呢？”她总是笑着回答：“兴趣让我的能量爆发了，我每天晚上要工作三四个小时，周末很少休息……”

陈耀平为什么要那么拼呢？因为她越来越感受到，在这个互联网时代，不仅其他行业在发生巨变，教育领域同样在快速地变革，尤其是在接触武汉教育云这个平台后，她看到了很多过去与她一样平凡的老师，不仅在自己的岗位上躬耕前行、踏实践行、锲而不舍，而且通过不断学习、不断创新、不断进步，拥有了精彩的人生。

行“云”流水，光彩绽放

2015年12月，陈耀平有幸参加了在武汉中学举行的“爱上课”全国小学语文名师语言表达教学观摩研讨会。她在现场聆听了江苏省特级教师管建刚、吉林省科研名师耿玉苗、浙江省特级教师张祖庆等名师专家的“前沿阅读作文教学课例与报告”，感觉脑洞大开。

参加完研讨会总结名师们的教学经验时，陈耀平深刻地发现：当自己在焦头烂额地设计“激趣导入法”时，名家们已经从课前热身游戏轻松跳到课题了；当自己正绞尽脑汁地对学生进行花样评价时，名家们只需一个“好”字或者竖起大拇指，就能征服所有学生；当自己上课需要频频看手表掌控教学进度时，名家们完全可以信步课堂、跳脱时间的束缚；当自己还在为班级排名和学生的成绩挥汗如雨时，名家们早已在追寻“第56号教室的奇迹”……

这就是“草根”和“名师”的最大区别！陈耀平深知，自己和那些具有大师风范的教育前辈们还有很大的距离。但她也相信，只要自己不断努力，将来也一定会成为那样的名师。为此，她在语文教学和自身写作上更加刻苦钻研。2016年，她还开通了自己的微信公众号《武汉花样年华》，每篇文章都坚持原创，吸引了大量粉丝。

写作上的进步，让陈耀平积累了很多经验，从而大大促进了她的语文教学。比如：她以前只顾教书，很少写文章，久而久之，就什么也不想写；自从成为小有名气的“作家”后，她坚持每天都写一点，哪怕是“流水账”，也好过不动笔；于是，她将这种体会告诉学生，鼓励学生一定要多写多练，否则，作文就不可能会进步。由于有陈耀平这么一位小有名气的“作家”老师教语文，学生们的写作热情也是一发不可收。每次在课堂小练笔、日记、周作文训练、考试作文、自由命题作文中，都会不断地涌现出优秀的学生习作，陈耀平便在教室的墙上专门开辟出一块“小作家专栏”，并上传到她的教育云空间，让全市5万多师生阅读欣赏……这些举措，使得她班上的学生作文水平提高很快，远远胜于学校同年级学生。

陈耀平还借助教育云平台，在信息化与学科融合上不断尝试，在语文教学的道路上，与时俱进地运用新的教育教学理念。比如：她利用“思维导图系统”，梳理记叙文写作六要素，并让学生跟随“思维导图”快速构思好文章的框架，下笔自然就胸有成竹了；她还在课堂中引入电子计时器“限时即堂写作”、设计“看动画找写作方法”、“词语大放送”等新互动游戏，实时上传学生作品评析解疑……这种多元化工具辅助方式，使她的教学效果显著。

如今，陈耀平不仅已在全国各大名刊发表数十篇作品，而且在工作上勇挑重担，多次被评为“优秀班主任”“最受欢迎教师”“优秀青年教师”等，她带的班级也被评为市级“优秀班集体”。

为什么陈耀平能够在短短两三年时间内发生如此大的变化？除了她自身的努力外，“教育云”的作用也功不可没。她说：在“云端”的日子里，我的课堂从此变得更加高效，我的教学从此变得更加生动，我的工作从此更有成就感，我的生活从此更加丰富多彩……

（主人公近照）

精彩访谈

智慧教育，创造中国教育新势力

特邀嘉宾
张志勇
中国教育信息化专家
湖北省武汉市教育云“多面手”
武汉市蔡甸区新民中学高级教师

智慧教育不再是“天上的云”

① 作者：张老师您好，这几年我们频频可见到“智慧教育”“教育云”等新概念，您作为教育信息化专家，能否解释下这两个热词？

张志勇：智慧教育即教育信息化，是指在教育领域（教育管理、教育教学和教育科研）全面深入地运用现代信息技术来促进教育改革与发展的过程。其技术特点是数字化、网络化、智能化和多媒体化，基本特征是开放、共享、交互、协作，以教育信息化促进教育现代化，用信息技术改变传统模式。智慧教育带来了教育形式和学习方式的重大变革，促进了教育改革，对传统的教育思想、观念、模式、内容和方法产生了巨大冲击，是一股时代新势力。

教育云，则是指在智慧教育的大背景下，云计算在教育领域中的迁移，它是未来教育信息化的基础架构，包括了教育信息化所必需的一切硬件计算资源，这些资源经虚拟化之后，向教育机构、教育从业人员和学员提供一个良好的平台，该平台的作用就是为教育领域提供云服务。

教育云包括“云计算辅助教学”“云计算辅助教育”等多种形式。现在的教育云平台有很多，有全球性、国家级的，也有省市等区域性的，比如“湖北教育云”“武汉教育云”等。

智慧教育和教育云，都是国家信息化的重要组成部分，对于转变我国教育思想和观念、深化教育改革、提高教育质量和效益、培养教育创新人才具有深远意义，是实现教育跨越式发展的必然选择。

② 作者：那在大数据、云计算、微传播裹挟其中的时代，未来教育将是怎样的状态？学校需要怎样的教师？又将如何培养学生？

张志勇：对于教育领域而言，21 世纪信息化的快速发展不亚于一场革命。而“革命性影响”，就是要变革传统的、工业时代的教育教学方法、教育教学组织方式等，包括我们的教师发展模式。

现在很多大中院校、中学甚至小学、幼儿园，都在加强信息化建设，同时结合教师教育特色优势，探索信息技术与科研管理、服务育人中的无缝对接，尝试在“构建数字教室、培育数字教师、引领未来教育”方面精准发力，使智慧教育不再是“飘在天上的云”。

但是，在推动教育信息化的过程中，发展在线教育也面临着很多挑战。首先是教师的思想观念，目前很多老师仍停留在原始的教学基础上，缺乏对在线教育的认识，有的很难转过弯来。

其次是教师的转变能力，很多教师已习惯传统教学，加上年龄、精力等因素，要转变需要很长时间。比如一位老师曾表示，通过网络答疑使他的工作量变得极大，有次一个同学让他描述一个图表，他不知该如何说，恨不得把手从网络中伸过去给学生画出来……

③ 作者：据我了解，您是一名 60 后中学教师，几年前也是从传统教学转型而来，您为何能如此迅速地转型？有什么特别的经验？

张志勇：这个主要有两方面原因，一是我自己主动改变观念、积极学习，二是我遇到了“武汉教育云”这个很好的平台。

2012 年 11 月底，为加快教育信息化进程，武汉市作为国家首批试点城市，推出了教育资源公共服务平台（简称教育云）。

这对于武汉三镇的广大教师来说，都是一个过去从没有涉及的全新领域，尽管市、区教育局加大了教师信息化素养的培训力度，但培训的数量和范围远远跟不上需求，特别是边远地区、农村学校，培训人员、涵盖量都十分缺乏。

许多老师对新技术新平台一腔热情，却苦于没有引领而艰难摸索。这时，就需要一批乐于教育云培训的志愿者，来为推广普及信息化应用添砖加瓦，而我作为最早一批接触智慧教育和教育云的教师，便加入了志愿者队伍，和大家一起共同进步。

我虽然已年过五旬，但我不怕辛苦、喜欢学习，也不图名图利，只希望通过自身的转变和能力，给广大习惯于传统教学的老师，尤其是边远地区、农村学校的老师，起到一个示范引领的作用，告诉他们："连我这样一个 50 多岁的中年老师都能转变，你肯定也行！"

云端之上的"太阳之子"

④ 作者：能具体谈谈您是如何走上"教育信息化之路"的吗？

张志勇：我也是"摸着石头过河"，边学边教边提高。

前几年，随着教育信息化的逐步深入，通过网络咨询我的人数也不断增加，老师们提出的问题专业性也越来越强，我深感这方面知识的欠缺，急需补充。于是，我自学了代码语言、网页制作、课件制作、学科整合、微课程开发等方面的知识，常常熬夜加班。并且主动找到区教育局师训科求助，获得了去市学科整合培训班学习的机会，等等。

参加培训期间，我把每一位专家讲授的内容和授课方式，都拿来与自己的远程教学比较，找不足、思良方，然后又主动与几位专家交流，提出自己的教学观点和建议，让专家们提出指导和改进意见。培训完后，我再反复摸索，领悟透彻后再通过远程、面对面指导等形式，将学习成果分享给其他老师，经常工作到凌晨两三点钟。

⑤ 作者：听说您在"武汉教育云"已经培养了上千名"教师弟子"，而且被誉为"云中义侠""云端之上的太阳之子"，是吗？

张志勇：确实有这么回事。我在武汉教育界首先提出了"云友云友，我有你有"的共享理念，并希望自己能起到示范引领的作用。

为了消除有些同行的顾虑（特别是那些年纪大、想学又畏难的老师），我通过交流，以自己亲身经历言传身教，介绍自己的学习历程和学习心得，从而激发他们的学习热情和信心。如武汉市黄陂区 53 岁的魏桂香老师，以前只会开机关机浏览网页，通过一段时间的学习，信息素养明显提高，不仅能够自己制作漂亮日志、动态图片、课件等，而且已经能够熟练应用交互式电子白板上常态课了。再比如武汉光谷一小的李静老师，也曾得到我在空间建设、课件制作等方面的帮助，先后荣获了全国 NOC 大赛一等奖、全国恩欧希教育信息化发明创新奖、湖北省英语研究课竞赛一等奖等。现在的她也是这方面的一把好手，常常受到邀请出外讲学，传授经验。还有汉阳翠微中学英语老师张海雪、新洲三店中学数学老师方秀丽、东湖高新九峰一小陈琳老师等等，这样的例子可谓遍布武汉市所有的城区。至今由我直接远程教授的弟子多达数百人，间接得到我帮助的老师有数千人，而且他们在当地又发挥了很好的带动作用，进一步辐射了信息技术应用的成果，形成了点线面的良好扩散。

对此，武汉市教育科学研究院现代教育技术中心吕军老师、湖北大学博士生导师徐学俊教授等都做过评价，说我在平凡的岗位上做出了不平凡的事迹，为义务教育阶段提倡的培养全科教师树立了一个很好的榜样，不愧为“云中义侠”“武汉教育云端之上的太阳之子”等。其实我只是想以自己的微薄之力，尽量多带动一些教师积极投身于教育云建设和信息化教育事业。

⑥ 作者：您不仅自己好学上进，而且免费帮助了那么多教师“转型”，真是难能可贵。那您又被誉为教坛“多面手”，是怎么回事？

张志勇：这个主要是因为我爱好比较多。几年来，为了开发信息技术教育资源和提高老师们的学习效率，我独立或与他人合作，撰写了 180 多篇论文，比如《信息应用在高效课堂中的应用》《如何装扮美化你的教育云》《微视频的制作和使用》《慕课的特点及其应用》《教育云移动客户端点滴 100 使用方法》，等等。我还与其他老师合作，编撰了 30 万字的《云端寻梦——武汉教师建设教育云风采录》一书。为了方便培训教学，给武汉一线教师提供一个参与武汉教育云平台移动客户端建设的机会，我又与人合作建立了“武汉美丽教师”QQ 群。平时，我在教弟子信息技术之余，还以我的诗词、书画相赠，鼓励大家施展才华，加深“云友”感情。

我在教学上也内容丰富，涉及数学、美术等多个学科，担任多个年级、班级老师。作为美术教师，我擅长中国山水画，系中国美术教育协会会员，常有作品发表，在美术教学领域多次荣获桃李奖。

从农村教师到“全国名师”

⑦ 作者：我看“武汉教育云”两年前就已推出您的“张志勇名师工作室”，至今点击量已达300多万，排名全市第一。作为一名边远农村教师，您觉得自己为什么能成为领先人物？有哪些优势？

张志勇：我觉得最主要的原因，就是勤奋、努力、付出、创新。为了提升广大教师的信息化素养，我创新了三种培训教学方法。一是充分发挥个人空间、名师工作室的示范作用。我的工作室以培养网络名师为目标，以专业成长为发展方向，使个人空间和工作室成为优质资源的集聚地和骨干教师交流的舞台、成长的平台，实现“名师引领、团队合作、资源共享、均衡互补”的目标。我充分利用空间的留言功能，解答了无数教师的疑难问题，付出了大量的时间和精力，结交了无数平台“云友”，这也促进了点击量飙升。二是利用QQ远程交互功能，提高培训的效率。在每次一对一的培训中，我总是自己亲自远程操作、演示，课后还对学员布置课外作业，严格检查、严格把关，不懂再教，直到学员完全掌握为止。三是打破地域界限，积极筹划云友线下交流活动，进行面对面的交流探讨。为此我曾在武汉各地组织了很多“云友”活动，累计人次多达数百人。我们通过切磋云平台建设技术以及课件制作、微课制作、微课程开发等方面的经验，提升了整个团队的技术素养。

⑧ 作者：这些年您在智慧教育方面还取得了哪些成果，有些什么样的影响？华中师范大学教育信息技术学院副院长、博士生导师左明章教授，也曾评价您“志远才高克难关，勇往无畏力笃行”，说您“是一位非信息技术专业出身却对信息技术孜孜不倦的专研者，是武汉市基础教育信息化发展中的专业典型人物、示范引领性人物，您不断学习、无私奉献的精神，体现了新时代教师的精神风貌”。

张志勇：感谢所有关心和关注我的朋友。很大的成果和影响谈不上，我认为自己的经历主要对武汉乃至全国的教育信息化事业有帮助，所以我愿意在这里多说几句。这几年，首先是我个人“出彩出名”了，弟子们也有成。在前两年武汉市教育云平台空间大赛中,我连续获得综合评分最高的一等奖。众多“云友”在我的指导和帮助下，也取得了骄人的成绩。

其次是，我走出武汉，“走向”全国。我的事迹感动了很多人，武汉市教育电视台和市教育局专门制作成宣传片《云端太阳》，对我进行了宣传报道，很多媒体作了跟踪采访。

2015 年 5 月，我还作为湖北省唯一的教师个人代表，出席了联合国教科文组织在我国青岛召开的教育信息化展示会。很多“云友”认为，美国有一个萨尔曼·可汗，开创了“可汗学院”先例；中国武汉有一个张志勇，开创了“个人云端授徒”先例。

再就是，多方认可，“头衔”越来越多。我得到了很多领导、专家学者、教育云建设企业以及广大“云友”的一致认可，先后被聘为多个教育信息库专家、各种教育培训公司或机构推广专家等。

⑨ 作者：毋庸置疑，智慧教育时代已经来临，无论学校、老师还是学生、家长，都必须认真面对。您觉得智慧教育最大的优点或作用是什么？对此，您还有什么独特的观点吗？

张志勇：是的，教育信息化改革，对师生而言都是一种转变和冲击。在网络时代，教育教学活动已不可能孤立存在于真空中，离不开信息技术和电子产品的支撑。我们与其将技术与课堂分割，不如有效利用技术服务于课堂教学，改革教学模式，培养数字化教师。

智慧教育对教育行业是具有重大意义的，它最大的优点是能够改变教育资源不平衡现状，能够跨越时空进行高效、便捷、互动式的教学。比如国内有些条件好的学校，都和全国各地乃至海外的优质学校有合作，在某些课堂上，学生们只需通过大屏幕，就能接受来自几千公里外的名师讲课。还有的大学，就连新生报到都实现了网络化，比如网上选住宿舍、手机选购生活用品、健康保险选购及素质课程在线学习等新潮个性的“一站式”报到体验，十分便捷。

但是，智慧教育的推进任重道远，尤其是边远、农村地区。智慧教育的关键是重组、再造、深度融合，而这种融合并非简单地将两者相加，不是简单地在一所学校中开通 WiFi、配发设备、开发资源，而是要通过推进教育信息化来促进教育理念、教学模式、学习方式的深刻变革，与人才培养、科学研究、教师队伍建设、校园文化建设和学生工作无缝对接，让传授知识、教书育人不再有围墙。所以，智慧教育更多的应该是一种“教育情怀和责任”。

我觉得自己这么大年纪了，还乐在其中摸爬滚打，就是源于这样一种情怀和责任。从内心来讲，信息化数字环境是无声的世界，它没有传统教学那么真实，它就像飘在天上的云，但时代在进步，我们必须跟着变，只要我们仍然以育人为本，依旧以真诚的心去爱学生、教学生，就一定能让“天上的云彩”变成滋润学生的细雨！

（主人公近照）

经典案例

曾劲词：感动中国的山区好教师

为了山区教育，为了那些渴求知识的孩子，他在贫困离异、生老病死中，苦苦地坚守……

支援西部！到祖国最需要的地方去

他说，他是大山的儿子，他放不下大山里那些渴求知识的孩子，所以他这一辈子，注定要与大山为伍，以教育为魂。

说这句话时，他站在湖南省第一高峰——湘东南罗霄山脉的神农峰上，他那铿锵有力的声音，在山谷里久久回荡……

他叫曾劲词，出生于湖南省株洲市炎陵县，现为炎陵县第一中学高中语文教师，曾获株洲市第五届“教坛新秀”、株洲市第五届“教学能手”、炎陵县第三届“县级骨干教师”等。但是，很少人知道，在众多荣誉的背后，在他大山一般沉默坚强的身影背后，有着更多带血的令人心酸的人生故事——

他从小在炎陵山区的一个偏僻村庄里长大，贫穷落后的家境，激励他发愤苦读，自幼学习成绩优异。后来，他考上了县城第一中学，为了圆大学梦，他每天把头埋在书堆里，几乎每餐都是吃咸菜馒头。那时的他，自卑内向、沉默寡言，和女同学说一两句话都会脸红。但是他的内心非常强大、虚怀若谷，只是不为人知。

2003 年 6 月，他以优异的成绩毕业于湖南涉外经济学院。身为共产党员、优秀学生干部的他，是学校重点培养的对象，校领导“特别关照”他留在学校电视台工作。然而，仅仅工作了两个月，他就毅然放弃了这么绝佳的发展机会，只因为他偶然间在电视上看到，那一双双来自西部山区、渴望知识的眼神，他的内心深深地被触动了，他立即决定，积极响应团中央的号召，参加“应届大学生志愿支援西部计划”，因为“西部的孩子需要他”。

“大学生志愿服务西部计划”，是团中央、教育部根据国务院常务会议、《国务院办公厅关于做好2003年普通高等学校毕业生就业工作通知》和2003年全国高校毕业生就业工作电视电话会议精神的要求而实施的。该项计划从2003年开始实施，按照公开招募、自愿报名、组织选拔、集中派遣的方式，每年招募一定数量的普通高等学校应届毕业生或在读研究生，到西部基层开展为期1–2年的教育、卫生、农技、扶贫等志愿服务，选拔条件还非同一般。

就这样，曾劲词带着青春的热情，喊着响亮的口号——“到西部去、到基层去、到祖国最需要的地方去”，来到了黔东少数民族集聚的偏远山区——贵州省铜仁市石阡县甘溪仡佬族侗族乡中学。

甘溪是一个以仡佬族、侗族和羌族为主的少数民族乡，也是一个老、少、边、穷的国家级扶贫乡。那里不仅交通不便、信息闭塞、水源匮乏，而且人们思想传统、不重教育，学校教学条件十分有限，很多学生连普通话都说不标准，所以曾劲词很难施展自己的才华。但他没有放弃，他不能违背心中的理想。他狠下心来，默默地在大山里教书。有的学生听不懂他的普通话，他就一个字一个字地反复教。学校的宿舍很简陋，冬天的夜晚冷得他浑身发抖。他希望学更多的先进信息和知识，然后传授给孩子们，可那地方实在落后，他只能利用周末或寒暑假，舟车劳顿地跑到县城甚至省城去充电。

坚持两年后，他不仅在教学上取得了可喜的成绩，而且因为会写新闻材料在当地小有名气，石阡县旅游局和县对外宣传中心的领导，曾几次亲自点名想调用他到县城工作，但是因为牵挂山里的孩子，他都不肯成行。他说：“我是来这里支教的，我的任务就是深入基层，在县乡中小学从事教学及教学管理工作，我不能忘掉初心！”

曾劲词坚守在甘溪乡中学。2004年，他与本校一个名叫梅子的当地实习女老师谈起了恋爱。2005年夏，他的两年支教期满，他想继续留下，可梅子不愿当老师了，再三希望他带她去外面闯世界。于是，热恋中的他只好带着梅子来到了湖南株洲市区，经过他姐姐的帮忙，梅子很快在株洲一家公司上班了，而曾劲词一时半会儿无法落实教师工作。更让他放不下心的是，2005 年 9 月，甘溪乡中学很多学生得知他走了，竟然你一元我五毛地凑钱跑到乡里的邮局给他打电话，学生们轮番抢着话筒高喊："曾老师，您回来吧，您是这个世界上最好最好的老师，我们爱您，我们每天都在想念您！"

听到有的学生还哭了起来，曾劲词哽咽不已。他当即决定返回贵州，女友阻拦，他说："你不愿回去当老师也就算了，可那是你的家乡，那些大山里的孩子需要我，他们明年就要中考了，我怎么忍心？"梅子再也没作声。他义无反顾地又独自去了甘溪中学支教。

妻离子散！回到故乡让大爱延续

2007 年 1 月，放寒假后，曾劲词回到湖南株洲与姐姐、女友团聚。春节前夕，他们又回到炎陵老家看望年迈的父母。在亲人们的劝说下，他与梅子草率地办了结婚手续，由于贫穷，他们没有举行婚礼，只是邀请村里的亲戚一起吃了顿饭。过完年，他继续到贵州教书，梅子则与他的姐姐在株洲打工，并希望他教完那学期就回来。

可是，曾劲词同时担任不同年级的语文老师，这个班的学生毕业了，其他班的学生同样"需要"他。大山里的学生见识少、淳朴、重感情，尤其像他这样认真负责、才华横溢、充满爱心的外来支教老师，深受学生们的爱戴，而他又善良心软，所以总是难以释怀。

2007 年暑假，曾劲词在株洲与妻子团聚时，又因他支教的事情发生了分歧，妻子说："你在那里干了四年，还是那么点工资，回株洲随便找份工作也更强啊，何况我们这样两地分居多不方便！"他则劝妻子跟他一起回贵州教书，但梅子又不愿意回她贫穷的家乡。家里人也劝曾劲词回湖南找工作，但没用。不久，梅子怀孕了，本以为他会辞职回来陪伴，但他还是坚持在贵州支教。2008 年，梅子生下儿子后，他的家人都下"命令"要他回湖南，可他以"大山里的孩子离不开他"为由，要求梅子带着儿子回贵州娘家与他团聚。但是，梅子不愿意，一是她的老家太穷，她不想给父母增加负担，二是在她家乡，女儿嫁出去后，再带着孩子回来常住，会被人瞧不起。于是，他和妻儿就这样忍受着别离的痛苦。作为丈夫和父亲，他肯定也想念妻子和儿子，也想亲手照顾幼小的儿子，在工作之余，享受一下家庭的乐趣。但为了西部大山深处的孩子，为了心中的理想，他只好辜负亲人、委屈自己，过着茕茕孑立的清贫生活。

曾劲词的这种选择，不仅很多人不理解，就连他所有的亲人都反对，甚至说他“一根筋”，骂他“傻”。因为，随后的几年里，他 90 多岁的外公、外婆，以及两个伯父和唯一的姑妈相继去世时，他都由于教学任务繁重、时间紧急、路途遥远等不能为亲人送终。

从内心来说，曾劲词深切感受到了短短几年间失去多位至亲而且没有亲自回去参加葬礼的伤痛。在精神上，他更是常常因无法照料家乡多病的老父老母，以及无暇看望天各一方的妻子和儿子，而感到极度内疚。有时候，他也会在孤独的深夜里反复问自己：这样的坚守，到底是大爱，还是在逃避现实？然而，每天天一亮，每当看到学校那高高飘扬的红旗，以及早早地起来刻苦读书的学生们，他又毫不犹豫坚定地走上了讲台。

就这样，他一干就是 8 年，他把自己的青春年华都献给了西部山区，他用执拗般的激情，在乡村中学谱奏了一曲爱的乐章。

然而，在妻子看来，曾劲词是“自私”“无情”的，甚至在他的父母亲人眼里，也如此。所以，有次他被学生家长邀请到寨子里去喝喜酒，因水土不服和不习惯少数民族饮食风俗，而突发肠胃疾病在医院里躺了一个多星期时，没有亲人来看望他。不过，他的坚守总算没有白费。2010 年，他通过自学拿到了贵州师范大学汉语言文学专业本科文凭。他的爱心事迹，也在当地引起了有关部门的重视。2011 年 7 月，他又以全县第一名的考核成绩，被选调上贵州市铜仁地区重点高中——石阡民族中学教学。他第一时间把这个好消息告诉妻子，并希望梅子带着儿子回到她的家乡一起生活。

可是，梅子说：“调到县城又怎样？还不是那点工资……”由于曾劲词多年的固执和“冷落”，并且一心在贵州支教，梅子再也忍受不了这种经济上贫穷、生活上艰苦、夫妻长年分居的日子，坚决要求离婚，他只好含泪同意。那个暑假，他带着 3 岁的儿子回到了炎陵老家，因为梅子走了，离婚后的他只能把儿子交给老人家带。得知曾劲词为了去西部支教，竟然把家都搞散了，他父母气炸了："你这是逞什么能、献什么爱心啊？你连自己的孩子都照顾不了，还谈什么牵挂西部大山里的孩子？再说了，西部大山是山，难道我们这炎陵大山就不是山了吗？你就不能回到家乡来教书！我们都快七十岁了，你不回来尽孝道也就算了，还要我们帮你带孩子，你到底是怎么想的……"父母的这番话，如刀绞般刺痛着他的心。

在亲人们的轮番责备下，曾劲词似乎"醒悟"了，他已经失去了妻子，破碎了家庭，不能再亏待了幼小的儿子和年迈的父母。于是，他放弃了在贵州发展的机会，申请回炎陵工作，为家乡的教育奉献力量。最终，组织上考虑到他的特殊情况，也同意他回来执教。

感动！中国需要更多这样的好老师

于是，2011 年 9 月，曾劲词开始在炎陵县鹿原镇中学教书。尽管离异的痛苦、贫穷的家境，让他难以轻松快乐起来，但毕竟是在家乡的大山里，而且这里的教学生活条件比贵州好多了，所以他在兢兢业业工作之余，又有了新的梦想——他要努力成为家乡的名师！

当年 10 月，学校组织全体教师赴长沙市名校稻田中学学习，曾劲词被稻田中学的"高效课堂"教学模式深深震撼了。回校后，他率先在学校搞起了课程改革。没有范本，他就一步一个脚印，凭借自己多年来学习掌握的电脑技术和教学经验，一篇一篇课文地反复备课、反复研究、反复设计。然后，他又一个一个地下载课件、配备课文录音和图片，有时他还自己亲自拍摄图片，制作出适合自己教学和符合学生实际的学案和多媒体配套课件，并且他还尝试模拟上课，发现不科学的地方再反复修改、反复试验，直到满意为止。

那段时间，他每天工作到深夜十二点，才拖着疲倦的身体回到宿舍。除此以外，他还对传统教学进行了大胆的革新，倡导并尝试采用"开放式"教学模式教学，这一系列举措都得到了领导的肯定。

由于他的父母年老体弱，丧失了经济来源，而且他的儿子因离开了妈妈，在性格上变得更加脆弱和娇气，每天打电话哭嚷着要爸爸，可他所在的学校离他父母住的村子还有几十里山路，所以他只能每个周末坐中巴车横跨多个乡镇回去看儿子和父母。后来，为了不影响自己的工作，也担心累坏父母的身体，他只好拜托在株洲市区居住的姐姐和弟弟帮助照顾他的儿子，并安排儿子在那边读书。

这样，他又开始过着孤单的日子，又将所有的心血倾付于乡村教学之中。但是他无悔，他渐渐感受到了过去从未有过的精神上的充实，因为他所在的鹿原镇，山清水秀，是国家级名胜风景区、中华民族始祖炎帝神农氏的安寝福地，他可以每天傍晚在学校附近的洣水河边、炎帝陵景区跑步散心，吟诗高歌，或给父母儿子打电话……

只是，生活依然沉重。他的父亲患有坐骨神经痛、风湿、肾病，他的母亲贫血体虚，常年用药。2012 年，他的母亲因患胆囊炎住进了株洲市区的医院，姐弟三人决定合凑医疗费给母亲动手术，可他根本就没有积蓄（每月的工资都花在了儿子身上）。作为教师，他贷款必须有同事担保，他开不了这个口，万般无奈，他只好瞒着信用社，以他“母亲”的名义，找信用社的同学帮忙才贷到 2.9 万元。

为了不影响教学，他又瞒着领导，没有离开学校去株洲陪老人动手术。那笔贷款，他也熬了三年才还清。2013 年，在他最艰难的时候，他的一个在北京已拥有亿万资产的初中同学，诚邀他去北京工作。他开始有点动摇了，但他最后还是放弃了，他觉得自己离不开教育事业，心里只有学生，用他的话说：“教书育人，舍我其谁！”

“路漫漫其修远兮，吾将上下而求索”。曾劲词有着屈原般的诗人情怀和内心悲楚，但精神上的孤独和生活上的困苦都击不垮他，因为他的内心无比强大，他的教育理想和信念，已经刻进他的骨髓。

随后几年，曾劲词一直刻苦钻研新课标和新课程，精心设计教学方法，费尽心血独立创制出一整套中学语文教学案和多媒体课件，成功实现了让每一位学生由爱学变乐学的目标。而为了让学生们“乐学”，他自己的性格也改变了许多，变得开朗风趣，他的课堂上，总是充满欢声笑语，学生总是在不知不觉中就掌握了课文的重难点。

正因此，2015 年 9 月，他被上调至湖南省重点中学——炎陵县一中，担任两个高中班的语文教学以及校刊《鹿原文学》主编。近几年来，他还获得了株洲市第五届“教坛新秀”、株洲市第五届“教学能手”、炎陵县第三届“县级骨干教师”、华东师范大学“青年教育英才”班优秀学员、第十八届“语文报杯”全国中学生作文大赛指导老师一等奖等殊荣，他所教班级语文成绩十分突出，深受学生喜爱，并得到家长、学校领导和当地教育主管部门的一致好评。

好人终有好报。如今，曾劲词不仅在教育事业上有所建树，而且遇到了一位理解和支持他的贤妻，他把儿子接到了身边，尽管一家人并不富裕，但幸福和谐。他就是这样一位耐得住清贫、守得住寂寞、甘于奉献、积极上进的人民教师，他把自己的青春毫无保留地献给了黔湘两地的山区教育。他说，他会以这样的姿态坚持到老。在这个浮躁的物质时代，在广袤的中国山区和农村，还有很多像曾劲词这样的好老师，也需要更多这样的好老师，我们每一个人，除了深深地感动外，更应该为他们点赞，为他们的事业尽一点力。

《午后阳光》（唐自勇作品，布面油画，70×80cm）

精彩访谈

智慧时代，如何提升校长竞争力

特邀嘉宾
古汉新
中小学基础教育专家
中国教育家协会理事
中国陶行知研究会中学教育专业委员会常务理事

校长的专业标准与核心素养

① 作者：古校长，您好，随着中国教育改革的不断深入，尤其是智慧教育时代的来临，关于校长角色的讨论和研究逐年增多，社会呼声也越来越多。您作为一名资深校长，是如何看待这个角色的？

古汉新：在传统的角色定位中，校长曾被视为教育家或社会活动家。然而，较多的时候，校长被看成是一位“官员”——对校长的任命、提升和评价等，往往与对其他政府官员的做法类似。并且，校长的职责之一，往往就是在政府的指导下开展工作。由于校长经常来自于教师，他们依照任教师时候的经验管理学校，这就很容易因没有经过专业培训，而缺乏作为学校领导者应具备的知识和技能。尤其是最近几年，智慧教育大潮汹涌而至，校长的职位必须注入更多的时代观念和新的管理内涵，并且正在从一般的管理职业向专业化职位急速“转型”。这意味着，作为一名新时代教育管理者，现在的校长不仅应该掌握用来进行管理的专门知识和技能，还要有自己的“创新型竞争力”。从某种意义上说，校长的领导力、竞争力，决定着这所学校的核心竞争力，所以校长的专业化越来越受到重视。

② 作者：您从教近 30 年，作为我国中小学基础教育专家，先后在哪些学校任职过？能详细介绍下您在教育方面的经历和成果吗？

古汉新：我是一名客家人。1970 年出生于广东省梅州市五华县华阳镇社径村，先后毕业于广东省五华师范学校、广东教育学院、华南师范大学、中山大学、北京师范大学、亚洲开放（香港）教育学院等，拿到了英语专科、中文教育本科、教育管理硕士研究生等学历，还在读教育管理博士课程班，并获得广东省中小学校长培训证书。

20 世纪 90 年代初，我就开始当老师，曾在广东省惠阳市良井镇北联小学、东莞市樟木头镇古坑小学、东莞市凤岗镇作新小学和黄洞小学任教。从 2003 年开始，我先后担任东莞市凤岗镇雁田银星小学校长、凤岗镇翡翠山湖学校校长、广州市航天科技技工学校校长。

近 30 年来，我在教学之余还凭借自己的写作能力，在《南方日报》《中学文学报》《中国教育报》《学习方法报》《少年智力开发报》等报刊发表 10 余篇教育论文，参与编写了 6 本教育书籍，指导了上百篇学生习作在省级以上报刊发表。《中国专家大辞典》《中国高级专业技术人才辞典》《中华文库专家名典》《共和国专家成就博览》《中华名人志》等专著都收入了我的教学事迹，我还兼任了中国教育家协会理事、中国西部教育顾问、中国陶行知研究会中学教育专业委员会常务理事、中国少儿艺术研究会研究员及理事等职务。

③ 作者：佩服，您真不愧为教育领域的老行家呀！当了那么多年校长，您如何理解校长竞争力的内涵？它具体包括些什么呢？

古汉新：所谓校长竞争力，也就是校长能力的总和吧，包括专业能力、核心素养、创新精神等等。20 世纪 90 年代以来，美国、英国、新西兰、澳大利亚等国家先后都建立起了校长专业标准，我国教育部是 2013 年印发了《义务教育学校校长专业标准》，2015 年印发了《普通高中校长专业标准》《中等职业学校校长专业标准》《幼儿园园长专业标准》。各界都希望借助校长专业标准，来较快地提升校长队伍素质，指导校长全面促进学校发展，进而提升教育质量。欧美等国的校长专业标准，主要由两个维度构成：活动维度和素质维度。活动维度是指“校长的职业角色和职业活动”,明确校长应该做什么。素质维度包括专业知识、专业能力和专业精神等。如果说专业知识、专业能力解决的是“会不会”“能不能”的问题，那么专业精神则更多地强调“愿不愿”。两者优秀结合，才是好校长。

而我国的校长专业标准，把“校长的职业角色和职业活动”称之为“专业职责”，主要分为以下六种：规划学校发展，营造育人文化，领导课程教学，引领教师成长，优化内部管理，调适外部环境。这六种活动是对校长工作的高度概括，既简明扼要，又系统全面。在素质维度方面，我国的校长专业标准，则从专业理解与认识、专业知识与方法、专业能力与行为等三个维度来界定校长的专业素质。这些专业标准对于促进我国校长队伍的发展至关重要。结合当前我国教育发展、学校改进、校长成长中存在的突出问题，我认为普通中小学校长应具备以下三大核心素养：一是目标管理的素养，即要明确“培养什么人、怎样培养人、为培养人提供什么样的支持”；二是综合管理的素养，教育改革进入深水区，许多问题盘根错节，要求校长必须能把握全局、整体改进、全面育人；三是现代管理的素养，即与时俱进实施现代管理，兴办现代学校，培养现代人才。

如何提升校长的领导力

④ 作者：古校长讲话很有领导气势，我想您做校长时领导力肯定非常强。校长与政商界管理者不一样，您觉得校长应该要有怎样的领导力？

古汉新：确实，校长有别于政府干部和企业管理者，而且名校与普通学校、公办学校与民办学校的校长都有区别。从本质上说，校长职业的特殊性，不应该是追求利润，而是促进教育目标实现，促进学生身心发展。但是随着社会的发展，尤其民校的竞争，校长既要考虑本质上的教育责任，也要考虑学校运营的现实问题。因此，校长的竞争力、专业化、领导力等，越来越受到重视。而一个校长要做到这些，必须接受专门的教育和培训、具备教育领域特定的知识技能、在社会共同标准基础上接受专业实践的锻炼。

校长的领导力主要分为教学型领导力和变革型领导力。前者着眼于教学的领导力，它意味着能为学生和教师以及整个学校体系创造出更多更好的平等受教育机会，并且推动促进参与者充分利用这些机会。后者则更关注学校运作的过程以及学校创新能力的提高，主要目的是采用有效方法使学校及其成员在与复杂多变的外部环境互动时更富有成果。对一名校长来说，如果缺少能力和手段应对内外环境的变化，即使具备较高水平的教学领导能力也无济于事，这些能力和手段包括明确学校文化中的价值观、发放权力、形成团队、建立灵活的组织结构、开放沟通渠道以及使人员的动机内化，等等。

⑤ 作者：您做了十几年校长，能具体谈谈自己的领导艺术吗？

古汉新：过奖了。我觉得，作为校长，不可能事必躬亲，应该明白从哪儿入手，重点抓什么，这不仅体现着校长的领导智慧，更决定着学校前途和命运。我当校长时，最重要的是做好“三件大事”。

一是走对路。学校必须有一个适合自己的明确发展方向，任何刻意模仿或盲目的创新，都是不符合科学发展观的。比如，某所学校因管理得法，很快成为名校，许多校长纷纷前往参观，回去后大家都模仿甚至照搬，但十有八九都是半途而废；有一所镇办中学，生源比较好，本来应该走质量强校的发展之路，但是校长非要搞什么特色办学，开设了军犬繁育基地，结果教学质量逐年下滑，学生大部分流失，最后学校不得不撤并；还有一所农村小学，因为村委会比较富裕，而且非常支持学校的工作，学校招了几个艺术教师，于是该校确定了一条艺术教育发展之路，一时间搞得非常红火，知名度也很高，但由于农村条件相对来说还是比较差，几年后，大部分年轻教师都相继调走了，自然该校的艺术教育也就无疾而终了。

二是用对人。校长切忌个人英雄主义，一定要挖掘发展培养一批批德才兼备的人才，和自己一道完成学校的各项工作。尤其是学校的中层管理人员，他们是校长办学思想和各项工作的直接贯彻和执行者。一旦用错人，不仅工作会处于困境，人际关系也陷入僵局。曾有一位校长，任职前和某同事关系很好，当了校长后，他立马任用了这位好哥们做了财务主任，结果财务主任和校长在学校几乎没有了上下级的关系，责任划分不清，最终因为利益的问题分道扬镳。还有一位校长，嫉妒心特别强，总怕别人超过自己，所以任用了一个能力平庸的人为副校长，结果事事砸锅，老师们不服，领导们不满，学校管理一团糟，最后校长也因为政绩平平调离了工作岗位。

三是出对招。作为校长，会不断碰到棘手的事情，大到学校发展，小到学生的磕磕碰碰，处理不好就会造成工作的困难，一定要讲究工作策略，要树立威望，但又不能高高在上，独断专行。曾有一位校长，因为预收学生的书费，没有向学生说清楚，一位家长来学校询问情况，结果校长没有给好脸色，去找班主任，班主任又说是学校让收的，家长认为被捉弄了，召集了四五十个家长找到教育局，造成了很大的负面影响。本来是一件小事，却因为处理不当造成了很严重的后果，最后校长被撤职。如果当时这位校长能够放下架子耐下心来，给家长做一个解释，那结果肯定就是另一番局面了。

⑥ 作者：看来当校长还真是不容易。不仅如此，我见您还坚持一边从教一边充电，读研读博，参加各种校长培训，从未间断学习。

古汉新：时代不断在进步，知识更替又快，要想育人，首先得把自己充满“电”啊。校长的学术地位、文化修养、教学经验等，都是极其重要的。因此，校长要形成并扩大自己的影响力，就必须从行政事务中解放出来，不断学习、认真研究，扩大和丰富自己知识视野。既要深入课程和课堂，成为课程改革领头羊，也要大力提倡以教改促进教学质量提升，并积极参与到各门学科教研活动中来，成为教改教研的实践者和领军人物。

所以，我认为提高校长领导能力的关键，在于坚持终身学习、不断创新实践。校长因读书而充实，因思考而深刻，因实践而成熟，只有使自身的综合素质得到提升，实实在在练就一套适应新的教育形势的真本领，才能创办一流名校，成就自己的教育事业。

一位“老校长”的教育情怀

⑦ 作者：前两年，教育部启动了“校长国培计划——中小学名校长领航班”，旨在培养造就一批具有较大社会影响力的“教育家型校长”，标志着一个由名校长“领航”的“教育家办学”时代即将或者说已然到来。我想问一下，“教育家型校长”，是什么样的校长？是不是就是校长中的教育家呢？与普通的校长有什么区别？

古汉新：我国优秀校长发展的基本路线为——入职校长、称职校长、成熟校长（稳健型）、创新型校长（有个性）、教育家型校长、教育家（兼校长）。不难发现，成熟阶段自然是校长发展的高原期，而创新阶段到教育家型是高端校长发展的关键，也是罕见的。在国内外关于校长发展的理论研究中，很多校长培训实施方案一般只以“骨干校长”“优秀校长”“卓越校长”等词语表述。但其局限性显而易见,比如何为“骨干”？何为“优秀”？何以区别“优秀”和“卓越”？似乎都比较含混模糊。所以，“教育家型校长”这一概念的诞生，为优秀校长发展的层级和阶段划分提供了很好的对比。“教育家型校长”，就是具有了教育家基本模样的校长。

那什么是教育家呢？是指通过亲力亲为的教育实践创造出重大教育业绩，对一定时期、一定范围内的教育思想和实践产生重要影响的优秀教育工作者。比如我国著名教育家有孔子、墨子、蔡元培、陶行知等；西方的著名教育家有苏格拉底、柏拉图、亚里士多德等。我认为，校长类教育家应该是学校管理专家，是属于教育实践家，或者说是实践的教育家，是指有创新、有贡献、有影响的教育实际工作者——崇高的人格、闪光的思想和丰硕的业绩，是构成其内涵和影响力的主要元素。所谓“教育家型校长”的模样，则是指具有了一定的教育家底色和特点，部分的教育家品格和品质。或者说，“教育家型校长”就是准教育家，他们已经初具了教育家的风姿，可能还稍缺那么一点教育家的神韵，更进一步，就成了教育家。

⑧ 作者：您觉得互联网给教育带来了什么？作为校长，会遇到哪些机会与挑战？又该如何引领学校变革、教学转变、师生成长？

古汉新：智慧教育时代的来临，使得“以教育信息化带动教育现代化”的理念盛行，作为校长，不仅要重点提升学校教育信息化硬件设施、创建智慧教育课题研究等，更要提升自己的信息化水平。

以前，我连电脑都不会使用，更别说其他的互联网技术，但我敢学、勤学、必须学。因为，学校的发展，校长是领头羊，发展智慧教育，校长责无旁贷。比如在广州市航天科技技工学校担任校长时,我还专门去参加了“互联网 +”“智慧教育”等主题的培训。学则进，不学则退。很多校长，都已人到中年，只有多学互联网知识和技术，才能帮助自己破解信息时代遇到的管理难题、教学难题。在“互联网 +”的社会背景下，信息技术的优势正在转化为教学和学习的优势。这几年，我参观过广东不少中专职业学校，发现很多学校都搭建了透彻感知的智慧环境、创设了周到便捷的智慧服务、运用了透明高效的智慧管理、开展了融合创新的智慧教学、打造了智慧型教师队伍等等，并因此发表了一篇关于智慧教育的论文。

⑨ 作者：您这种锲而不舍、好学进取的精神，实在令人敬佩。听说您还非常爱好文学，在全国不少报刊发表过作品？而且据我了解，由于您担任过十几年校长，领导力非常强，现已调入东莞市凤岗镇人民政府工作，对吗？您对自己近30年的教育经历有何感想？

古汉新：是的。我读师范时就喜欢写作，尤其是诗歌、散文、小小说、论文等。曾在《中国作家》《中国诗歌》《作品》《南国诗报》《龙人诗报》《岭南诗报》《中国诗人大辞典》《中国通俗文学艺术家名典》《中华纵横获奖作品选》等报刊发表过作品，有十多篇作品获得全国性大奖，系中国小说学会会员、中国作家协会《诗刊》子曰诗社社员、中国通俗文艺研究会会员、全国中学文学社团研究会副会长、世界华人艺术家协会会员等，并曾任广东省乡镇长科学决策促进协会副秘书长，现任东莞市五华商会《东莞华商》文学顾问、东莞市凤岗镇作家协会副主席等。

虽然我现在政府部门工作，但是我对教育依然十分关注、热爱，坚持研究现代教育学，经常被邀请参加各种教育论坛活动、编撰教育书籍等。最后，我以一首《教学吟》来表达我的教育情怀吧——

寄身异地多少年，名曰人师执教鞭；
温故研新常进取，无忘重任育英贤。
廿余载勤哺幼苗，愿将心血寄明朝；
如今学子皆成器，慰我丹忱未白劳。

第八章

科技时代

《魔镜》（唐自勇作品，布面油画，60×80cm）

经典案例

闪电侠：95后科学狂人

他16岁参加《中国达人秀》，在全国引起了强烈反响，被誉为“追逐闪电中国第一人”。

震惊：9岁儿子搞实验烧伤大腿

冷洁和丈夫卢学东是江西省修水县人，家里祖祖辈辈都与科学“八竿子打不着”。1995年，他们的儿子卢驭龙出生了。为了让儿子有个美好的未来，卢学东夫妇从小精心培养他，背古诗、听音乐、学唱歌、弹钢琴等。卢驭龙特别聪明，5岁就开始读一年级。但冷洁很快发现，儿子对文艺不感兴趣，就爱拆东西玩，家里的玩具经常是买回来没几天就被弄得七零八落……

2003年，卢学东去深圳闯荡，在宝安区创办了一家从事校园文化服务方面的公司。不久，冷洁带着儿子也来到深圳，8岁的卢驭龙被送到宝安一家民办学校读三年级。由于公司刚成立，卢学东夫妇每天都很忙。一个人在家的卢驭龙就开始拆玩家里的风扇、收音机等物件，一次，他竟把电视弄得短路，气得冷洁把他骂了一顿。但他仍然兴致不减，还经常跑到附近的中学教室旁去看别人做各种各样的实验。

一天，卢驭龙放学后路过一个工业区，在草丛中捡到了一瓶没用完的高锰酸钾。他藏在书包里带回了家。高锰酸钾是一种强氧化剂，可制作消毒剂、漂白剂等。他并未意识到其中的危险，在家里往瓶中兑水，偷偷做起了“实验”。在倾倒高腐蚀性的液体时，不小心溅到了他的腿上，疼痛难忍的他不敢告诉父母，自己咬牙在厕所里用水冲洗……半小时后，冷洁回到家发现儿子的腿已被烧得通红，还起了泡。她赶紧将儿子送往医院紧急处理。医生责备冷洁：“怎么让孩子玩这么危险的东西？”冷洁有苦难言，回家后对儿子边骂边哭：“你才9岁，搞什么实验啊？你要是再乱玩，我就打断你的腿！”

然而，卢驭龙不但没有畏惧，做实验的兴趣反而更浓了，他开始自学初高中的物理化学课程，来满足自己的好奇心。实在不知道该如何管教儿子的冷洁，找到儿子的班主任求助。实际上，班主任也发现了卢驭龙的爱好，因为他在学校也不太安分，屡屡找借口逃课，去旁边的初高中班级偷看实验课。班主任分析道，在这种情形下只有两种选择，要么彻底断了孩子的兴趣，要么顺势引导，让孩子朝着自己的方向发展。冷洁很无奈，前者她已经试过，根本没用，她了解儿子的性格，如果采取暴力手段逼迫其放弃兴趣，很可能让儿子更加叛逆，最终毁了他。冷洁打听到宝安有所中学擅长培养理科“尖子生”，便想办法把儿子送进了该校读初一。卢驭龙在学校安分了大半年，但不久，他竟然又在家里办起了自己的实验室。

由于担心安全，冷洁坚决反对儿子在家里搞实验，并最大限度地限制他的开销。可卢驭龙总是想方设法地搞实验材料：把父母给他的午饭钱和上下学车费全部省下来买实验品，每天饿着肚子步行几公里去学校，还背着父母在外面捡废品。卢驭龙的种种“怪异”行为，引起了周围人的议论，有人说卢学东夫妇虐待儿子，有人说这孩子有问题。一次，卢驭龙在街边捡了一块钢圈，觉得是块做实验的好料，有个老头却称是他放那儿的，两人便理论起来。冷洁听说这事后，生气地训斥儿子：“你怎么能跟别人争破烂呢！”卢驭龙反驳道：“谁叫你们不支持我做实验室？我不吃饭，不坐公交车，捡垃圾也算是自力更生，有错吗？”

儿子的话让冷洁心酸不已。是啊，年仅11岁的儿子为了兴趣，忍受饥饿和劳累，作为母亲她怎忍心一而再再而三地打击他呢？她紧紧地抱着儿子说：“是妈不好，让你受委屈了。”经历过这件事后，冷洁渐渐放松了对儿子的限制，但她经常会提醒他注意安全。然而，灾难还是未能幸免。

一个周末，卢驭龙在家做化学高能反应，将配好的材料拿到屋外的空地上点燃。他只想通过调整化学剂量的比例来测试它的反应威力，没想到在一瞬间就爆炸了！他的右腿、左手、面部都被炸成重伤。在医院里，看到儿子被炸得伤痕累累，冷洁悲痛欲绝：“都是妈妈害了你啊！”那次事故，卢驭龙大大小小手术做了多达几十次，总共缝了四百多针，先后住院一年多时间。

顽强：勇敢少年要做“人工闪电”

卢驭龙从第一次手术苏醒过来后，看着伤心欲绝的妈妈，无比冷静地说：“妈，我不哭，您也别哭，您看，我不是还活着吗？”几个月后，卢驭龙嫌住院治疗太久浪费时间，竟偷偷地离开医院，继续做他的实验。冷洁又急又气，要砸他的实验材料，他却用身体护住它们，说：“妈，我知道您是为我好，可你们如果阻止我，这同样等于要了我的命……”

看到父母每天为自己提心吊胆，加上经常去住院做修复切除缝合手术，卢驭龙才渐渐把兴趣转向了危险性相对小些的物理实验。

那次爆炸事故，也让卢驭龙辍学半年。而且，原来的学校出于顾虑，希望卢学东夫妇让孩子转学。可是，此时的卢驭龙在深圳因为爆炸受伤“出名”了，哪家学校还敢收他呢？夫妇俩四处奔波，屡屡碰壁。几经周折后，宝安区东方英文书院最终收下了他。这是一所注重培养特色学生的私立实验学校，卢驭龙进入该校后，老师比较赏识他，鼓励他不断突破自己。

2008 年年初，卢驭龙决定做特斯拉线圈实验。特斯拉线圈，是美籍科学家尼古拉·特斯拉在 1891 年发明的，主要由一个感应圈、变压器、打火器、两个大电容器和互感器组成，用来生产超高电压但低电流、高频率的交流电力。通俗地说，就是一个人工闪电制造器。由于危险性非常大，即便是很小型的特斯拉线圈，都能轻易达到上万伏电压，因此被称为“死亡之手”。

开始，卢驭龙对父母撒谎说自己是在做普通实验。他每天放学后就在屋里缠线圈，经常弄到深夜。一天晚上，冷洁看见儿子的房间竟然电光四射，急忙逼问他在干什么。他这才说了实话。

卢学东到网上一查，大发雷霆：“这比炸药还危险啊，你这孩子怎么如此不懂事呢！”冷洁更是吓得抱住儿子哭道：“快扔了这些东西！你不要命，爸妈还需要你这个儿子啊！”由于父母强烈反对，加上面临中考，卢驭龙只好暂时放弃了这个实验。

卢驭龙顺利升入东方英文书院高中部后，冷洁希望他今后三年放弃实验，专心学习考大学。可是，卢驭龙却成天嚷着要建立一个属于自己的实验室，卢学东夫妇想尽了一切办法劝他，都无济于事。

在儿子的一再坚持下，卢学东夫妇只好在一个偏僻的地方租了一间废弃的铁皮屋，尽管小屋破烂不堪，卢驭龙却如获至宝。事实上，卢驭龙痴迷实验，并非盲目钻研，也不是为了玩，他有着自己的想法和梦想，他甚至暗暗发誓：一定要发明个东西，向所有人证明他不是个“怪小孩”！

一次，他在做双谐振固态特斯拉线圈实验时，惊奇地发现，通过改变调制信号的频率，可以使电弧发出的声音相应变化。于是，他对扬声器产生了浓厚的兴趣。他通过上网、泡图书馆查阅了大量国内外相关资料，并在一年多的时间里不断实验，反复改进……2010 年 4 月，卢驭龙独自研制发明了《晶体管式等离子弧双声道扬声器》，获得了广东省青少年科技创新大赛一等奖及全国青少年科技创新大赛二等奖。获奖后，卢驭龙名声大震，得到了深圳市宝安区科学技术协会的专项经费资助。在 2010 年下半年，先后有深圳大学、北大、清华等著名学府的教授过来找他探讨有关物理课题，看到他的实验记录本堆起来有一尺多高，教授们都惊叹不已。

精彩：95后“科学达人”创造奇迹

2010 年 12 月，卢驭龙推出了自己的第二项发明—500 千伏的特斯拉线圈静电装置。这是他经过两年努力才制作出来的，一共有 2000 多圈线圈，通过他的表演，可以显现梦幻般的“人工闪电”。

卢驭龙第一次在自己的实验室表演“特斯拉线圈”闪电试验就轰动了深圳。不久，他被邀请到香港表演，令人咋舌的场景让他一晚就赚得了五万元。他高中毕业后，便被邀请到全国各地表演。2011 年 5 月，他出现在上海东方卫视《中国达人秀》节目，只见他身穿黑色披风，头戴护罩，神秘地走上舞台，用低沉恐怖的声音说道：“我能驾驭风雨雷电……”随后，他的表演充满了奇幻的色彩：

巨大的线圈和透明的高台，宛若一个巨大的实验室，他就像一个侠士一样，双手举着宝剑，缓慢地挥舞着，手和线圈之间竟然冒出了蓝色的闪电，甚至头部都有火花缠绕，然后电流穿过他的身体，接通了高台上的彩灯！

那一刻，卢驭龙的演出高度危险，扣人心弦，引来全场观众的阵阵惊呼。

表演结束后，他向大家解释了这神奇 的一幕都源自他亲手制作的特斯拉线圈，然后说道："我来表演只是想向世界证明，我是一个热爱科学有梦想的人！"

评委伊能静大叹："你真是个天才！"

周立波则感慨道："他的性格如此坚毅，连世界都改变不了，那我们就等着他来改变世界吧！"

很快，他受到了央视《走进科学》等多家卫视栏目专访。

2011 年 8 月，卢驭龙凭借各种科学奖项，获得了全国几大名校的保送资格。但他竟然拒绝了保送机会，决定留在深圳，休学创业！

拒绝名校，16 岁休学创业，这在别人看来简直不可思议。

卢驭龙却说："我并不是要在基础领域做钻研的人，我做的是一个系统工程。这就决定了我的研发进程不能被中断，一旦去上大学，我就什么都没了。况且，在大学里学到的东西还不一定能用得上……"他的父母虽然也有些为儿子放弃名校感到可惜，但是儿子的坚持似乎同样有道理，所以并没有阻止儿子。

从那以后，卢驭龙就开始组建自己的科研团队，他希望将来一边深造，一边将自己的爱好转化为经济效益，他说，想好好报答父母这些年对他的"纵容"和付出。

冷洁听了儿子的话，感动地说："孩子真的长大了，我们也该放心了……"果然，卢驭龙没有让父母失望。2012 年 12 月，卢驭龙成功试制了第一台液氧－乙醇液体火箭发动机，并成立了深圳卢驭龙科技开发有限公司。

此后两年，他又得到了一些商人的青睐，先后参与创建了两家公司，获得了 4 项发明专利，另有十多项专利正在申请。

2015 年 9 月，卢驭龙与两位合伙人组建的深圳前海弘农耀斑科技发展有限公司在前海交易中心成功挂牌，正式步入资本市场。

2016 年 2 月，卢驭龙成功发射了中国首个私人卫星运载火箭"新大主宰号"，成为国内私人火箭第一人。"新大主宰号"为液体燃料双组元火箭，箭体直径为

219 毫米，箭体高度 5800 毫米，飞行高度 10 公里，起飞质量 165 千克，采用降落伞回收，控制系统为 GPS+ 惯性导航，地面站远程控制。火箭发射的主要目的是收集飞行数据，最后通过降落伞回收载荷舱……

每个孩子身上，都蕴藏着不可估量的潜能，及早发现孩子的天赋，给他创造良好的环境和条件，鼓励他将自己的天赋发挥到极致，这才应该是培养孩子成长的捷径。

面对如今社会的多元发展，家长和社会应该给类似卢驭龙这样的“怪孩子”以更多的宽容，允许他们发展和张扬自己的特长，通向另一条成功的路。

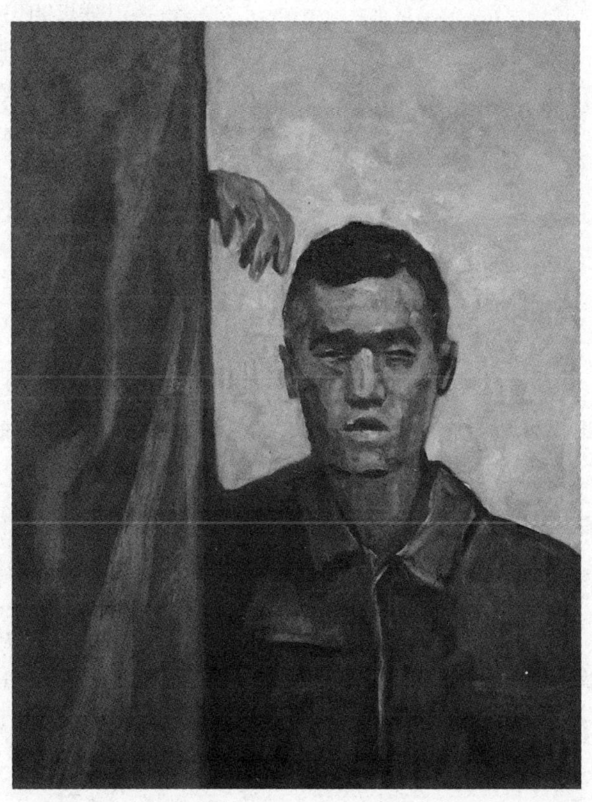

《惑Ⅱ》（唐自勇作品，布面油画，60×80cm）

精彩访谈

科技改变世界，创新引领未来

特邀嘉宾
潘通
联想集团系统创新总监
联想物联网智能硬件专家
STB 国际智囊团物联网首席专家

科技创新靠的是优秀人才

① 作者：潘总，你好。听说你研发的产品，曾在美国硅谷引起了轰动，是吗？你作为我国优秀的智能硬件专家、正在影响世界的科技人才，能否谈谈科技、教育、人才三者之间的关系？

潘通：2016 年 6 月，在美国旧金山硅谷，联想集团曾以“让想象力生长”为主题，隆重举办了第二届全球科技创新大会。当时，众多世界级科技大佬齐聚硅谷，联想集团董事长兼首席执行官杨元庆身着硅谷 style，向全球粉丝展示了多种最富想象力的创新科技产品，比如 Moto Z 摩磁手机、Moto Mods ™模块，以及全球首款搭载 Tango 技术的 AR 大屏智能手机 PHAB2 Pro、超级炫酷的腕表手机、智能家居等等，频频惊艳全场。那些产品中有一半以上都是我或我的团队研发出来的，其科技创新水平是世界领先的。

有国家领导人说过，科技是关键，人才是核心，教育是基础。经济发展要靠生产力水平的提高，而科学技术是第一生产力，科学技术靠的是人才，人才培养靠的是教育。因此，各国之间的经济和科技竞争归根到底是教育和人才的竞争。从一定意义上讲，教育决定一个国家和民族的未来，是一个民族最根本的事业。

② 作者:有媒体报道说，我国的科技实力已进入世界第一阵营，你认为呢?你作为联想集团系统创新总监，请说说 Lenovo 产品究竟是怎样做到颠覆式创新的?为什么能够一次又一次地领先世界?

潘通: 可以这么说吧。我国的科技实力已是世界一流。但科技实力是指一个国家科学创新能力、技术创新能力、科技投入能力、全社会使用最新技术能力之总和，它不等同于科技水平，我国的科技水平这些年一直在迅速提高，与美国的相对差距也在不断缩小。创新需要技术 + 激情。我主要负责联想 PC&SD 集团智能硬件的多条产品线研发和供应链管理、联想战略未来新兴产品和新技术的开发管理、新兴产品供应链的建立和管理、确定未来战略合作伙伴，以及联想对物联网、VR、AR 收购和投资技术总评估，等等。

2014 年年底，我从深圳来到北京，进入联想总部。之前，我是深圳全球首家纯智能终端类穿戴数码产品厂商的副总裁和研发总监。加盟联想后，我肩负智能科技创新、智能产品研发之使命，从无到有，迅速建立起一支新产品研发团队和新产品生产团队。经过短短几个月时间的积累，我的团队就转为正式商务运作的单元，然后，我带领团队不断跨越，使联想智能从无到有，先后创造了 7 个世界专利，并在北京和深圳分别设立了研发中心。

③ 作者:能具体说说你在科技创新方面的成就吗?

潘通: 2015 年，由我团队研发的联想智能家居套件（包括智能网关、门磁、运动检测、智能开关、智能插座等），面向全球发布后，如一石激起千层浪般引发粉丝骚动。其中我研发的联想智能家居控制器 COOKIE，经权威专家鉴定，达到甚至超过了 GOOGLE NEST 国际水平。

不仅如此，我团队创造的联想智能 VR 神奇镜子，也多次登上了 CCTV2 访谈和财经节目，在国内外取得了巨大反响，并参加了“国家十二五科技创新成就展”，与“蛟龙”号载人潜水器等多项世界级高精尖“神器”同台亮相展出。在智慧医疗方面，我们还针对大型医院，研发了联想创新型智能输液监控系统和创新型智能血压计，其中监控系统实现 50 个节点以上的多点物与物互联互通，一举刷新了国内物联网组网方面的空白。

此外，我设计的智能穿戴产品（比如在垂直领域针对特定人群研发的手环）、智能血压手表、智能辐射检测仪、完全自主研发的小型无人机、车联网产品等，都达到甚至超过了国际水平，并在联想技术世界展上屡屡获得好评。

我还负责联想对物联网、VR、AR收购和投资技术总评估领域，已经出色完成近亿元的评估项目投资额。我在加盟联想集团后，不到半年时间就获得了“最佳团队业绩奖”、“最佳创新团队奖”、个人LTI奖（长期激励股票）等。

一年半我就让联想在新兴设备研发方面，从单一的智能穿戴几个产品，扩展到有智能家居、智能穿戴、智慧医疗、车联网、无人机、AR等多条产品线，增强了联想纵深研发自主科技产品的能力，让联想在新兴设备和新技术领域更上一层楼，也为联想顺利进入智能设备市场做好了足够的技术储备。

优秀人才靠的是教育培养

④ 作者:前面说过，优秀人才靠的是教育和培养。你能成为引爆硅谷的“中国创新人物”，一定从小就受到了很好的教育吧?

潘通：也没什么特殊的。我出生于80年代初，而且从小在湖南的一个小县城读书。2000年，我以优异的成绩考上了湘潭大学电子信息工程系。大四那年，我进入长沙南方导航技术研究所实习。本科毕业后,我留在该所担任研发工程师。南方导航技术研究所是国防科技大学二级研究所，属于国有企业。在那里，我一待就是5年，整天就是按部就班地写程序、钻研产品。

⑤ 作者：你后来又去了深圳？深圳被誉为“创新之都”“创客之城”，科技创新水平可谓全国一流，你觉得对你的影响大吗?

潘通：影响很大。我是2008年3月辞职去了深圳，进入外企BEAMSMART深圳办事处工作，担任亚太区产品经理。BEAMSMART是一家美国全球跨国软件技术公司，是美国有名的创新型移动互联网企业。我主要负责该公司亚太区技术研发、亚太区产品销售。

由于深圳办事处成立不久，我需要亲自招聘软件、测试人员，组建团队，直接面对客户完成售前和销售服务，并充分利用该公司技术优势、结合客户市场优势，前往缅甸、越南、泰国、老挝、新加坡等东南亚地区成功合作开拓市场。后来，我又转战迪拜、沙特等中东市场。同时，我还要领导土耳其、印度、深圳等各地办事处的研发人员，开发软件工程、建立工作流程(CMMI)、监督软件设计、监督软件测试、打造与客户合作的集成嵌入服务平台……

那三年，我经常飞来飞去，一上飞机就直打瞌睡，一下飞机就马不停蹄，累得不成人样。而且，由于工作环境不断变化，东南亚很多地区条件非常差，我不知道有多少个日子是在饿了就啃面包吃方便面、渴了就喝矿泉水、昼夜颠倒中度过的。虽然很苦、很累，但是我觉得值。因为年轻的我学到了很多国外的东西，长了不少国际见识。我成功建立了公司亚太地区研发基地，实现了国际化多点同时研发，在土耳其、印度设立了服务点，促使国际化上线，并多次为公司提出基于用户体验客户端的重要改进方案，两次出色完成亚太地区整体系统升级……

⑥ 作者：从你的经历来看（包括后来你成为行业专家），我觉得相比在学校受的教育，社会的“培养”对你似乎更加有用，对吗？

潘通：是的。我觉得学校教育只是一个基础，社会“培养”（即进入社会后的历练，从中得到的成长、积累的经验等），才是最重要的。当然，要想成为优秀的科技人才，也决不能忽视“基础”（尤其是大学所学的专业知识），它是通往科学之路最起码的敲门砖。

2011 年年初，我跳槽到英蓓特科技有限公司担任产品研发经理。该公司是英国全球跨国上市公司 PF 在深圳的子公司，在 ARM 方案领域颇负盛名。我当时的任务，就是全面打造面向国际化的亚太地区供应链，建立欧美市场销售模式，建立深圳、武汉两大研发基地，建立深圳生产供应链，建立面向世界 50 强客户售前、产品定义、研发、打样、测试、生产、出货等快速反应平台。

这一系列工程无疑是庞大的，但我从未退缩。在市场开拓方面，我仅用一年时间，就成功实现了业绩和人员的快速增长，创造了连续两个季度销售翻倍、年度销售额翻倍的惊人业绩。在团队研发方面，我也成功实现了研发反应速度提高 30%、研发成本降低 50%、制造成本降低 10% 业内罕见的佳绩。

在英蓓特工作的一年半时间里，我不仅成功打造了该公司亚太生产研发供应链、欧美销售模式平台，而且直接面向国内外高端客户完成售前和销售，并与众多世界50强客户达成战略合作共同开拓全球市场。期间，我还获得了广西科技大学人工智能控制专业硕士学位，成为业内知名的嵌入式产品专家。

实现梦想靠的是不断超越

⑦ 作者：都说现在已渐渐进入“智能时代”，你作为全球领先的智能硬件专家，是如何在这个领域得到快速提升的？有何见解？

潘通：的确，近年来，中国智能硬件市场正处于迅速发展上升期，随之而来的，将是越来越多消费者的生活习惯的改变，这标志着智能生活时代的到来。目前，主流智能硬件产品有智能家居、智能医疗、智能手表、智能电视、智能手机、智能穿戴设备、智能机器人、智能农业等等。而这些，我大部分都已涉及，并做出了产品。

2013年，我当上了深圳市映趣科技有限公司副总裁、研发总监。这是一家长期致力于智能移动设备开发、解决方案设计的创新型科技企业，具有超前的移动互联网思维，尤其擅长智能可穿戴设备开发，立足深圳、面向全球市场，在北京和纽约都有分公司，立志打造成智能可穿戴设备领域的“小米”。我在那家公司同样很快就取得了不错的成绩。比如我遵循“小步快跑，快速迭代”的产品研发理念，不到半年时间，就成功量产儿童智能手表、inwatch Z智能腕表两款产品，并完成了I1、I2、老人手机、HAR儿童机四款新产品的研发设计，产品订单均超过200K。其中，我研发的inwatch Z智能腕表，在国内取得很大反响，2013年年底该公司发布inWatch系列时尚智能腕表后，更是成为全球首家生产纯智能终端类穿戴数码产品的厂商。

在inWatch公司工作期间，我大胆开拓可穿戴设备领域，采用骨传导、蓝宝石、耐高温LDS天线等新材料新技术，将产品研发成功，并积累了丰富的供应链实战经验。这在当时可穿戴设备工艺和供应链很不成熟的情况下，具有非常重要的意义，所以我不仅促进了公司跨越性发展，也推动了整个行业的跨越性发展。

2014年，由我设计的inwatch智能儿童机，成功与国内著名电信运营商总部进行合作。出自我之手的inwatch Z智能时尚腕表，也因领先于苹果、三星等品牌智能手表，成功热卖，而成为国内可穿戴设备的领跑者。

正是这一系列创新成果，使得我开始成为全球领先的智能硬件专家。不久，为了进一步挑战自己，精通英语、日语的我，又开始攻读四川大学企业管理专业博士学位，我希望未来的自己，能成为复合型的高端创新人才。

⑧ 作者：你已经是业内顶尖人才了，为何还一边拼命工作一边努力充电？能否谈谈科技创新对我国人才教育和培养的一些要求？

潘通：学无止境，不进则退，尤其在科技领域。当前，我国经济发展进入新常态，实施创新驱动发展战略，更加需要加快培养造就一批科技领军人才队伍，需要更多高端和紧缺人才，需要大幅度提升人才自主创新能力水平。

近年来，随着智能硬件的加速崛起，国内嵌入式软件开发工程师供不应求，至少有 50 万的缺口。市场上那些最炫、最酷、最新的电子产品，几乎都包含嵌入式系统，比如智能手机、智能手表、智能手环、Google 眼镜、智能扫地机、无人驾驶汽车等，都是我们这些嵌入式工程师汗水的结晶。

作为智能设备及终端产品的核心基础，嵌入式技术的应用已经渗透到社会工作及生活的各个领域。嵌入式技术的成熟应用，也进一步加速了物联网、智能硬件、移动互联网的产业化进程。所以嵌入式软件开发人才的需求越来越大，同时人才的标准也越来越高。这也是我坚持不断学习的原因。

⑨ 作者：教育和受教育都是一辈子的事情。也正是你这种不断学习的精神，使得你不断超越自己实现了更大的梦想。作为一名 80 后，你这么年轻就已成为中国乃至世界智能硬件领域的一流专家，而且拥有联想这种能够与美国硅谷科技巨头谷歌强强合作的全球性巨无霸平台，我相信你将来一定会在科技领域取得更惊人的成就。

潘通：谢谢。2014 年年底，我能够进入世界 500 强联想集团担任系统创新总监，正是由于我有多年的嵌入系统软硬件设计经验、各种项目管理经验、产品规划管理经验以及全球市场拓展经验，加上我能够独当一面，具有超强的执行力、创新能力等优势。而且，我很快就成为联想集团出类拔萃的精英骨干，尤其在智能硬件、智能家居、物联网、云计算、ANDROID IOS 产品管理、全球市场产品规划等方面业绩非凡。

如今，我不仅担任联想物联网智能硬件专家、联想投资物联网智能硬件首席专家等职务，还兼任 STB 国际智囊团物联网机器人首席专家、北京创客空间合作专家、深圳宝安创客协会创客导师等。作为物联网智能硬件机器人专家，我还经常参与国际水平的产品研发，并领导着众多对国内外新兴技术的项目投资。

自大学毕业后，我整整坚持了十几年，才有了今天的成绩。但我不会停下追求更大创新的脚步，我最大的梦想，就是成为世界级的顶尖科技创新大师。在全球科技创新大会现场，联想集团董事长兼 CEO 杨元庆说过："现在，我们正在进入一个'万物智能'的时代，我们身边的万物都会变得更加智能。"

未来世界是智能连接的世界，需要像联想这样的企业来推动设备、云智能连接和云基础设施的创新，但更需要我们这种新生代创新人才去执行落地。

（作者采访主人公）

经典案例

孩子沉迷“爱疯”咋办

每一代儿童都会因新技术的出现，而迷上最酷的科技产品。那么，家长到底该怎么办?

俩男孩为争“爱疯”打架

那年，李萱和丈夫肖奕林到广州番禺看房子时，她的大学同学张媚和丈夫陈轻也恰巧来买房子。于是，四人在同一小区买了房，成了邻居。第二年，李萱与张媚又各自生了个儿子。一天，肖奕林下班回家，李萱兴冲冲地说：“老公，我们也买台 iPad 吧！我今天看到张媚家的 iPad 了，真是轻巧方便！”

原来，前不久陈轻去深圳出差顺便买了两台 iPad 回来，夫妻俩一人一台。肖奕林对妻子说：“家里又不是没电脑，花那么多钱值得吗？”李萱埋怨道：“家里的电脑早该淘汰了，你别那么抠门！”

肖奕林生性比较节俭，尤其是有了儿子后，李萱没有了工作，虽然兼职做保健品直销，但收益很少，家庭开支都压在了他身上。

但李萱觉得，该花的钱还是要花。不久，家里的台式电脑坏了后，她便自作主张买了一台 iPad。“你就不能叫人来修？几千块啊，你也舍得！”肖奕林对此很生气，他觉得 iPad 的最大用处是娱乐，不如台式电脑实用。而李萱认为 iPad 可以随身携带，方便与网络客户交流，无聊的时候也可以玩玩游戏、看看电影，并且，她拿张媚夫妇举例子，说人要与时代接轨……

肖奕林争不过李萱，气愤地说："你别整天提你同学，咱们跟他们条件不一样，比什么比！"肖奕林只是一个设计主管，月薪一万元左右，而陈轻是一家 IT 公司老板，年收入三四十万元以上。一次，李萱和张媚带着孩子去香港迪士尼玩，正值新版"爱疯"（iPhone）在香港上市，张媚二话没说就买了两个。李萱当时身上钱不够，张媚便说："不就一个手机吗？钱我这里有！"

于是，李萱咬牙花 6000 元买了一个。回广州途中，两个孩子很快喜欢上了玩"爱疯"。到家后，肖奕林一脸不高兴："你能不能少玩这种虚荣的东西？竟然还借钱买！"李萱辩解道："我的手机用了快四年了，早就该换了！"

对此，肖奕林一点辙都没有。让他万万没想到的是，自从家里有了 iPad、"爱疯"后，儿子楠楠也像变了似的，每天都拿着玩。

一天傍晚，楠楠抱着"爱疯"在沙发上疯狂地玩游戏，肖奕林顿时来火了："不许玩！谁教你玩的？"六岁的楠楠撇着嘴说："是东东教我的，他可厉害了，会玩很多游戏，同学们都很羡慕他。"

东东是张媚的儿子，肖奕林一听就把火撒在了李萱身上："你整天让楠楠跟东东玩干吗呀？从小养成这些坏习惯多不好！"李萱觉得老公有些强词夺理，她觉得儿子玩 iPad、"爱疯"，就像看电视、堆积木一样，没什么大惊小怪的。不料，一天，学校突然打来电话，说楠楠和东东上课因为争玩"爱疯"打架了。原来，那天陈轻的"爱疯"忘在了家里，东东便悄悄放在自己书包里带到了学校。上课时，东东让楠楠帮忙望风，前提是过一会儿给楠楠玩。可是东东玩上瘾后，一直不给楠楠，于是两人便打了起来……

得知真相后，肖奕林气得把楠楠带回家狠狠地打了一顿，边打边训："你这么小就沉迷游戏，以后怎么会有出息！"

教育分歧导致夫妻矛盾

一个周末，肖奕林在公司加班，李萱带着儿子和张媚一家三口到森林公园爬山。坐在山顶休息时，东东从父亲包里拿出"爱疯"来玩，楠楠见了也要拿母亲的"爱疯"玩，李萱说："不行，你爸会骂的！"楠楠生气地哭了起来，张媚夫妇纳闷地说："出来玩就是为了开心，给孩子玩一下嘛。"李萱便把那次孩子打架后，肖奕林教育楠楠的事说了出来。张媚听了惊讶不已："天哪，这么小的事情，你们至于吗？"陈轾也说："你们家老肖的教育方式太死板了吧？棍棒不但打压不了孩子的天性，反而会让他产生抵触情绪。孩子从小接触新鲜事物，对将来是很有好处的。"

李萱觉得张媚夫妇说得有道理，回家后便跟丈夫聊起了此事。

肖奕林却不赞同，说："你懂什么呀？儿子就是要穷养，只有从小让他体会到生活的艰难，日后他才会努力拼搏。"尽管肖奕林说得也有一定道理，但李萱还是偏向张媚夫妇的观点。于是，她继续让儿子像东东那样接受新鲜事物，而且试图改变丈夫的想法。

元旦那天，张媚夫妇提议两家人一起去外面聚餐，李萱欣然答应，她希望借此机会熏陶一下丈夫。肖奕林本不愿意去，但毕竟是多年邻居，也不好驳妻子的面子，便硬着头皮去了。餐桌上，两个孩子十分闹腾，张媚就给东东玩"爱疯"，李萱也故意给楠楠玩。肖奕林看见后，板着脸盯了几眼妻儿。陈轾笑着说："老肖，孩子嘛，玩一下没关系的，尤其是这种高科技产品，让他们多接触，长大后更容易适应社会。我要把东东培养成出色的理科男，将来好做我公司的接班人……"李萱听了附和道："那就请陈总顺带着把我家楠楠也培养成理科男吧！"这本是一句玩笑话，肖奕林听了心里却很不舒服："文科男怎么了？文科男就不能主宰这个世界了？"

张媚夫妇察觉到气氛不对，便赶紧吃完饭散了。肖奕林回家后对妻子说："以后这样的聚会不要叫我去，尤其是那个陈轾，我不想见到他，一副狂妄的样子，怎么看怎么不顺眼！"从那以后，肖奕林多次要求李萱少带着儿子跟张媚一家接触。但李萱觉得张媚认识很多富太太，对她做保健品直销有帮助，所以依然跟张媚交往密切。这样一来，两个孩子经常混在一起，玩 iPad、"爱疯"也就更疯狂了。一个晚上，肖奕林再次看到儿子偷玩"爱疯"时，大发雷霆，一巴掌打哭了儿子。楠楠叫喊着："为什么东东可以玩，我就不可以？"肖奕林又冲着妻子发火："今后你再让我看到儿子和东东在一起玩游戏，别怪我不给你面子！楠楠变成这样，都是你同学一家造成的！"李萱气道："你就是疯子，简直不可理喻！"

新产品之争引发家庭悲剧

肖奕林很生气，李萱也很郁闷。一天，李萱跟张媚倾诉了苦衷，希望东东也别玩 iPad、“爱疯”了。张媚说：“你老公也太杞人忧天了吧？”在张媚看来，iPad、“爱疯”以及其他电子新产品，既是她辅导儿子学习的最好工具，也是她安抚调皮儿子最有效的办法。因为有许多应用程序是专门针对儿童设计的，比如“闪卡”可以教育儿童如何读写，“大巴转轮”能播放各种不同语言的儿歌……

回家后，李萱将 iPad、“爱疯”有助于提高孩子学习能力的好处讲给丈夫听，但肖奕林说：“你不要以为孩子从小懂高科技，将来就能成功。如果他因此变得没了人情味，将来同样难以融入社会！”刚好没多久，肖奕林夫妇带着儿子去做身体检查，发现楠楠不仅有轻度近视，而且患有儿童狂躁症！医生叮嘱，一定不要让孩子再长时间地盯着屏幕了，否则视力会继续下降。

李萱决定再也不让儿子玩 iPad、“爱疯”了。几天后，肖奕林执拗地把家里的 iPad、“爱疯”卖了。一天，张媚带着儿子到李萱家看望楠楠。聊天时，东东拿着张媚新换的“爱疯”玩，已经两个月没玩“爱疯”的楠楠，看见后也要玩。李萱不肯，楠楠竟躺在地上像疯了似的大喊大叫。张媚见了惊呼：“哎呀，你儿子怎么这样啊？”李萱怕出事，赶紧叫东东把“爱疯”给楠楠玩。楠楠正玩得起劲时，肖奕林从外面买菜回来了，一见儿子又在玩“爱疯”，他气得冲过去从楠楠手中一把夺过“爱疯”，狠狠地摔在了地上。

见手机被摔得稀巴烂，张媚忽地站起来激动地说道：“这是我的‘爱疯’，上个月才买的，近万块啊！”肖奕林说：“我管它是谁的，只要在我儿子手里，我见一个砸一个！实话告诉你，我儿子变成这样，就是跟你家东东学坏的！”听了这话，张媚气得跟肖奕林争论起来：“你怎么能这样血口喷人呢？我家东东好好的，是你自己不会教育孩子，怪谁啊！”一旁的李萱怎么劝都无济于事。东东见妈妈的“爱疯”被摔烂了，吓得立即跑回家告诉了父亲。

陈轻赶来后，听到肖奕林一个劲地怪罪他们一家，便忍不住说：“老肖，你也太不像个男人了吧，这种事怎么能怪到我们头上？你要是不想跟我们来往就直说，别在这里婆婆妈妈的！”张媚眼见两家要绝交，就提出要肖奕林赔一个“爱疯”。肖奕林说:“呸，我没向你们要赔偿就算好的了！”陈轻气得指着肖奕林说:“你就是一个穷坯！”肖奕林深感受到了侮辱，狠狠地朝陈轻嘴上挥了一拳，打得陈轻嘴角流出了血，牙齿也掉了一颗……

张媚嚷着要报警，被李萱哭着拦住了。陈轻捂着嘴，在妻子的搀扶下领着儿子回了家。而李萱和肖奕林在家里吵了整整一下午。后来，张媚一家虽然没有追究肖奕林任何责任，但与肖奕林彻底断交了。李萱则因为这件事无法原谅肖奕林，提出了离婚。肖奕林同意了，但他要求自己抚养儿子。

一对原本恩爱的夫妻，两家原本友好的邻居，就这样因为一场“新产品之争”而分崩离析，实在令人感慨。对此，著名儿童教育专家、家庭教育咨询专家、广州市家庭教育研究促进会理事晏秀祥发表了如下看法:

随着各种新型电子产品的流行，孩子越来越容易接触到游戏。对此，父母应该给孩子提供一个真实的成长环境，如果只让孩子“纯净”地成长，一旦脱离父母的管教，孩子出现网络依赖和沉迷游戏的风险反而会更大。因此，父母应做的是，疏而不堵，导而不阻。

首先，要帮孩子选定游戏内容。对于益智游戏，可以放手让孩子玩；对抗性游戏，可以让孩子有节制地玩；色情、暴力、血腥的游戏则坚决杜绝。

其次，与孩子约定玩游戏的时间。比如约定每次只能玩半个小时，而且要严格控制时间，一分钟都不能超出。

其三，把玩转化成学习动力。不少父母把玩游戏作为奖励，提升孩子的学习兴趣；也有些父母因势利导，通过鼓励孩子不断提升游戏水平，将孩子对电脑游戏的兴趣，慢慢引导到对电脑程序的兴趣上，让孩子真正玩出名堂。

当然，新游戏在带给孩子乐趣，帮助孩子释放心理压力，开发智力的同时，也可能成为孩子的健康杀手。所以，让孩子玩游戏时，应该把握好以下五个原则:1、让孩子与屏幕保持一定距离，不要离眼睛太近，40cm 以上为宜；2、选择合适的背景颜色，太亮的背景对眼睛伤害很大；3、注意坐姿，尽量不要前倾伏案而坐，椅子应选用跟孩子身体相匹配的；4、为孩子选购合手鼠标，如果鼠标不合手，孩子手腕容易疲劳甚至损伤；5、限定时间，学龄前孩子每次不要超过半小时，小学生每次不要超过一小时。

精彩访谈

科技正在颠覆中国教育模式

特邀嘉宾
魏先和
著名青年诗人
电子教育行业 HR 专家
深圳市优学天下教育发展股份有限公司经理

网络科技对学生的利与弊

① 作者：魏经理你好。当下，越来越多的手机、电脑、iPad 及其他“互联网 +”产品等，已经涌入中国的学校和学生生活，你作为一个学霸儿子的父亲，一个在教育电子科技行业工作了十几年的 HR 专家，能否谈谈自己的看法——网络科技对于孩子，到底是洪水猛兽，还是帮助成长的工具？学校和家长到底是该禁止还是迎接？

魏先和：谢谢夸奖。对于这个问题，我想说句心里话，我觉得网络科技对于孩子绝对是利大于弊的，学校和家长都应该敞开胸怀去迎接这股潮流，但一定要懂得如何引导和管理孩子去接触与使用它。只要教育方法是正确的，孩子就肯定能从中学到很多东西。比如我的儿子就是从小玩电子产品长大的，他并没有“玩物丧志”，学习成绩一直很优异。

美国乔治 · 卢卡斯教育基金会的创办人乔治 · 卢卡斯说过：“不管你喜欢与否，电子产品将全面革新教育体系。”这是一个急剧发展的时代，互联网 +、微信、

BUY+ 购物等等，越来越多的科技正在改变甚至颠覆我们以往的生活。我们的教育是为了什么？无论是学校，还是家长，都是为了让孩子学到知识，尽力让孩子跟上时代的步伐。

② 作者：但孩子毕竟未成年，年龄那么小，手中就有了电脑、手机、平板，以及各种各样的应用程序和五花八门的信息，充斥着他们的生活，这让他们如何承受得了？如何分辨是非？不少学生还因此迷上了网络游戏，成了网瘾患者；有的受到网络色情、暴力及各种垃圾信息的不良影响；有的甚至随意与网友聊天、泄漏个人信息导致网络诈骗，孩子们成为“消极的电子产品消费者”和“信息被动接收者”，这不得不让学校和家长们警惕、忧心……

魏先和：这些的确是事实。但是，我们眼里不能只有负面影响，而应看到网络科技带给孩子们更多正能量的东西。比如，一位来自肯尼亚的男生，发现自己对标枪感兴趣后，虽然身边找不到老师也找不到同伴，但是他没有放弃，却通过在 Youtube 观看视频，自学标枪，并拿到了奥运金牌；美国 15 岁少年杰克·安卓卡，悲痛于 13 岁时就失去了罹患胰腺癌的叔叔，利用互联网 Google 和 Wikipedia，革新了胰腺癌检测，并震惊了整个医学界；还有个 19 岁的美国科技鬼才少年，研发出了用脑电波控制的机械手臂，NASA 都震惊了，奥巴马在白宫亲自接见他；在我国也有一位少年，利用互联网学习电子工程和编写代码，使用各种电子设备和设计电路，从而制造了机器人，并考上了美国麻省理工学院电气工程与计算机科学专业……

这些惊人的事例都告诉我们，网络科技能让学生学到更多有用的东西，它与传统的教育模式相比，具有很多独特的非凡优势。比如，当学生探索自己的兴趣或是学习一件新事物，身边找不到老师又找不到同伴时，他不用失望地直接放弃，而是可以在互联网上可以得到莫大的帮助；在现实生活中，存在很多的不公平，但互联网的信息资源却是唯一一个对每一个人都是公平的，不论你是身在中国还是海外，无论是城市还是农村，也不会因为你的经济、地位、长相、肤色和身材等，受到不同的偏见，这对学生来说是件很美好的事情；另外，如果每个学生都能学会使用互联网自主地解决问题，那么他自己将可以成为自己的老师或教练，他们未来的选择将会更加多元，他们会养成与时俱进的习惯，他们将能成为更好的自己。

③ 作者：所以你坚持认为，孩子使用电子设备和互联网，是能够帮助他们更好成长的，关键是让孩子掌握正确使用网络的方式？

魏先和：是的。任何事物都有其两面性，就像学游泳，你不能因为孩子呛水了，就不让学了，关键在于如何教会孩子。我曾看到一则新闻，说河北有12名高中生，竟因在校携带使用手机陆续被学校劝退。这实在让人唏嘘，且不评论这样的做法对与错，但可以确定的是，如今越来越多的中小学生在使用手机，已经成为一个不争的事实和锐不可当的时代趋势，难道所有的学校都要明令禁止，否则就“劝退”吗？难道我们就不能采取其他更好的措施？

华南师范大学教育信息技术学院副院长焦建利就曾主张说：“与其一味堵，不如疏，更不如引导学生正确地使用手机，让手机成为学生学习的利器，成为培养学生自治自律的工具。”同理，与其将孩子隔绝于网络之外，还不如教孩子学会上网，教孩子一套正确的学习和思考的方式，让他们不管是使用一台手机还是其他任何智能电子设备，都能成为一个网络时代的积极与独立的行动者、学习者、思考者。这样一来，孩子在拥有互联网时，学习就永远不是问题了。

如何让学生变成“智慧网络人”

④ 作者：那你觉得，作为教育者，比如我们的学校、老师、家长、教育机构等，该如何帮助孩子正确使用电子设备和互联网呢？

魏先和：首先要明白，这是一个互联网改变世界的时代，每一个学生，都应该具备培养网络素养的能力，都应当可以学会通过开放、平等、协作、分享的互联网来应对未来的一切挑战。所谓网络素养，就是运用电脑及网络资源的能力来定位、组织、理解、估价和分析信息。这是一种适应网络时代的基本能力，也是一种综合能力。

我国也正在大力加强未成年人网络素养教育，积极推动网络素养教育进学校、进课堂，把网络素养教育作为义务教育阶段的课程教学内容，全面提高中小学生的网络应用能力和网络道德规范。网络素养必须具备5个基础要点：一是要有注意力，在大量信息面前，能够保持专注；二是能够识别垃圾信息；三是要学会参与网络共建，比如求助别人的同时，也能回答别人的问题；四是要懂得“协作”，不仅自己要发出信息，还要和发出信息的一些人形成一些社区，一些社群；五是要成为一个“智慧网络人”，能冷静地判断各种信息，能经自己独立思考后建立符合社会主流的价值观。

因此，网络素养教育，并不只是教孩子上网不说脏话、不传谣信谣之类的东西。互联网也不只是一种娱乐消遣或交流的工具，更是一种很好的学习教育工具。只有教孩子具备更多的网络素养，互联网才能带给孩子更多好处，孩子对恶的抵制和抗争能力才会更强。

⑤ 作者：关键的问题是，现在我们常用的电脑、手机、平板等电子产品，都是针对成年人设计使用的，学校或家长再怎么管教，学生的分辨、自控、抵抗等能力都有限，还是难以杜绝网络危害。

魏先和：这就需要教育电子行业及产品制造商们来规范了。比如我们公司的优学派平板电脑、电子书包、手机等，都是专门针对学生设计生产的，不仅没有任何有害的信息，而且绝对是有益于孩子学习和智力提高的电子产品。我们公司 2016 年 9 月问世的优学派学生专属手机，反响十分好。

一向严苛的学校为什么会同意学生带着优学派手机进校呢？因为学校的领导和老师们经过测试认为，优学派手机的确很安全、好管理。比如学生进校时，只要将优学派手机在校门口的打卡机上打下卡，手机即刻启动校内模式；在校内模式下，除了紧急通话和校方允许的学习功能，其他所有手机功能禁用，能保证学生专心上课；放学后，手机打卡出校，路上可以与家人通讯联系，还能使用手机内的同步学习资源随时随地碎片学习和巩固；而这所有状态，家长是能通过对应的家管 APP 实施监管的，非常绿色安全。

以前，很多学校禁止学生带手机进校，并非出于自愿，只是在不能放任不管又很难通过疏导教育让学生自觉合理地使用手机的两难情形下，才不得不下达手机禁令。而家长们往往也是左右为难，一方面担心孩子安全，希望给孩子配手机，另一方面又怕手机影响孩子学习，同时因为学校的禁令，只能搁置。现在，有了学生专用手机后，学校、老师、家长们才会真正地放心。

⑥ 作者：这确实是一个不错的方法，也是一大创新，因为它从源头上就杜绝了网络可能带给孩子的危害。众所周知，现代科技、互联网等，为学习者带

来了越来越便利、舒适、有效的学习环境，并使得中国教育正在进行一场巨大的变革。作为行业领军企业，你觉得“优学派”的优点在哪里？

魏先和：我们公司是中国中小学在线教育平台与产品服务提供商、中国教育信息化产业的积极推进者，由家喻户晓的电教企业诺亚舟教育电子发展壮大而来，旗下拥有国内知名的教育电子品牌“优学派”，总部设于深圳和成都两地，目前已拥有员工1000余人。2011年我们率先把握住“教育+移动互联网”的时代发展脉搏，将旗下产品线升级优化，重磅推出“优学派”品牌，引领教育电子行业进入移动互联网时代。我们的企业宗旨是，实现优质教育资源与现代科技的完美结合，让学习更高效，让教育更公平。

我觉得是接连不断的优质产品，造就了优学天下这个优质企业。在过去十余年的时间里，优学派生产出了一系列优质的产品，从电子词典到点读机再到学生平板、学生电脑、早教产品、电子书包、学生手机等。这些优质的产品填满了80后、90后以及00后的美好记忆，陪伴着他们度过整个求学生涯，帮助他们取得了好成绩，开创了美好未来。近年来，优学派再接再厉，推出了“云学习”“名师辅导班”及先进的个性化教育方式等，引领行业发展趋势。领先的教育应用加上过硬的产品质量，使得优学派的美名在消费者中口口相传，所以优学派获得了广大消费者们的认可和追捧。

总而言之，通过现代科技产品，以学生基于生活中的实际问题为导向，引导学生嵌入学习互联网使用技能，并通过不断地滚动式提升互联网中的提问、搜索、处理、应用的能力，逐级培养学生从互联网工具入门到成为智慧网络人的金字塔能力体系，从而使学生学会通过互联网自主地解决自己的问题。这种逐渐完善的思考和学习方式，绝对能让学生变成“智慧网络人”。

后记

中国教育的出路究竟在哪儿？

◎唐新勇

（一）教育需要信仰

我承认，严格来讲，这不是一本真正的教育书籍。因为相比那些著名或非著名教授、专家、学者的长篇大论来说，我的这些文字确实显得有些肤浅。

我没有能力高谈论阔，只想以自己最真实的内心和触角，碎片式地聊聊“中国教育”，并感谢书中所有嘉宾和我一起聊这个话题。

其实，在这个人人都可以谈教育的时代，我觉得那些著名或非著名教授、专家、学者的长篇大论，也并不见得能起多大作用，甚至很多家长不愿意读，反倒喜欢从身边一些平凡而真实的案例或人物中，去寻找适合自己的教育闪光点。比如此书中所有的案例和嘉宾访谈，都是100%真实、有借鉴意义的。

我是编辑记者出身，曾采访报道过不少教育类新闻特稿，也曾亲自见证过一些成功或失败的教育案例，他们的喜与悲，都深深地触动过我的灵魂。

比如，张富建坚守道义契约的故事。他和我是同一年出生，我们从小的经历非常相似，但是高考那年，他有幸遇到了慈善家杨国强的“仲明助学金”，而我因为家境贫寒选择了“社会大学”。采访他时，我跟他开玩笑说：“当年我如果也坚持一下，考到广州的大学来，在‘仲明’的帮助下，说不定我也能像你一样，

《墟巷》（唐自勇作品，布面油画，60×80cm）

成为教授、专家、学者……”所以说，中国需要更多这样的慈善教育，它真的能改变很多孩子的命运，也一定能提升中国的道义力量。

再比如，“钢琴王子”蜕变成“小偷”的故事。从内心来讲，我真的不愿意看到这样的事情真实地发生，但是又偏偏成了爆炸式的新闻。我清晰地记得，主人公的母亲曾给我打了一个多小时的电话，声泪俱下地诉说着她培养儿子的各种艰辛和无奈。那一刻，我深深地感受到了一位母亲的悲恸，我情不自禁地站在了她这一边——孩子的犯错并非故意，请再给孩子一次机会。

像这样的细节还有很多，我只想说明一个道理：在这个世界上，没有哪一个孩子不想变得更好，关键是他（她）能不能遇到好的教育（学校的、家庭的、社会的）；也没有哪一个家长不希望孩子变好，关键是他（她）能不能把孩子教育好。而这，是一项巨大的系统工程，我们很多人都难以掌控。

有时候，教育的成与败，无论是我们看到的，还是我们正在或将来遭遇的，也是无法用“对与错”来解释的。比如出国留学热潮，有的孩子出去了能学到很多的东西，前途无量，有的孩子却在国外挥金如土，不学无术，甚至迷惘堕落。谁能说得清呢？在我采访过的一些因教育失败而导致家庭不幸的父母中，有的家长甚至失去了最后的教育信仰，对我说：“以前，我们也看过很多关于教育的资料，这个专家说这样做好，那个教授又说那样好，逼着孩子学这学那，可到头来才发觉，孩子的每一步成长，其实都是天意……”

如果教育真的发展到了毫无信仰、失去梦想的地步，不得不说是一种悲哀。但对于普通老百姓而言，教育的信仰并没有那么高深，他们的想法往往非常简单，就是谁的教育主张或者说方法，能够让他们的孩子将来有很好的出路，他们就信仰谁。也正是这么简单的“信仰”，使得很多家长在教育理念上飘忽不定，因为现在社会上的教育“主张”和“方法”实在太多，让人目不暇接。

（二）教育的五大方向

其实，我认为，教育信仰更应该是一种普世价值的信仰。中国式教育，中国的孩子，在未来的时代，要想有很好的出路，应该朝以下五个方向发展：

1. 比物质更重要的是内心

由于我国过去经济落后，百姓普遍贫穷，家长在教育孩子时，往往就是这句话：“你要好好读书，以后找份好工作，赚多些钱。”学校的氛围也是让孩子“努力考高分，进最好的学校，出人头地”，进入社会后更是以无穷无尽的物质追求作为成功标准。以至于，我们很多人从小到大，都是在为金钱为物质而奋斗，可现在我们才突然发现，很多东西并不是我们内心真正需要的，或者说，并不能给我们带来真正的幸福，这也是当今社会浮躁的根源。

诚然，在物资匮乏的年代，那种教育“理念”并没有错，而且大大激励了我们顽强拼搏的意志，推动了社会经济的大发展。但是，经过了近40年的改革开放和“物质教育”，如今的人们普遍不愁吃穿住行，尤其是现在的孩子，很多根本不需要从小劳作，他们无法找到“艰苦”的环境来磨砺内心。所以，是该注重“精神教育”（素质教育）的时候了，一定要从现在就开始，好好培养孩子在思想道德、能力、个性发展、身心健康、精神信念等方面的综合素质。否则，未来的人们内心将更加虚无，安全感和幸福感也将越来越少。

王阳明有诗云：人人自有定盘针，万化根源总在心；却笑从前颠倒见，枝枝叶叶外头寻。无论世事如何惊涛骇浪，只要我们内心强大，则无往不胜。

2. 比快乐更重要的是坚强

或许是物质充裕了，生活水平大大提高了，现在十分流行“快乐教育”，很多父母甚至把“快乐教育”片面地理解为小孩子无须太用功，玩乐最重要。我曾亲耳听一位土豪母亲说:“我教育孩子的观念是,只要他开心就行。”言外之意,“反正家里有钱”,孩子的一生无忧。显然,这又是一种误区。

虽说随着时代的发展,“书山有路勤为径,学海无涯苦作舟”这样的名言有些“落伍”,但是来自西方的“快乐教育”也不是万能的。比如在中国,优质的教育资源总是稀缺,只有非常努力才能实现向上流动,即便是你把孩子送到国外,如果孩子不能吃苦,没有一点能力,怎么跟外国孩子比拼?所以,父母再有钱,也要教育孩子学会吃苦、学会坚强,培养孩子正确的金钱观——与其把财富留给孩子,还不如把孩子变成“财富”,这才是明智之举。

现在的父母往往心疼孩子,很难做到让孩子吃苦,但一定要想方设法让孩子坚强。因为坚强比快乐更重要,一个孩子如果不够坚强,即使他每天看上去嘻嘻哈哈、开开心心,这样的快乐也是表面的,很容易给家长带来错觉,一旦孩子遭遇人生打击,就会一蹶不振。

3. 比学历更重要的是技能

虽然我高中毕业后没有上大学,但我20年来一直在不断学习、提升自我,而且我一直都在鼓励别人,一定要竭尽全力让自己的孩子上大学,最好还是正规的好一点的大学。这并不只是为了学历,而是为了更长久的未来。我们70后,初高中生通过自己的好学上进和努力拼搏,干出事业、改变命运的人确实有不少。所以生活中总是不乏这样的笑话:当初不好好学习的人都当了老板,而好学生都在给那些捣蛋生打工。

但时代发展到今天,大学生已经非常普遍了,可以说,“就业起跑线”基本上已经提高到了大学文化水平,而且出现了“大学毕业即失业”的局面,等00后就业时竞争肯定更加激烈。也正是这个现象,使得不少家长又陷入误区:读书有什么用?现在不是有好多人没读大学,也有房有车混得非常好吗?

其实,这完全是一叶障目。因为很多人忘记了“比例”问题,不读书走上人生巅峰的人,毕竟只是少数,多数人的生活现状都是不容乐观的。尤其是从人生的后半场来看,读过大学的老板往往比没文化的老板要走得更远,至少这些年我看到很多中小企业家在转型升级时,就是如此。更何况,未来的中国是知识经济社会,比如我们的社会正逐步由“互联网+”时代步入“智能+”的时代,这样的大环境下,“适者生存”的制胜法宝一定是知识和技术。

当然,“大学毕业即失业”,以及那些没读大学也能成功的人,反过来也说明,技能比学历更重要——如果仅有大学学历,没有真才实学,自然毕业就失业;如果自身有一定的技能和特质,即便没上过大学,也能创造辉煌。

4. 比知识更重要的是人性

当今的中国,公民的文化知识水平越来越高,硕士、博士、留学生等高学历人才越来越多,但是社会的整体思想道德水平却越来越受到质疑。这是为什么?著名学者钱理群教授,曾在《大学里绝对精致的利己主义者》一文中说,在中国的大学里,包括最好的北大、清华,都正在培养一群二十几岁就已经“老奸巨猾”的学生,他们高智商、高水平,并认为这是实用、实利、虚无主义教育结出来的恶果,是中国式教育从小忽略人格塑造导致的悲剧。

这虽然有些片面,却也直击现实。曾轰动全国的北大学生吴谢宇以母名借款百万并弑母案,以及留美博士王勇杀亲案、马加爵事件等等,都在警醒我们,人格、人性比知识更重要。美国道德哲学家玛莎·纳斯博姆,在《培养人性》一书中说,如果不对那些戕杀人性的现行教育理念做斗争,未来的情形会糟糕得多,麻木不仁、人而不仁的“职业人”,将铺天盖地、遍满地球。

5. 比创新更重要的是情怀

现在一谈起教育,很多人就会大谈特谈“改革创新”“西方教育”“国际化”等时髦话题,并严厉批判中国式教育扼杀了孩子们的独立思想、才气和创造力。最大的“证据”就是,在一次全球 21 个接受权威调查的国家中,中国孩子的计算能力排名第一,想象力排名倒数第一,创造力排名倒数第五。

其实,教育最忌讳的就是大谈特谈、朝令夕改。我们的学生在世界上赢得了一个又一个第一,怎么就没有想象力了?我们的人才层出不穷地被培养出来,怎么就没有创造力了?我们用几十年的时间走到了世界前列,我们的教育让世界刮目相看,我们怎么还是如此吹毛求疵、悲观失望、痛不欲生?

教育最需要的是情怀。因为教育是一件漫长的事情,百年树人谈何容易,那种一厢情愿、缺乏深思熟虑的“教育创新”,只会害了学生。在教育情怀方面,孔子无疑是我们的精神领袖,所有教育者,只有把自己的心沉下去,像孔老夫子那样,让自己完全地融入,用一生的时间,沿着自己所设想的,呕心沥血地做一辈子,才能真正地找到一条属于我们自己的教育成功之路。

（三）教育是一种付出

近些年来，我看到越来越多的人，把教育当作投资，而且功利心日益明显。比如教育行业投资、教育产业投资、教育项目投资，还有各种各样的教育机构、教育品牌等方面的投资。

我曾看到有家培训中心这样写道："教育就是一种投资，你的选择决定孩子的未来！下一代的教育，已成为每个家庭最大的投资！对于每个家庭来说，孩子就是未来！我们家长天天辛辛苦苦挣钱是为了什么？是的，没错！就是为了你的孩子，为了他（她）能有一个不错的未来……"

在这种思想的左右下，很多家长也渐渐认为，教育真的就是一种投资，不能也不应该让孩子的人生输在起跑线上，现在的一点一滴"投资"，对孩子的将来都会产生莫大的影响。于是，很多孩子从小就参加各种兴趣培训班，再大一些就是各种补习班。家长和各种各样的教育机构一起，凭借"敏锐的嗅觉"，抓住"时代的潮流"，不断地"挖掘孩子潜在的特长"。

我并不完全反对这种观念，我只是希望，无论是国家、社会，还是家长、教育工作者，都应该从内心出发，从孩子的角度出发，打心底地认为，教育首先是一种付出，是一种关怀和爱。就像一位母亲，生下孩子后，本能地、无私地一把屎一泡尿地把孩子抚养大。教育，也无非就是对孩子在知识、智慧、技能等方面的哺育、喂养。当然，在如今投资盛行的物质社会，很多教育投资者、工作者，并没有这样的"抚养义务"，他们以赢利为目的，也无可厚非，但是作为国家、社会、父母及人民教师，一定要有甘于付出的奉献精神，只有这样，我们的后代，我们的国家，才会有希望，才会更有人情味。

我也能够理解，为什么越来越多的家长认同"教育是一种投资"。从生存角度来说，每个人都需要衣食住行，而衣食住行的获得需要生存技能，生存技能怎么获得呢？需要学习，需要接受教育。人类，或者动物界，都需要学习才能生存。而如何能生存得更好，就需要教育来不断提升。由于生存方式和生存技能，在每一个时代不一样，所以教育的内容也会不同。比如，20 多年前，在报考专业的时候，家长会让孩子报考师范、文学，10 多年前热衷报考计算机、外语，现在可能很多报考高科技、金融等。从这个角度来说，家长给孩子“投资”了不同的教育，最后的“回报”也确实不同。

但是，即便教育是一种投资，也要做好甘愿付出的准备，不付出，怎会有回报？更何况，任何投资都是有风险的。今年春节回乡，我与一位在北京发展的同学聊起子女教育，他打算将女儿送到国外去留学，但有两个担忧：一是花费太大，孩子在国外留学几年的费用，可能她毕业回国后20年也挣不回来；二是孩子出国后，如果不回来，将来在国外结婚成家，女儿可能就“白养”了。担心“白养”孩子，这应该是所有中国父母教育心理的缩影。

付出未必有回报，不付出肯定没有回报。同理，教育了孩子，孩子未必会成功，但不教育孩子，孩子一定不会成功。我们生下孩子，如果不付出，不教育，当初就不应该让孩子来到这个世界上。既然如此，我们何不干脆就从始至终怀着甘愿付出、无私教育的心态，去让孩子尽可能地得到各种学习进步的机会呢？至于将来能不能得到回报、孩子会不会“感恩”，那是另外一回事，而且我相信，好父母一定会教育出好的子女，一定会有好的回报。

当然，付出也要量力而行。我的观点是，父母在孩子教育上，尽力而为即可，不能说为了孩子将来能赚“很多很多钱”，现在砸锅卖铁借贷也要赌一把，这样就成为一种投资投机行为，完全背离了教育的本质。

每一位家长对教育的理解都不尽相同，都会有自己的“教育梦”，但其本质不应该脱离。前教育部部长袁贵仁先生，曾用四个词表明自己心中的“中国教育梦”：有教无类、因材施教、终身学习、人人成才。他说：“我们教育的孩子应成为一个堂堂正正的中国人，成为能够适应21世纪世界发展潮流需要的有用人才。”这也应该是我们家长教育子女时最起码的一个方向。

正如德国著名的哲学家雅斯贝尔斯所说：教育就是意味着一棵树摇动另一棵树，一朵云推动另一朵云，一个灵魂唤醒另一个灵魂。我们做父母的，所做的一切教育，都是为了让孩子像树一样茁壮成长，像云一样自由翱翔，通过激发他们内在的潜能让他们自己去认知世界，通过我们的人格去影响、形成他们的人格，让他们的灵魂能够与我们心心相印，与世界大同。只有这样，我们的教育才算得上是真正的成功，我们每一个人才会真正地幸福。

谢谢关注。祝您幸福。

【画家简介】

唐自勇，70后，湖南炎陵人，现居北京，职业画家。曾就读于广州美术学院、俄罗斯列宾美术学院、中国油画院，并于欧洲、澳洲多个国家考察学习。曾在广州4A广告公司担任设计总监多年。系湖南省美术家协会会员、湖南省油画学会会员。已多次参加、入选省级和国家级美术大展并获奖。

【艺术自述】

《惑》（唐自勇作品，100×110cm）

绘画是一种情怀，更是一种修养。它常让我自告奋勇，不忘初心，不甘平庸。艺术如同生命，终将回归平静。我习惯以一种寂静的状态，以无言的形式，以一个冥思的背影、无瑕的微笑或深夜入睡的姿势，传达对人生智慧与真理的悟性思考，那才是内心的真正纯净与舒畅。我的作品如同我的生命，没有惊心动魄、花里胡哨，只有静若止水、上善若水。我会坚守这种波澜不惊的状态，用心创作，让自己也让别人汲取更多生命的力量。